DEUTSCHE AKADEMIE DER WISSENSCHAFTEN ZU BERLIN

Arbeitsstelle Strukturelle Grammatik

STUDIA GRAMMATICA

IX

DAS DIREKTE OBJEKT IM SPANISCHEN

von

HORST ISENBERG

AKADEMIE-VERLAG · BERLIN

1968

Erschienen im Akademie-Verlag GmbH, 108 Berlin, Leipziger Straße 3—4

Copyright 1968 by Akademie-Verlag GmbH

Lizenznummer: 202 · 100/172/68

Offsetdruck und buchbinderische Weiterverarbeitung:

VEB Druckerei „Thomas Müntzer", 582 Bad Langensalza

Bestellnummer: 2115/9 · ES 7 B

15,80

"Sirven, como diximos, las preposiciones para demostrar
la diversidad dela significacion delos casos, como <u>de</u>
para demostrar cuia es alguna cosa que es el segundo
caso, <u>a</u> para demostrar a quien aprovechamos o empecemos
que es el tercero caso, <u>a</u> esso mesmo para demostrar el
cuarto caso enlos nombres proprios i aun algunas vezes
enlos comunes."
(Nebrija (1492), p.84)

INHALTSVERZEICHNIS

0. EINLEITUNG

0.1. EINE ARBEITSHYPOTHESE

Die Setzung der Präposition a vor dem direkten Objekt im Spanischen
gilt in der Hispanistik weitgehend als ein ungelöstes Problem. Es
ist bekannt, daß keiner der bisher vorgeschlagenen Ansätze zu einer
Beschreibung und Erklärung dieser Erscheinung uneingeschränkte Gül-
tigkeit für sich in Anspruch nehmen kann.

Die in der Literatur zu diesem Problem anzutreffenden Aussagen lassen sich ihrer Form nach in fünf Gruppen einteilen:

A. Die Präposition a steht vor dem direkten Objekt, wenn ...
B. Die Präposition a fehlt vor dem direkten Objekt, wenn ...
C. Die Präposition a steht a) meistens, wenn ...
                     b) oft
                     c) manchmal

D. Die Präposition a fehlt a) meistens, wenn ...
                     b) oft
                     c) manchmal

E. a) Ausnahmen zu A sind: ...
   b) Ausnahmen zu B sind: ...

Die in diese Aussagen eingehenden Bedingungen - d.h. in unserer ab-
strakten Darstellung die Ausfüllung der drei Punkte - unterscheiden
sich hierbei in mehrfacher Hinsicht. Einerseits weichen sie bei den
verschiedenen Autoren sachlich voneinander ab. Andererseits werden
häufig dieselben Bedingungen von verschiedenen Autoren auf die Gruppen A bis E unterschiedlich verteilt. Besonders auffällig ist hierbei die Tatsache, daß bei nahezu allen Autoren, die mit einiger Aus-
führlichkeit auf die Beschreibung der Setzung der Präposition eingehen, alle fünf Aussagentypen nebeneinander auftreten.

Nehmen wir als Beispiel die Bedingung "wenn im Objekt ein geographi-
scher Eigenname ohne Artikel steht". Real Academia Española (1931),
p. 192 formuliert diese Bedingung in Gruppe A und schließt die Auslassung der Präposition in diesen Fällen ausdrücklich aus. Ebenso
Criado de Val (1957), p. 162. Andererseits setzen sie Alonso-Ureña
(1951) in die Form D:

"... modernamente se tiende a suprimir la preposición:
'visito París', 'conozco Inglaterra'." (Alonso-Ureña
(1951), Tomo II, p. 184)

während Sáenz (1936) eine komplexe Formulierung wählt, die zu einem
Teil zu C und zu einem anderen Teil zu D gerechnet werden kann:

"The preposition a in the accusative is more often used
than not (though to omit it is not incorrect) before a
proper name of place not preceded by the article."
(Sáenz (1936), p. 220)

Es ließe sich leicht eine umfangreiche Liste von Bedingungen dieser
oder ähnlicher Art - darunter auch mit linguistischen Mitteln kaum
präzisierbare Bedingungen wie "wenn Subjekt und Objekt verwechselbar
sind" - aufstellen und für jede Bedingung K durch Zitate aus der Literatur belegen, daß K von ein und demselben Autor oder von verschiedenen Autoren in mehreren der Aussagentypen A bis E verwendet wird.
Nur bei sehr wenigen Bedingungen besteht Übereinstimmung.

Außer den Aussagen zu einzelnen Bedingungen finden sich in der Literatur globale Aussagen über das präpositionale direkte Objekt, die
für die allgemeine Einschätzung dieses Problems charakteristisch
sind:

"There remain certain cases in which a is used as a sign of the
object-case, which do not fall into any classification, other than
that the speaker or writer desires to stress the fact that the noun
is object."
(Keniston (1937), p. 16)

"In manchen Fällen schwankt der Sprachgebrauch des präpositionalen
Akkusativs, so daß unbedingt bindende Regeln für alle Fälle sich
nicht geben lassen."
(Heinermann-Palau (1952), p. 277)

Offensichtlich handelt es sich hier nicht nur um eine - explizit zum
Ausdruck gebrachte - Unsicherheit bei der Beschreibung und Erklärung
ein und derselben Menge von Fakten. Es handelt sich vielmehr darüber
hinaus in vielen Fällen um eine Unsicherheit in der Bewertung von
Sätzen.

Dieser Sachverhalt ist - obwohl ein Nicht-Hispanist hier vielleicht

in Verwirrung geraten mag - für jeden Kenner der spanischen Sprache
durchaus verständlich. Man hat das Gefühl, daß es "irgendwie" in der
Natur der Sache liegt, daß sowohl Unsicherheit reflektierende als
auch widersprüchliche Aussagen über diese Erscheinung zustande kommen.

Besonders illustrativ ist Brauns (1909), die bisher umfangreichste
Untersuchung, die zu diesem Thema publiziert wurde. Brauns (1909)
bringt - neben Aussagen des Typs C und D - eine lange Liste von Bedingungen, die in den Aussagetypen A und B formuliert sind, wobei er
recht systematisch nahezu zu jeder Aussage des Typs A und B Aussagen
des Typs E bildet. Als "Ausnahmen" gelten in dieser Arbeit Sätze,
Konstruktionen, einzelne Verben und Substantive. Mit anderen Worten,
der Begriff "Ausnahme" wird von Brauns (1909) - wie in den meisten
ausführlicheren Beschreibungen des präpositionalen direkten Objekts -
als wesentlicher Bestandteil der linguistischen Beschreibung verwendet.

Wir halten diesen traditionellen Ausgangspunkt im wesentlichen für
korrekt. Es hat wenig Sinn, an die Fiktion zu glauben, daß die Grammatik einer natürlichen Sprache ein Regelmechanismus ohne Ausnahmen
ist. Es ergibt sich also aus unseren Überlegungen folgende Arbeitshypothese:

(A) Das präpositionale direkte Objekt im Spanischen muß durch eine
    Menge von Regeln erklärt werden, zu denen es Ausnahmen gibt.

Wir legen unserer Arbeit die Hypothese (A) zugrunde. Um mit dieser
Hypothese operieren zu können, benötigen wir dann zunächst eine Explikation des Begriffes "Ausnahme". Auf der Grundlage einer solchen
Explikation sowie der Kenntnis der zu beschreibenden Fakten wird es
möglich, Anzahl und Form der an der Erklärung des präpositionalen
direkten Objekts beteiligten Regeln zu bestimmen.

0.2. THEORIE UND METHODE

Die theoretische Grundlage unserer Arbeit ist die Theorie der generativen Transformationsgrammatik in der Form, in der sie in Chomsky
(1965) entwickelt wurde. Diese Arbeit stellt einen wesentlichen Fort-
schritt gegenüber Chomsky (1957) dar. Andererseits wirft sie eine Menge von neuen Problemen auf, an deren Klärung zur Zeit intensiv gear-

beitet wird (vgl. etwa die Untersuchung von Problemen der Subkategorisierung in Heidolph (1967), um nur eine von vielen Arbeiten heraus-
zugreifen, die noch nicht veröffentlicht sind und die alle zu nennen
an dieser Stelle nicht möglich ist). Wenn wir also in erster Linie
die Arbeit von Chomsky (1965) als Grundlage wählen, so ist dies als
ein Provisorium zu verstehen, das einerseits auf die besondere Bedeutung, die gerade dieser Arbeit zukommt, und zum anderen auf die
Tatsache zurückzuführen ist, daß die meisten der in letzter Zeit
untersuchten Probleme einen nur indirekten Bezug zu unserer Proble-
matik aufweisen.

Nun gibt es zu dem Problem des präpositionalen direkten Objekts im
Spanischen eine Reihe von Arbeiten der traditionellen Sprachwissenschaft (vgl. Bello (1847), Cuervo (1886), Brauns (1909), Kalepky
(1913), Lenz (1920), Hills (1920), Vallejo (1925), Spitzer (1928),
Sáenz (1936) und viele andere) sowie einige Ansätze vom Standpunkt
einer der Varianten des modernen "klassischen Strukturalismus"
(vgl. Molho (1958), Pottier (1960) u.a.) und eine Reihe von historischen und sprachvergleichenden Arbeiten, die diese Erscheinung des
Spanischen zum Teil auch in sprachtypologische Untersuchungen mit
einbeziehen (vgl. hierzu Meyer-Lübke (1899). Thomson (1912), Velten
(1932), Lewy (1934), Hatcher (1942), Meier (1948), Seidel (1948),
Reichenkron (1951), Niculescu (1959) u.a.).

Alle diese Arbeiten enthalten eine Fülle von fruchtbaren Beobachtungen, Vergleichen und Überlegungen, die zu dem reichen Schatz von Erkenntnissen gerechnet werden müssen, über den die Sprachwissenschaft
heute verfügt. In die Theorie der generativen Grammatik und deren
Anwendung auf einzelsprachliche und sprachhistorische Probleme müssen auch diese Erkenntnisse mit eingehen, wenn die Sprachwissenschaft
echte Fortschritte erzielen soll.

Es ist jedoch nicht möglich, _alle_ in diesen Arbeiten genannten
Probleme und Gesichtspunkte direkt in eine auf einer expliziten Grammatiktheorie basierenden Untersuchung mit einzubeziehen. Nehmen wir
hierzu als Beispiel folgende Ausführungen von Lenz (1920) zum präpositionalen direkten Objekt im Spanischen:

"Creo que las reglas sobre el uso de la preposición _a_ en el complemento acusativo se formulan mal cuando se dice que hay que

buscar la razón en el carácter personal del complemento... Todas
las excepciones desaparecen si se considere como única razón
fundamental la claridad de la construcción: el complemento direc-
to lleva la preposición a si es lógicamente posible considerarlo
como sujeto de la oración."
(Lenz (1920), p. 51)

Diese Auffassung, nach der die Präposition a immer dann vor das Objekt gesetzt werden muß, wenn "Subjekt und Objekt verwechselbar"
sind, geht auf Valdés (1535), also auf das 16. Jahrhundert, zurück
und gehört somit zu den ältesten Aussagen über das direkte Objekt
mit a im Spanischen (vgl. Valdés (1535) p. 152f.). Es ist sicherlich
kein Zufall, daß sich diese Auffassung durch so lange Jahrhunderte
hindurch gehalten hat und beispielsweise heute in Spanien durch Gili
y Gaya (1961), p. 84, Seco (1965) p.4 u.a. sogar in zunehmendem Maße
Verbreitung findet (vgl. z.B. die neueste Auflage des "Pequeño Larousse Ilustrado" - Larousse (1964) p. 1 -, die im Unterschied zur
älteren Auflage die Lenzsche Auffassung wiedergibt). Sie reflektiert
vermutlich sehr tiefliegende, teilweise universale sprachpsychologi-
sche Regularitäten. Dennoch ist sie in dieser allgemeinen Form im
Augenblick für linguistische Zwecke nicht verwertbar.
Wenn wir folgenden Satz betrachten:
(I) Un chofer tiene este coche.
so stellen wir fest, daß er mehrdeutig ist, d.h. entweder ist un
chofer Subjekt und este coche Objekt oder umgekehrt (dt. entweder
"Einen Choffeur hat dieser Wagen" oder "Ein Choffeur hat diesen Wagen"). Subjekt und Objekt sind also verwechselbar, aber es steht
keine Präposition vor dem Objekt. Darüber hinaus wird der Satz sogar
als schwer abweichend empfunden, wenn die Präposition hinzugesetzt
wird:
(II) *Un chofer tiene a este coche.
(III) *A un chofer tiene este coche.

Die oft mit dem Hinweis auf die "freie Wortstellung" im Spanischen
begründete Auffassung von der Notwendigkeit der Setzung der Präposition im Falle von "Verwechselbarkeit von Subjekt und Objekt" kann
also offensichtlich nicht aufrechterhalten werden, denn in (II) und
(III) kommen durch die Setzung der Präposition - und in (III) trotz
der Inversion - stets stark abweichende Sätze zustande, obwohl in
dem Satz ohne die Präposition "Subjekt und Objekt verwechselbar"

sind. Darüber hinaus muß in vielen Fällen die Präposition gesetzt
werden, obwohl Subjekt und Objekt nicht verwechselbar sind. Aus diesen Gründen sowie vor allem deshalb, weil die "Verwechselbarkeit"
keine Eigenschaft der Sprachstruktur selbst, sondern der Sprachverwendung ist ("Pedro ist selbst schuld, wenn er auf Grund einer Ver-
wechselung von Subjekt und Objekt nicht verstanden hat, was ich mit
Satz (I) sagen wollte"), ist die Lenzsche Auffassung linguistisch
nicht verwertbar, obwohl sie durchaus "irgendwie" und mit Einschränkungen unbekannter Natur gewisse - ebenso bisher noch weitgehend un-
bekannte - Beziehungen zwischen universalen sprachpsychologischen
Faktoren und typologisch-historischen Fakten natürlicher Sprachen
reflektieren mag.

Andere Ansätze erweisen sich durchaus als fruchtbar. So z.B. die bereits im 15. Jahrhundert von Nebrija vorgeschlagene Unterscheidung
von Objekten mit Eigennamen und solchen mit Appellativa (vgl. Nebrija
(1492) p. 84) und die Differenzierung von "persönlichen" und "nicht-
persönlichen" Objekten, die schon im 18. Jahrhundert zur Erklärung
der Setzung der Präposition herangezogen wurde (vgl. Cramer (1711)
p. 482f., Real Academia Española (1771), p. 210f. und p. 249). Wir
wollen an dieser Stelle keine weiteren Beispiele diskutieren. Der
mit der einschlägigen Literatur vertraute Hispanist wird ohnehin mü-
helos erkennen können, in welchen Fällen und in welchem Maße wir im
Laufe unserer Untersuchung auf den Resultaten der bisher vorliegenden Arbeiten über das präpositionale direkte Objekt aufbauen, so daß
wir auf ausführliche Zitate aus der Literatur verzichten können.

Die in der vorliegenden Arbeit angewandte Methode ergibt sich einerseits aus den Erkenntnissen der Grammatiktheorie und zum anderen aus
den Erfordernissen des untersuchten Gegenstandes. Hierbei haben wir
mit besonderen Schwierigkeiten zu rechnen, denn wie wir in § 0.1.
gezeigt haben, ist bereits bekannt, daß in vielen Fällen Unsicherheit bei der Verwendung der Präposition beziehungsweise bei der Bewertung von Sätzen und infolgedessen auch bei der Beurteilung der
einschlägigen Fakten besteht. Wir haben also allen Grund, mit besonderer Vorsicht vorzugehen.

Unsicherheit über die zu beschreibenden Fakten darf jedoch in einer
Untersuchung, die sich zum Ziel setzt, diese Fakten zu erklären,
nicht geduldet werden. Dies macht es in unserem Falle besonders drin-
gend erforderlich, zunächst hinreichende Klarheit darüber zu schaf-

fen, was wir unter einem "linguistischen Faktum" zu verstehen haben.

Wir betrachten eine Tatsache wie die, daß ein bestimmter Schriftsteller oder der Autor eines Zeitungsartikels zu einer bestimmten Zeit
einen bestimmten Satz verwendet hat, als ein historisches Ereignis.
Es ist durchaus möglich, solche historischen Ereignisse ganz oder
doch wenigstens Teilergebnisse dieser Ereignisse zu beschreiben:
beispielsweise das Vorkommen der Präposition a vor dem Objekt eines
von einem Schriftsteller zu einem bestimmten Zeitpunkt zu bestimmten
Zwecken niedergeschriebenen Satzes. Zu welchen Zwecken hat jedoch der
betreffende Schriftsteller in jenem Augenblick gerade jenen Satz gebildet und nicht einen anderen - beispielsweise denselben Satz ohne
die Präposition? Welche Schlußfolgerungen ergeben sich daraus für die
linguistische Analyse? Es ist denkbar, daß der betreffende Schriftsteller in jenem Augenblick in bester Verfassung war und sich bemüh-
te, einen eleganten Stil zu schreiben. Es ist auch möglich, daß er
aus Übermüdung oder aus momentanem Desinteresse nicht besonders auf
die Form des Satzes geachtet hat und ihm infolgedessen mehr oder weniger große Schnitzer unterlaufen sind. Ebensogut ist es auch möglich, daß er absichtlich, um den Empfänger seines Aufsatzes zu ärgern,
um einen Ausländer zu imitieren oder aus welchen Gründen auch immer,
Fehler in den Satz eingebaut hat. Schließlich kann der Satz - falls
gedrucktes Material vorliegt - auch Druckfehler oder Eingriffe von
zweiter Hand enthalten, und er kann aus beliebigen Gründen unvollständig, halb verstümmelt, ironisiert oder hyperstilisiert sein. Wie
leicht wird ein einzelner Buchstabe - wie eben auch der Buchstabe a
- vergessen oder versehentlich zuviel gesetzt, wie leicht wird dann
ein einzelner Buchstabe bei der Korrektur übersehen, zumal ein Satz
durch Auslassung der Präposition a vor dem direkten Objekt nur selten irgendetwas von seiner Verständlichkeit verliert. Zeitungsarti-
kel beispielsweise wimmeln geradezu von fehlenden und überflüssigen
a's. Es lassen sich Tests durchführen: Ich habe Texte, die in der
Mitte einen Satz enthielten, in dem fälschlich die Präposition a vor
dem Objekt ausgelassen war, von unvorbereiteten Testpersonen laut
vorlesen lassen. In vielen Fällen wurde die Präposition - ohne daß
sich die Versuchsperson dessen bewußt wurde - einfach mitgelesen,
obwohl sie gar nicht dastand. Warum also steht in einem bestimmten
von einem Sprecher der spanischen Sprache zu einem bestimmten Zeitpunkt zu bestimmten Zwecken gebildeten Satz die Präposition a vor dem
Objekt? Und gegebenenfalls, warum fehlt sie?

Offensichtlich setzt die Beantwortung solcher Fragen neben Kenntnissen von psychologischen Gegebenheiten vor allem die Kenntnis von Zufallsfaktoren voraus. Mit anderen Worten, Fragen dieser Art sind
Fragen zur Sprachverwendung. Ein aus einer Tonbandaufzeichnung ent-
nommener oder aus einem schriftlichen Dokument exzerpierter Satz ist
zunächst noch kein linguistisches Faktum, sondern das Resultat eines
historisch einmaligen Schreib- oder Sprechereignisses. Die oben aufgeführten Faktoren der Sprachverwendung bestimmen die Struktur beziehungsweise die Form jedes in einem einmaligen Verwendungsakt gebildeten beziehungsweise zustande gekommenen Satzes mit, das heißt
also auch die Setzung der Präposition a. So konnte z.B. auch Brauns
(1909) viele abweichende Sätze exzerpieren, deren Inkorrektheit ihm
nicht bewußt war.

Ein linguistisches Faktum unterscheidet sich wesentlich von den von
Zufallsfaktoren mitbestimmten Erscheinungen der Sprachverwendung.
Das grundlegende linguistische Faktum besteht in der Tatsache, daß
der Sprecher-Hörer einer Sprache die Fähigkeit besitzt, beliebig
viele Sätze seiner Sprache zu bilden und zu verstehen. Diese intuitive Sprachkenntnis beziehungsweise Sprachkompetenz ist Gegenstand
der Sprachforschung. In bezug auf die spanische Sprache wären dann
folgende Fragen zu beantworten:

1. Was liegt der Fähigkeit zugrunde, auf Grund derer ein Sprecher-
   Hörer der spanischen Sprache für beliebige Sätze, die er noch
   nie gehört oder gelesen hat, entscheiden kann, ob sie zur spanischen Sprache gehören und ob sie wohlgeformte spanische Sätze
   sind oder nicht?
2. Was liegt jener Fähigkeit eines Sprecher-Hörers der spanischen
   Sprache zugrunde, auf Grund derer dieser in die Lage versetzt
   wird, beliebig viele Sätze seiner Sprache zu bilden und zu verstehen, die er noch nie gehört oder gelesen hat und die möglicherweise noch nie jemals von irgendeinem Menschen gebildet wurden?

Die Beantwortung dieser Fragen ist eine Erklärung des Begriffs "Kompetenz in der spanischen Sprache". Die Sprachkompetenz umfaßt - da
es in einer Sprache keinen längsten Satz gibt - die Beherrschung
einer potentiell unendlichen Menge von Sätzen. Da die Gedächtniska-
pazität des Gehirns und die zur Erlernung einer Sprache zur Verfügung
stehende Zeit endlich sind, können nicht unendlich viele Sätze im

Gehirn eines Sprecher-Hörers angelagert sein. Folglich kann das, was der Sprecher einer Sprache "besitzt" - auch dann, wenn er nicht spricht -, das heißt seine sprachliche Kompetenz, nur durch die Annahme erklärt werden, daß es aus einem in einer endlichen Zeit erlernbaren, endlichen Mechanismus besteht, der in der Lage ist, potentiell unendlich viele Sätze der betreffenden Sprache zu erzeugen bzw. zu "generieren". Chomsky (1957) hat als erster gezeigt, daß ein solcher Mechanismus exakt beschreibbar ist, und hat dafür den Terminus "generative Grammatik" eingeführt (zur Geschichte der Auffassung, daß "Sprache" ein System von endlich vielen Regeln ist, von dem ein unendlicher Gebrauch gemacht wird, vgl. Chomsky (1966)).

Unter "Grammatik der spanischen Sprache" verstehen wir somit eine Erklärung für die Kompetenz in der spanischen Sprache. Um linguistische Fakten aufzuzeigen, stellen wir folglich keine Fragen wie

(i) Kommt ein gegebener Satz S mit oder ohne die Präposition a in den Werken irgendeines Schriftstellers vor?

(ii) Wieviele und welche Sätze mit bzw. ohne die Präposition a lassen sich in schriftlichen oder mündlichen Dokumenten belegen?

sondern vielmehr Fragen folgender Art:

(iii) Ist ein gegebener Satz S mit der Präposition a wohlgeformt oder nicht?

(iv) Ist ein Satz S', der sich von S nur durch die Abwesenheit der Präposition a unterscheidet, wohlgeformt oder nicht?

(v) Besteht irgendein Unterschied zwischen S und S' ? Und falls ein solcher besteht, durch welche intuitiv erkennbaren Eigenschaften ist er zu charakterisieren?

Die Beantwortung solcher und ähnlicher Fragen - nicht aber von Fragen zur Sprachverwendung wie (i) und (ii) - ergibt ein linguistisches Faktum. Führt eine bestimmte Fragestellung nicht zur Aufdeckung eines intuitiv erkennbaren und jederzeit durch Sprecher der untersuchten Sprache kontrollierbaren Faktums, so muß nach besseren Fragestellungen gesucht werden. Die Tatsache, daß in der historischen Sprachwissenschaft notgedrungen Fragen wie (iii) bis (v) oft erst über den Umweg von Fragen wie (i) und (ii) beantwortet werden können, ist hierbei im Falle der Untersuchung einer lebenden Sprache irrelevant.

Die Erklärung eines komplizierten Gegenstandes erfordert zu Beginn
stets eine Einschränkung auf eine kleine Auswahl von relevanten Fakten. Es ist nicht möglich, stets die ganze Wahrheit auf einmal zu
sagen. Wir werden deshalb zunächst eine sinnvoll abgrenzbare kleine
Menge von Fakten auswählen und durch eine Theorie - d.h. durch einen
Regelmechanismus - erklären. Als zweiter Schritt werden neue Fakten
hinzugezogen, der erste Regelmechanismus wird korrigiert und durch
einen zweiten ersetzt, der sowohl die zuerst ausgewählte Faktenmenge
als auch die neu hinzugekommene Menge von Fakten erklärt. Dann wird
der zweite Regelmechanismus an neuen Fakten kontrolliert und durch
einen dritten ersetzt, dieser durch einen vierten usw. Am Schluß der
Arbeit ergibt sich ein komplizierter Regelmechanismus, dessen Komponenten nach und nach in kleinen, ausführlich diskutierten und deshalb
nachprüfbaren Schritten entwickelt worden sind.

1. AUSNAHMETYPEN UND METAREGELN

In diesem Kapitel zählen wir die wichtigsten Bestandteile des von
Lakoff (1965) entwickelten Mechanismus für syntaktische Unregelmä-
ßigkeiten auf. Die Erklärung der Einzelheiten sowie insbesondere der
Wirkungsweise dieses Mechanismus bringen wir an Hand von konkreten
Beispielen in § 2.2. Alle hier nicht näher erläuterten Begriffe wer-
den ebenfalls in § 2.2. erklärt.

Lakoff (1965) unterscheidet vier Typen von Ausnahmen, die als Konjunktion von Merkmalen in die lexikalischen Einheiten des Lexikons
der Grammatik eingetragen werden:

a. [u DS(i)(L) und u R(i)(L)]: <u>Normalfall</u>: die lexikalische
Einheit darf die strukturelle
Beschreibung der Transformations-
regel (i) erfüllen oder nicht.
Falls sie sie erfüllt, <u>muß</u> sie
die Regel (i) durchlaufen.

b. [u DS(i)(L) und m R(i)(L)]: <u>einfache Ausnahme</u>: die lexikalische Einheit darf die struk-
turelle Beschreibung der Regel
(i) erfüllen, darf aber (i)
nicht durchlaufen.

c. [m DS(i)(L) und u R(i)(L)]: <u>positive absolute Ausnahme</u>:
die lexikalische Einheit muß die
strukturelle Beschreibung von (i)
erfüllen und muß deshalb die Regel (i) auch durchlaufen.

d. [m DS(i)(L) und m R(i)(L)]: <u>negative absolute Ausnahme</u>:
die lexikalische Einheit darf
die strukturelle Beschreibung
von (i) nicht erfüllen und darf
deshalb (i) auch nicht durchlaufen.

Die Vorzeichen <u>u</u> und <u>m</u> dieser Ausnahmemerkmale werden dann von fünf
Metaregeln der allgemeinen Grammatiktheorie - die also nicht für

jede Grammatik gesondert zu formulieren sind, sondern universal für
alle Grammatiken gelten - in "+" oder "-" verwandelt.

Metaregeln:

1. $[\underline{m}\ R(i)(L)]\ \longrightarrow\ [-R(i)(L)]$

2. $[\underline{m}\ DS(i)(L)]\ \longrightarrow\ [-DS(i)(L)]\ /\ \begin{bmatrix} -R(i)(L) \\ \underline{\hspace{1.5cm}} \end{bmatrix}$

3. $[\underline{u}\ DS(i)(L)]\ \longrightarrow\ [\alpha DS(i)(L)]\ /\ \begin{bmatrix} \alpha DS(i)(G) \\ \underline{\hspace{1.5cm}} \end{bmatrix}$

4. $[\underline{m}\ DS(i)(L)]\ \longrightarrow\ [+DS(i)(L)]$

5. $[\underline{u}\ R(i)(L)]\ \longrightarrow\ [\alpha R(i)(L)]\ /\ \begin{bmatrix} \alpha DS(i)(G) \\ \underline{\hspace{1.5cm}} \end{bmatrix}$

("α" ist "+" oder "-", und (i) steht für den Namen einer
beliebigen Transformationsregel)

Diese Metaregeln werden - genau in der gegebenen Reihenfolge - am
Ende einer jeden transformationellen Ableitung eines Satzes, also
nach allen Transformationsregeln der Grammatik, auf jedes im abgeleiteten Satz enthaltene komplexe Symbol angewendet.

Metaregel 1 besagt, daß jedes im komplexen Symbol vorhandene lexika
lische Regelmerkmal, das mit $\underline{m}$ markiert ist, das Vorzeichen "-" bekommt.

Metaregel 2 besagt, daß jedes lexikalische Strukturelle-Beschreibungs-Merkmal, das mit $\underline{m}$ markiert ist, das Vorzeichen "-" bekommt,
wenn im selben komplexen Symbol das zu der gleichen Transformationsregel gehörende lexikalische Regelmerkmal das Vorzeichen "-" hat.
(Rechts vom Schrägstrich in Regel 2 - ebenso wie in Regel 3 und 5 -
steht eine Umgebungsangabe. Der waagerechte Strich in der Umgebungsangabe bezeichnet die Position, die das links vom Pfeil stehende
Merkmal einnimmt. Im Falle der Metaregel 2, 3 und 5 weist also der
waagerechte Strich durch seine Lage darauf hin, daß das links vom
Pfeil stehende Merkmal im selben komplexen Symbol wie die übrigen
in der Umgebungsangabe genannten Merkmale steht.)

Metaregel 3 besagt, daß jedes lexikalische Strukturelle-Beschreibungs-Merkmal, das mit u markiert ist, dasselbe Vorzeichen bekommt wie das im gleichen komplexen Symbol stehende grammatische Strukturelle-Beschreibungs-Merkmal. Dies ergibt sich deshalb, weil nach einer Konvention in ein und derselben Regel "α" stets denselben Wert hat.

Metaregel 4 verwandelt das m vor einem lexikalischen Strukturelle-Beschreibungs-Merkmal in "+". Metaregel 4 ist nur dann anwendbar, wenn nicht die Umgebungsangabe von Metaregel 2 zutrifft, da sonst das m bereits an dieser Stelle in "-" verwandelt worden ist, d.h. sie ist automatisch nur unter der Bedingung anwendbar, daß das betreffende komplexe Symbol nicht das Merkmal [-R(i)(L)] enthält.

Metaregel 5 assimiliert jedes u vor einem lexikalischen Regelmerkmal, an das Vorzeichen des im gleichen komplexen Symbol stehenden grammatischen Strukturelle-Beschreibungs-Merkmal, d.h. u wird in ein Vorzeichen verwandelt, das identisch ist mit dem vor dem zur gleichen Regel gehörenden grammatischen DS-Merkmal auftretenden Vorzeichen.

Im Rahmen einer allgemeinen Grammatiktheorie, die wir in § 2.2. und § 2.4. skizzieren werden, leisten diese Annahmen das, was wir nach unserer in § 0.1. formulierten Arbeitshypothese benötigen, d.h. sie ermöglichen eine hinreichend präzise Explikation des Begriffes "Ausnahme".

2. ERSTE ANNÄHERUNG AN DAS PROBLEM

2.1. EINIGE UNTERSCHIEDE IN DER GRAMMATIKALITÄT VON SÄTZEN

In der spanischen Sprache lassen sich Satzpaare bilden, die lediglich durch Anwesenheit beziehungsweise Abwesenheit der Präposition a vor dem direkten Objekt unterschieden sind und deren Grammatikalität unterschiedlich zu beurteilen ist. Man vergleiche folgende Sätze:

(1)(a) Pedro vio a la mujer.
   *Pedro vio la mujer.
 (b)*Pedro vio al gato.
   Pedro vio el gato.
 (c)*Pedro vio a la casa.
   Pedro vio la casa.
 (d)*Pedro vio al accidente.
   Pedro vio el accidente.
(2)(a) Pedro vio a una mujer.
   Pedro vio una mujer.
 (b)*Pedro vio a un gato.
   Pedro vio un gato.
 (c)*Pedro vio a una casa.
   Pedro vio una casa.
 (d)*Pedro vio a un accidente.
   Pedro vio un accidente.

Wir haben hier alle abweichenden Sätze mit * gekennzeichnet. Alle nicht gekennzeichneten Sätze sind als vollauf normal anzusehen. Nun ist es für jeden Sprecher der spanischen Sprache intuitiv einsichtig, daß die Grammatikalität in den abweichenden Sätzen (b) bis (d) abnimmt, das heißt der Satz *Pedro vio al gato ist in irgendeinem Sinne besser als der Satz *Pedro vio a la casa, *Pedro vio a la casa ist besser als *Pedro vio al accidente. Ebenso bei den Sätzen (2): *Pedro vio a un gato ist weniger abweichend als *Pedro vio a una casa, *Pedro vio a una casa ist wiederum weniger abweichend als *Pedro vio a un accidente.

Andererseits bestehen Unterschiede zwischen den Satzpaaren mit und ohne bestimmten Artikel: *Pedro vio al gato ist besser als *Pedro vio a un gato, *Pedro vio a la casa ist besser als *Pedro vio a una casa. Allerdings scheint kein Unterschied zu bestehen zwischen *Pedro vio al accidente und *Pedro vio a un accidente, beide Sätze sind gleich abweichend.

Bei den Sätzen (1)(b) gerät man in einen Entscheidungskonflikt. Es ist sehr schwer, mit Sicherheit zu entscheiden, ob der Satz mit oder der Satz ohne die Präposition der bessere ist. Verschiedene Versuchspersonen geben auf eine diesbezügliche Frage unterschiedliche Antworten, so daß die Setzung des Sternchens willkürlich ist.

Intuitive Urteile dieser Art über Eigenschaften von Sätzen sind für die Sprachwissenschaft keineswegs abwegig. Sie gehören vielmehr zu den Fakten, die eine angemessene Theorie mit zu erklären hat. Da verschiedene Sprecher der spanischen Sprache die genannten Urteile mehr oder weniger in der gleichen Weise nachvollziehen können,[1] ist es wenig sinnvoll, diese Tatsache dem bloßen Zufall zuzuschreiben. Vielmehr muß angenommen werden, daß verschiedene Sprecher des Spanischen eine hinreichend ähnliche sprachliche Kompetenz in ihrer Sprache besitzen, die ihnen gestattet, ähnliche Urteile über Eigenschaften von - in dieser oder jener Weise - abweichenden Sätzen zu fällen. Eine umfassende Theorie, die die sprachliche Kompetenz der Sprecher des Spanischen erklären soll, muß auch die genannten Fakten in irgendeiner Form erklären.

Es sind jedoch in den Sätzen (1) und (2) noch eine Reihe weiterer Fakten gegeben, die eine Erklärung verlangen. Obwohl die Präposition a im Spanischen auch in Sätzen ganz anderer Art, z.B. vor Richtungsangaben, Modaladverbien usw., auftreten kann, werden die abweichenden Sätze in (1) und (2), die die Präposition enthalten, nicht nach dem Muster solcher Sätze, sondern nach dem Muster ihres präpositionslosen Partners verstanden. *Pedro vio a la casa wird verstanden wie Pedro vio la casa, nicht aber wie beispielsweise Pedro fue a la casa.

Keiner der abweichenden Sätze bereitet besondere Schwierigkeiten für das Verständnis. Man vergleiche etwa den am stärksten abweichenden Satz (2)(d) mit dem Satz *a Pedro accidente un vio. Dieser Satz ist für einen Sprecher des Spanischen beinahe vollkommen unverständlich, zumindest ist er nicht in einer eindeutig angebbaren Weise interpretierbar. Der abweichende Satz in (2)(d) wird dagegen leicht ver-

standen, und zwar eindeutig genau in der Weise wie sein präpositionsloser Partner.

Offensichtlich werden alle Sätze (1) und (2) annähernd in derselben
Weise verstanden. Alle enthalten das gleiche Subjekt Pedro und das
gleiche Verb vio, deren Interpretation in diesen Sätzen einfach und
annähernd identisch ist. In den einzelnen Paaren besteht der einzige Unterschied lediglich in der Anwesenheit beziehungsweise Abwesenheit der Präposition. Aus den bisher genannten Fakten wird einsichtig, daß die Präposition kaum einen wesentlichen Einfluß auf die Interpretation des jeweiligen Satzes zu haben scheint. Stellen wir jedoch Testfragen nach einer eventuellen unterschiedlichen Bedeutung
der jeweils nur durch Anwesenheit oder Abwesenheit der Präposition
unterschiedenen Satzpaare, so fällt die Beantwortung solcher Testfragen wiederum für die verschiedenen Paare verschieden aus. Eindeutig
ist der Fall (2)(a). Hier sind beide Sätze nicht abweichend. Der
Satz mit der Präposition wird so verstanden, als sei die Frau (mujer)
eine ganz bestimmte Frau, die man schon kennt, während der präpositionslose Partnersatz so interpretiert wird, als sähe Pedro überhaupt
ganz allgemein eine Frau. Ganz anders verhält es sich in den Satzpaaren (d). Hier wird absolut kein Unterschied in der Interpretation der
Partnersätze empfunden. Beide Sätze werden als gleichbedeutend angesehen, wenn man die Testperson zwingt, dem Satz mit der Präposition
eine Bedeutung zu entnehmen. Die Testperson beharrt darauf, daß der
Satz mit der Präposition inkorrekt ist und entweder keinen Sinn habe
oder denselben wie sein präpositionsloser Partner.[2)]

Wiederum anders verhält es sich bei den Sätzen (b) und (c). Während
man auf die Frage, welcher der beiden Sätze (2)(b) der bessere ist,
eine Antwort bekommt, die den Satz ohne die Präposition als den besseren ausweist, wird die Testperson bei einer Frage nach dem Bedeutungsunterschied zwischen den beiden Partnersätzen von (2)(b) unsi-
cher und neigt zu der Annahme, daß vielleicht beide richtig sind. Genau vermag sie dies jedoch nicht zu entscheiden. Ein Bedeutungsunterschied ist nicht feststellbar, jedenfalls nicht in einer eindeutigen
Weise. Bei den Sätzen (c) ist zunächst auch kein Bedeutungsunterschied feststellbar, aber einige Testpersonen stellen sich dabei vor,
daß (1)(c)* vielleicht unvollständig ist und irgendwie fortgesetzt
werden müßte. Dabei kommt man dann auf Sätze wie z.B. Pedro vio a la
casa arder, der nicht abweichend ist. Auffälligerweise wird eine ähn-

liche Auflösung des Beispielsatzes mit Präposition von (1)(b) bei
entsprechenden - unabhängig voneinander vorgenommenen - Tests wohl
kaum gegeben, obwohl es auch einen entsprechenden Satz gibt, beispielsweise Pedro vio al gato correr.

Aus der bisherigen Diskussion geht hervor, daß in den intuitiven Ur-
teilen über Sätze wie (1) und (2) offenbar eine Reihe von miteinander zusammenhängenden Fakten gegeben ist. Eine Theorie, die diese
Fakten erklären soll, muß in der Lage sein, zwischen ihnen einen
sinnvollen Zusammenhang herzustellen, das heißt die Theorie muß eindeutig auf die Fakten beziehbar sein. Um dies in unseren Fällen zu
erreichen, erscheint es jedoch wenig sinnvoll, weitere Testfragen in
derselben Weise zu stellen wie bisher. Es scheint vielmehr erforderlich, Testfragen einer anderen - bisher nicht berücksichtigten -
Art zu formulieren, die geeignet sind, die hier offenbar tief verbor-
gen liegenden Fakten aufzuklären.

2.2. SÄTZE MIT MENSCHLICHEM OBJEKT

Wir wollen uns nun einer Erklärung der genannten Fakten schrittweise
annähern. Zunächst scheint es sinnvoll zu sein, mit den nicht markierten, das heißt mit den in keiner Weise abweichenden Sätzen in (1) und
(2) zu beginnen. Dann ließe sich leicht eine Regel formulieren, die
die Präposition a nur an die Stellen bringt, in denen sie in den als
nicht abweichend bewerteten Sätzen von (1) und (2) auftritt. Wir
stellen fest, daß die Präposition in den nicht markierten Sätzen nur
vor dem direkten Objekt erscheint, das mit mujer besetzt ist. Mujer
gehört offensichtlich in eine Klasse, die von der aller übrigen in
gleicher Position auftauchenden lexikalischen Einheiten verschieden
ist. Wir wollen nun annehmen, daß diese Klasse durch ein syntaktisches Merkmal "menschlich" beziehungsweise [+HUMANO] gekennzeichnet
ist. Weiterhin wollen wir annehmen, daß die Grammatik der spanischen
Sprache Basisregeln enthält, die - unter Vernachlässigung aller im
Augenblick für unseren Zusammenhang nicht relevanten Faktoren -
Strukturen folgender Art erzeugen: [3)]

(3)

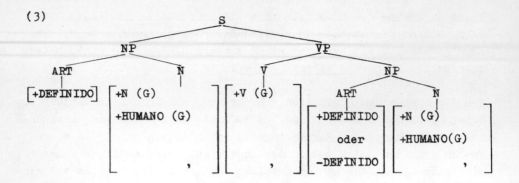

Unter N und V steht hier jeweils ein komplexes Symbol von Merkmalen.
Wir übernehmen hierbei die von Postal entwickelte und von Lakoff
(1965) zusätzlich motivierte Annahme, nach der ein komplexes Symbol
ein geordnetes Paar von zwei Gliedern ist, einem lexikalischen und
einem grammatischen - (das grammatische Glied steht links vom lexikalischen und ist hier aus mnemotechnischen Gründen durch "(G)" hinter jedem syntaktischen Merkmal dieses Gliedes gekennzeichnet. Die
lexikalischen Glieder komplexer Symbole bleiben bis nach Abschluß
der Ableitung einer Tiefenstruktur durch Basisregeln leer. In Struktur (3) ist das grammatische Glied jeweils durch "," vom lexikalischen Glied abgetrennt.)

Wir wollen nun ferner annehmen, daß die Grammatik des Spanischen ein
Lexikon enthält, in dem lexikalische Einheiten folgender Art enthalten sind (wieder unter Vernachlässigung aller hier nicht unmittelbar
relevanten Faktoren):

[mujer,   m N (L),   m HUMANO (L), ...]

[gato ,   m N (L),   u HUMANO (L), ...]

[casa ,   m N (L),   u HUMANO (L), ...]

[accidente, m N (L),   u HUMANO (L), ...]

Das "(L)" hinter den Merkmalen ist hier ein mnemotechnischer Hinweis darauf, daß es sich um lexikalische Merkmale handelt. Mujer,
gato, casa, accidente stehen hier jeweils für eine Matrix von phonologischen distinktiven Merkmalen. Das Vorzeichen m vor einem lexikalischen syntaktischen Merkmal ist eine Abkürzung für "markiert"

oder "merkmalhaft", das Vorzeichen u steht für "unmarkiert" oder
"merkmallos". Nach einer generellen Konvention wird jedes "m" vor
einem lexikalischen Merkmal als "+" und jedes "u" als "-" interpretiert.

Nach einer weiteren Konvention wird, nachdem die Basisregeln eine
Struktur der Form (3) erzeugt haben, beliebig eine lexikalische Einheit aus dem Lexikon ausgewählt und in die Leerstelle des lexikalischen Gliedes eines komplexen Symbols eingesetzt.[4] Wenn in allen
lexikalischen Gliedern der komplexen Symbole der Struktur (3) je eine
lexikalische Einheit aus dem Lexikon eingesetzt worden ist,[5] werden
die Transformationsregeln des Transformationsteils der Grammatik angewendet. Um nun zu erreichen, daß die Präposition a genau an die
Stellen gebracht wird, an denen sie in den nicht als abweichend gekennzeichneten Sätzen in (1) und (2) auftritt, könnten wir jetzt eine
solche Transformationsregel formulieren, die den gewünschten Effekt
erzielt.

Die Regel müßte besagen, daß vor den bestimmten Artikel des Nomens,
das ein komplexes Symbol dominiert, in dem ein Merkmal [+HUMANO (G)]
enthalten ist, ein a eingeführt wird, wenn Artikel und Nomen eine
Nominalphrase bilden, die hinter dem Verb steht. Steht statt des bestimmten Artikels ein unbestimmter, so ist die Regel fakultativ, das
heißt in diesen Fällen kann das a stehen oder nicht stehen. Das ließe sich unter Voraussetzung von Strukturen wie (3) folgendermaßen
ausdrücken:

(R 1)   X NP V ART [+HUMANO (G)] Y
        1 2 3 4   5   6 $\longrightarrow$ 1 2 3 a+4 5 6
                    wobei: X und Y sind beliebige (leere oder
                           nicht-leere) Ketten von Symbolen
                    Bedingung: 1) obligatorisch, wenn ART das
                                  Merkmal [+DEFINIDO] dominiert
                               2) fakultativ sonst

Es ist zu beachten, daß (R 1) vor den Transformationen anzuwenden
ist, die die Satzgliedumstellungen vornehmen, da hier vorausgesetzt
wird, daß das Objekt dem Verb unmittelbar folgt.

Wir wollen nun sehen, welche Wirkung unsere Regel (R 1) hat und was

sie zu erklären vermag. Es werden zwei Klassen von Sätzen unterschieden: diejenigen, die die strukturelle Beschreibung von (R 1) enthalten und auf die die Regel anzuwenden ist, und diejenigen, die die
strukturelle Beschreibung von (R 1) nicht enthalten und auf die somit die Regel nicht anwendbar ist. Im Falle von mujer stimmt nach
Einsetzung in das lexikalische Glied des komplexen Symbols hinter dem
Verb der Struktur (3) das lexikalische Merkmal [+HUMANO (L)] (nachdem
das m als "+" interpretiert worden ist) überein mit dem grammatischen
Merkmal [+HUMANO (G)]. Angenommen, jedes weitere Merkmal des lexikalischen Gliedes hat nun dasselbe Vorzeichen wie das entsprechende
Merkmal des grammatischen Gliedes des komplexen Symbols. Dann sind
die beiden Glieder vereinbar und enthalten keine Verletzung im technischen Sinne dieses Wortes.[6] Wenn dann (R 1) angewendet wird, werden wie gewünscht nicht-abweichende grammatische Sätze wie die als
nicht-abweichend bewerteten Sätze in (1)(a) und (2)(a) erzeugt.[7]

Anders verhält es sich mit den übrigen Sätzen von (1) und (2). Da wir
gato, casa, accidente je mit dem lexikalischen Merkmal [u HUMANO (L)]
versehen hatten, dessen Vorzeichen nach der bereits genannten generellen Konvention vor Anwendung der Regeln des Transformationsteils
der Grammatik als "-" interpretiert wird, würde nach Einsetzung einer
dieser lexikalischen Einheiten in das lexikalische Glied des von N
dominierten komplexen Symbols hinter dem Verbum der Struktur (3) dann
das lexikalische Glied das Merkmal [-HUMANO (L)] und das grammatische
das Merkmal [+HUMANO (G)] enthalten. Damit enthielte der Satz eine
Verletzung. Da er jedoch den Bedingungen der strukturellen Beschreibung von (R 1) genügt - denn diese enthält an der fraglichen Stelle
das grammatische Merkmal [+HUMANO (G)] - wird (R 1) auf ihn angewendet. Die Grammatik erzeugt dann Sätze wie die als abweichend bewerteten Sätze von (1)(b), (c), (d) und (2)(b), (c), (d), wobei sie gleichzeitig die Information für diese Sätze mitliefert, die wir beabsichtigt hatten, nämlich daß diese Sätze nicht normal sind. Diese Information ist dadurch gegeben, daß diese Sätze die oben beschriebene Verletzung enthalten.

Hierbei ist nun folgendes zu beachten. Auf dem eben angegebenen Wege
werden die abweichenden Sätze dadurch erzeugt, daß die in das lexikalische Glied des entsprechenden komplexen Symbols - in der Position
rechts neben dem Verb - eingesetzten lexikalischen Einheiten ein
Merkmal - [-HUMANO (L)] - enthielten, das unvereinbar ist mit dem

grammatischen Merkmal [+HUMANO (G)] desselben komplexen Symbols. Das
ist nun aber nicht der Weg, auf dem die uns interessierende Art der
Abweichung erklärt werden kann. Wir wollen auf irgendeine Weise erklären, daß die Regel (R 1) nicht angewendet werden durfte, aber dennoch angewendet wurde. Bisher haben wir jedoch lediglich Fälle erklärt, in denen in ein lexikalisches Glied eine lexikalische Einheit
eingesetzt wird, die unvereinbar ist mit dem grammatischen Glied desselben komplexen Symbols. Diese Verletzung bleibt zwar nach Anwendung
der Regel (R 1) erhalten, doch sie reflektiert nicht die Tatsache,
daß (R 1) nicht hätte angewendet werden dürfen. Was diese Verletzung
erklärt, ist lediglich, daß gato, casa und accidente nicht als menschlich analysiert werden dürfen. Daß dann (R 1) angewendet wurde, ist
dabei eine automatische Folge dieser Verletzung. Wir brauchen also
für die eben skizzierten Fälle eine Information anderer Art, nämlich
eine Information darüber, daß eine "Verletzung" durch Anwendung einer
Regel zustandekommt, die nicht hätte angewendet werden dürfen.

Nehmen wir zur Verdeutlichung folgende Sätze:
(4)(a) *Pedro causó a la casa.
   (b) *Pedro vio a la casa.

In (4)(a) liegt erstens eine Überschreitung der Selektionsbeschrän-
kung des Verbs causar vor, das nur Abstrakta als Objekte zuläßt.
Casa hätte also nicht als Objekt gewählt werden dürfen, da es kein
Abstraktum ist. Zweitens liegt die Überschreitung einer Regularität
vor, die dadurch zustandekommt, daß eine "bestimmte Regel" – die,
die das a einführt - angewendet wurde, wo sie nicht hätte angewendet
werden dürfen. In (4)(b) dagegen sind keine Selektionsbeschränkungen
des Verbs verletzt. Ver läßt sowohl menschliche als auch nichtmensch-
liche Objekte zu. Die Abweichung ließe sich also nur dadurch erklären,
daß man annimmt, daß die "bestimmte Regel" in diesem Falle angewendet
wurde, obwohl sie nicht hätte angewendet werden dürfen. (4)(b) enthielte dann nur eine "Verletzung". Dies würde auch gut das Faktum erklären, daß ein Sprecher der spanischen Sprache intuitiv (4)(b) als
besser bewertet als (4)(a): (4)(b) enthält eine "Verletzung" weniger
als (4)(a).

Um diese Tatsachen explizite erklären zu können, müßten wir den Begriff "Verletzung" entsprechend erweitern, so daß er auch für die Anwendung oder Nicht-Anwendung von Regeln anwendbar ist. Eine mögliche
Übertragung dieser Art wurde von Lakoff(1965) entwickelt. Danach wird

jedes grammatische Glied eines komplexen Symbols subkategorisiert
hinsichtlich jeder Transformationsregel der Grammatik. Das grammatische Glied enthält in der Tiefenstruktur Regelmerkmale, die mit negativem Vorzeichen versehen sind. Weiterhin werden die grammatischen
Glieder subkategorisiert in bezug auf die strukturelle Beschreibung
einer jeden Transformationsregel der Grammatik. Sie enthalten dann
in der Tiefenstruktur ferner Strukturelle-Beschreibungs-Merkmale,
die ebenfalls negativ gekennzeichnet sind.

Wir wollen "Strukturelle Beschreibung" mit $\underline{DS}$ und "Regel" mit $\underline{R}$ ab-
kürzen. [-R(R 1)] wäre dann z.B. das Regelmerkmal in bezug auf unse-
re Regel (R 1) und [-DS(R 1)] das Strukturelle-Beschreibungs-Merkmal
in bezug auf Regel (R 1). Nach einer generellen Konvention sind alle
Regelmerkmale und alle Strukturelle-Beschreibungs-Merkmale des grammatischen Gliedes des komplexen Symbols in der Basis negativ gekennzeichnet. Durch eine weitere Konvention wird das Vorzeichen der
Strukturelle-Beschreibungs-Merkmale des grammatischen Gliedes von
minus in plus verwandelt, sobald der P-Marker, der das grammatische
Glied enthält, im Laufe der transformationellen Ableitung die strukturelle Beschreibung der betreffenden Transformation erfüllt. Weiterhin wird, sobald die Transformationsregel angewendet, das heißt
sobald die strukturelle Veränderung vorgenommen worden ist, das Regelmerkmal dieser Transformationsregel, das das grammatische Glied
enthält, ebenfalls das Vorzeichen "+" erhalten. [-R(R 1)] bedeutet
demnach, daß die Regel (R 1) noch nicht angewendet worden ist, und
[-DS(R 1)] bedeutet, daß die strukturelle Beschreibung von (R 1)
noch nicht erreicht wurde. [+R(R 1)] heißt, daß die Regel (R 1) angewendet worden ist, [+DS(R 1)] heißt, daß die strukturelle Beschreibung erreicht worden ist. Selbstverständlich muß erst die strukturelle Beschreibung erreicht werden, bevor die betreffende Regel, die
diese Beschreibung enthält, angewendet werden kann.

Im Lexikon der Grammatik werden in allen lexikalischen Einheiten mit
entsprechenden Vorzeichen versehene lexikalische Regelmerkmale und
Strukturelle-Beschreibungs-Merkmale eingetragen. Die Vorzeichen sind
entweder $\underline{u}$ oder $\underline{m}$, die nach erfolgter Ableitung, also nach Anwendung
sämtlicher Transformationsregeln der Grammatik, durch eine Reihe von
generellen Interpretationsregeln in entsprechende plus oder minus umgewandelt werden.[8] Auf sie werden also nicht die für die übrigen
lexikalischen Merkmale geltenden Konventionen für die Interpretation

von m und u angewendet.

Nachdem alle u und m der betreffenden R- und DS-Merkmale interpretiert worden sind, werden die Merkmale der beiden Glieder des komplexen Symbols miteinander verglichen. Enthält das lexikalische
Glied des komplexen Symbols Q ein R- oder DS-Merkmal, das nicht vereinbar ist mit dem entsprechenden Merkmal des grammatischen Gliedes
von Q, so definiert Q eine Verletzung. Enthält beispielsweise das
grammatische Glied das Merkmal [-R(R 1) (G)] und das lexikalische
Glied desselben komplexen Symbols [+R(R 1) (L)] , so sind beide Merkmale unvereinbar, weil die Vorzeichen nicht übereinstimmen, und das
komplexe Symbol enthält in diesem Fall eine Verletzung.

Auf dieser Grundlage können wir nun die Tatsache erklären, daß im
Unterschied zu den Sätzen (1)(a) und (2)(a) alle Sätze in (1)(b)(c)
(d) und (2)(b)(c)(d), die eine Präposition enthalten, abweichend
sind. Zu diesem Zweck gehen wir für die Sätze (a) von einer Struktur
der bereits genannten Form (3) aus. Für die Sätze (b) bis (d) wollen
wir einen Stammbaum der Form (5) annehmen:

(5)

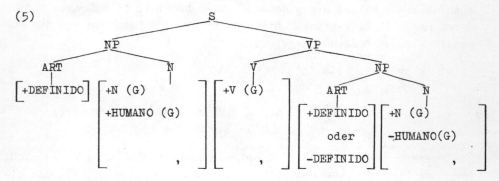

Stammbaum (5) unterscheidet sich vom Stammbaum (3) lediglich dadurch,
daß im komplexen Symbol unter dem N des Objekts in (5) das Merkmal
[-HUMANO (G)] , während im Stammbaum (3) an derselben Stelle das
Merkmal [+HUMANO (G)] steht. Somit erfüllt (3) die strukturelle Beschreibung der Transformation (R 1). (5) erfüllt sie dagegen nicht.

Auf Struktur (5) ist unsere Regel (R 1) nicht anwendbar, und die
Grammatik erzeugt auf der Grundlage von (5) nur nicht-abweichende
Sätze wie die präpositionslosen Sätze in (1)(b) bis (d) und (2)(b)
bis (d). Die abweichenden Partnersätze zu diesen könnte die Gramma-

tik dann lediglich über Strukturen wie (3) erzeugen. Das aber ist
bei einem Verbum wie ver - das in (1) und (2) steht - empirisch wenig
sinnvoll, denn ver kann sowohl in Struktur (5) als auch in (3) auftreten, da es menschliche, aber auch nicht-menschliche Objekte haben
kann. Im Falle von Satz (4)(a) ist das Problem noch deutlicher.
(4)(a) enthält das Verbum causar, das keine menschlichen Objekte,
aber auch keine Objekte wie casa zuläßt. Sätze wie (4)(a) wären durch
eine Grammatik mit (R 1) nicht sinnvoll erzeugbar, da sie Struktur
(5) voraussetzen, auf die die strukturelle Beschreibung von (R 1)
nicht zutrifft und (R 1) nicht angewendet werden kann.[9]

Um nun Sätze wie (4)(a) und (1)(b) bis (d), (2)(b) bis (d) zu erzeugen und die abweichenden Sätze in der gewünschten Weise mit einer
Verletzung zu kennzeichnen, benötigen wir eine Grammatik, die eine
Transformationsregel enthält, die in Struktur (5) die Präposition a
an die gewünschte Stelle bringt. Dies könnte durch eine zusätzliche
Regel geschehen. Eine solche Regel hätte aber - auf der Grundlage
der bisher diskutierten Fakten - nur den Sinn, grammatisch abweichende Sätze bestimmter Art zu erzeugen, und wäre infolgedessen wenig
sinnvoll. Wir wollen statt dessen unsere Regel (R 1) aufgeben und
durch Regel (R 2) ersetzen. Statt durch (R 1) führen wir nun die Präposition durch folgende Regel ein:

$$(R\ 2)\quad X\ NP\ V\ ART\ [+N\ (G)]\ Y$$
$$1\ 2\ 3\ 456\ \longrightarrow\ 1\ 2\ 3\ \underline{a}+4\ 5\ 6$$

wobei: X und Y sind beliebige (leere oder
nicht-leere) Ketten von Symbolen

Die Transformationsregel (R 2) enthält im Unterschied zu (R 1) nicht
mehr das Merkmal [+HUMANO (G)]. Sie führt vor jedes Objekt, das einen Artikel und ein Nomen enthält, die Präposition ein. Ferner wollen
wir nun annehmen, daß es - im Unterschied zu unserer bisherigen Annahme (vgl. Anmerkung 7) - eine generelle Konvention gibt, nach der
eine Transformationsregel - also auch (R 2) - dann, wenn im Laufe der
transformationellen Ableitung die strukturelle Beschreibung dieser
Regel erfüllt ist, frei angewendet werden kann oder nicht angewendet
werden kann.

Um zu gewährleisten, daß die so erzeugten Sätze danach gekennzeichnet werden, ob sie eine Verletzung enthalten oder nicht, wollen wir

nun den oben genannten Mechanismus der R- und DS-Merkmale entsprechend anwenden.

Wir wollen zunächst der Einfachheit halber annehmen, (R 2) ist eine
rein obligatorische Regel. Wir vernachlässigen also die fakultativen
Fälle in Sätzen wie (2)(a). Ferner wollen wir annehmen, (R 2) sei
eine Hauptregel.[10] Nun erhalten alle lexikalischen Einheiten des
Lexikons, die das syntaktische Merkmal [m HUMANO (L)] enthalten, die
Regel- beziehungsweise Strukturelle-Beschreibungs-Merkmale
[u DS(R 2) (L)] und [u R(R 2) (L)]. Alle lexikalischen Einheiten,
die das Merkmal [u HUMANO (L)] enthalten, bekommen die Merkmale
[u DS(R 2) (L)] und [m R(R 2) (L)].

Nach Beendigung der transformationellen Ableitung eines Satzes enthalten die grammatischen Glieder der komplexen Symbole die Information darüber, welche strukturelle Beschreibungen erfüllt und welche
Regeln angewendet worden sind. Im Falle unserer Regel (R 2) ergeben
sich dann logisch folgende drei Möglichkeiten:[11]

(a) Die strukturelle Beschreibung von (R 2) ist erfüllt und (R 2)
    ist angewendet worden.
(b) Die strukturelle Beschreibung von (R 2) ist erfüllt und (R 2)
    ist nicht angewendet worden.
(c) Die strukturelle Beschreibung ist nicht erfüllt und (R 2) ist
    nicht angewendet worden.

An dieser Stelle werden nun die fünf Metaregeln angewendet, die die
Vorzeichen u und m der lexikalischen R- und DS-Merkmale als plus
oder minus interpretieren. (vgl. § 1). Danach enthalten die entsprechenden komplexen Symbole - d.h. in diesem Fall das komplexe Symbol
unter N in der Position des Objekts [12] - in den Fällen (a) bis (c)
jeweils eine der folgenden Kombinationen:

(I) Die in der Tiefenstruktur in der Position des Objekts eingesetzte
    lexikalische Einheit enthält das Merkmal [+HUMANO (L)]:

(a) $\begin{bmatrix} +DS(R\ 2)(G) & +DS(R\ 2)(L) \\ +R(R\ 2)\ (G) & +R(R\ 2)\ (L) \end{bmatrix}$ keine Verletzung

      Beispiel: Pedro vio a la mujer.

(b) $\begin{bmatrix} +DS(R\ 2)(G) & +DS(R\ 2)(L) \\ -R(R\ 2)\ (G) & +R(R\ 2)\ (L) \end{bmatrix}$ Verletzung

Beispiel: * Pedro vio la mujer.

(c) $\begin{bmatrix} -DS(R\ 2)(G) & -DS(R\ 2)(L) \\ -R(R\ 2)\ (G) & -R(R\ 2)\ (L) \end{bmatrix}$ <u>keine Verletzung</u>

Beispiel: jeder beliebige Satz, der die strukturelle
Beschreibung von (R 2) nicht erfüllt.

(II) Die in der Tiefenstruktur in der Position des Objekts eingesetzte lexikalische Einheit enthält das Merkmal [−HUMANO (L)]:

(a) $\begin{bmatrix} +DS(R\ 2)(G) & +DS(R\ 2)(L) \\ +R(R\ 2)\ (G) & -R(R\ 2)\ (L) \end{bmatrix}$ <u>Verletzung</u>

Beispiel: * Pedro vio a la casa.

(b) $\begin{bmatrix} +DS(R\ 2)(G) & +DS(R\ 2)(L) \\ -R(R\ 2)\ (G) & -R(R\ 2)\ (L) \end{bmatrix}$ <u>keine Verletzung</u>

Beispiel: Pedro vio la casa.

(c) $\begin{bmatrix} -DS(R\ 2)(G) & -DS(R\ 2)(L) \\ -R(R\ 2)\ (G) & -R(R\ 2)\ (L) \end{bmatrix}$ <u>keine Verletzung</u>

Beispiel: jeder beliebige Satz, der die strukturelle
Beschreibung von (R 2) nicht erfüllt.

Eine Grammatik des Spanischen, die den bisher beschriebenen Mechanismus enthält, erzeugt so eine Teilmenge von abweichenden und nicht-
abweichenden Sätzen, die alle dieselbe Konstituentenstruktur haben.
Alle eingangs zitierten Sätze (1) und (2) werden von der Grammatik
direkt erzeugt, und die dort als abweichend bewerteten Sätze enthalten je ein komplexes Symbol, das eine Verletzung definiert, die durch
fälschliche Anwendung beziehungsweise Nichtanwendung von Regel (R 2)
zustandekommt. Die dort als nicht-abweichend bewerteten Sätze enthalten keine Verletzung.[13]

Nach unseren bisherigen Annahmen müssen alle lexikalischen Einheiten,
die das Merkmal [u HUMANO (L)] haben, als Ausnahme von der Regel
(R 2) mit dem Regelmerkmal [m R(R 2)(L)] versehen werden. Nun zählt
aber die generelle Bewertungsprozedur alle mit m markierten, nicht
aber die mit u markierten Merkmale des Lexikons. Mit anderen Worten,
je weniger Ausnahmen von Regeln der Grammatik - bei gleichbleibender
deskriptiver Adäquatheit der Grammatik - gekennzeichnet werden müssen,
desto besser ist die Grammatik. Wir wollen nun sehen, ob sich ein ge-
nereller Mechanismus angeben läßt, nach dem <u>alle</u> Nomina des Spani-

schen unmarkierte DS- und R-Merkmale in bezug auf Regel (R 2) erhalten können.

Wenn wir die komplexen Symbole von (I) und (II) betrachten, fällt zunächst auf, daß sich die in der Tiefenstruktur in der Position des Objekts eingesetzten lexikalischen Einheiten, die das Merkmal [+HUMANO (L)] enthalten, in bezug auf Regel (R 2) genau umgekehrt verhalten wie diejenigen, die das Merkmal [-HUMANO (L)] haben. Im einen Falle wird durch Anwendung der Regel eine Verletzung erzeugt, im anderen durch Nicht-Anwendung der Regel. Diesem Unterschied entspricht der Unterschied zwischen Nebenregel und Hauptregel: Nebenregeln werden nur auf Ausnahmen angewendet, Hauptregeln dagegen auf Normalfälle. Wir wollen nun annehmen, daß Regel (R 2) für alle menschlichen Nomina eine Hauptregel, für alle nicht-menschlichen Nomina eine Nebenregel ist.

Zunächst nehmen wir an, daß das Lexikon lexikalische Einheiten folgender Art enthält:

(6)

mujer	gato	casa	accidente
m N (L)	m N (L)	m N (L)	m N (L)
m HUMANO (L)	u HUMANO (L)	u HUMANO (L)	u HUMANO (L)
.	.	.	.
.	.	.	.
.	.	.	.
u DS(R 2)(L)	u DS(R 2)(L)	u DS(R 2)(L)	u DS(R 2)(L)
u R(R 2) (L)	u R(R 2) (L)	u R(R 2) (L)	u R(R 2) (L)

(Die Punkte stehen hier für weitere - für unseren Zusammenhang
jedoch unwesentliche - lexikalische Merkmale.)

Weiterhin wollen wir annehmen, daß die Liste der Nebenregeln der spanischen Grammatik ein geordnetes Paar enthält (bestehend aus einem Regelnamen und einer Umgebungsangabe), in dem auf unsere Regel (R 2) Bezug genommen wird:

"(R 2); [+N, -HUMANO, ____]"

Die generelle Prozedur für Eintragungen der Liste der Nebenregeln erhält diese Eintragung als Eingabe und gibt dann folgende Regel aus:

(7) $[\gamma R(R\ 2)(L)] \longrightarrow [\sim\gamma R(R\ 2)(L)] / [+N, -HUMANO, \underline{\quad\quad}\ ]$

wobei: $\gamma = \underline{u}$ oder $\underline{m}$

$\sim\underline{u} = \underline{m}$

$\sim\underline{m} = \underline{u}$

Diese Regel besagt, daß für alle lexikalischen Einheiten der Grammatik, die die syntaktischen Merkmale [+N] und [-HUMANO] enthalten, die Regel (R 2) eine Nebenregel ist. Formal geschieht das dadurch, daß (7) die Vorzeichen $\underline{u}$ und $\underline{m}$ vor dem lexikalischen Regelmerkmal miteinander vertauscht. Erst nachdem (7) angewendet worden ist, werden die fünf Metaregeln für die Interpretation von $\underline{u}$ und $\underline{m}$ durchlaufen. Da (7) das $\underline{u}$ des Regelmerkmals bei nicht-menschlichen Nomina an dieser Stelle bereits in $\underline{m}$ verwandelt hat, ergeben sich nach Anwendung der fünf Metaregeln auf komplexe Symbole, die lexikalische Glieder der Form (6) enthalten,[14] wie gewünscht genau dieselben Kombinationen wie in (I) und (II) in allen drei möglichen Fällen.

Bei dem soeben beschriebenen Regelmechanismus muß speziell für die Grammatik des Spanischen lediglich angenommen werden, daß sie Basisregeln enthält, die Strukturen der Form (3) und (5) erzeugen, sowie daß sie lexikalische Einheiten der Form (6) im Lexikon und die Regel (R 2) im Transformationsteil sowie die genannte Eintragung auf der Liste der Nebenregeln enthält. Alle übrigen Annahmen ergeben sich aus einer speziellen Form der generellen Charakterisierung der Grammatiktheorie, die nicht gesondert für die spanische Grammatik allein postuliert werden muß. Dies gilt insbesondere auch für die fünf Metaregeln sowie für Regel (7), insofern nämlich (7) das Resultat einer generellen Prozedur ist, die lediglich die konkrete Liste der Nebenregeln der spanischen Grammatik als Eingabe bekommt, und die Metaregeln im Gesamtzusammenhang einer bestimmten generellen Grammatiktheorie stehen. Außerhalb dieser Theorie haben letztere keinen gesonderten Sinn.

Unser Regelmechanismus kann als eine exakte Explikation der Formulierung der traditionellen Grammatik angesehen werden, nach der "vor dem direkten Objekt im Spanischen die Präposition $\underline{a}$ steht, wenn dieses eine bestimmte Person bezeichnet." Er unterscheidet sich jedoch von der Formulierung der traditionellen Grammatik dadurch, daß er eine präzise Formulierung darstellt, die es gestattet, einen Gesamt-

zusammenhang mit allen übrigen Fakten aus dem Bereich der spanischen
Sprache herzustellen und in einem genau angebbaren Sinne weitere Probleme und Fragestellungen aufzuwerfen. Hierum werden wir uns nun in
den folgenden Kapiteln bemühen.

2.3. KRITIK DES FORMULIERTEN REGELMECHANISMUS

2.3.1. EINWÄNDE AUS EMPIRISCHEN GRÜNDEN

Der empirische Sinn des soeben beschriebenen Regelmechanismus besteht darin, daß er Sätze wie die in § 2.1. zitierten Sätze (1) und
(2) direkt erzeugt und die dort als abweichend bewerteten Sätze von
den nicht-abweichenden durch Anwesenheit beziehungsweise Abwesenheit
einer Verletzung erklärt, das heißt, daß er in einer eindeutig definierten Weise die abweichenden Sätze von den nicht-abweichenden zu
unterscheiden vermag.

Die Tatsache, daß _alle_ Sätze (1) und (2) annähernd in derselben Weise verstanden werden, wird hier dadurch erklärt, daß sie alle auf
die gleiche Konstituentenstruktur in der Tiefenstruktur zurückgeführt
werden. Die eingangs genannte Beobachtung, daß die Präposition in den
betreffenden Sätzen kaum einen nennenswerten Einfluß auf die semantische Interpretation der Sätze zu haben scheint, veranlaßte uns zu
der Annahme, daß die Präposition nicht in der Tiefenstruktur gegeben,
sondern transformationell einzuführen ist. Dies steht auch gut in
Einklang mit der von Chomsky(1965) formulierten Arbeitshypothese,
nach der in der Tiefenstruktur keine für die semantische Interpretation irrelevanten Elemente enthalten sind.

Angesichts der genannten Sachverhalte scheint unser Regelmechanismus
recht gut motiviert zu sein. Hinzu kommt die häufig gemachte Beobachtung, daß sich im Fremdsprachenunterricht die traditionelle Unterscheidung von "persönlichem Akkusativ" und "nicht-persönlichem Akkusativ" für alle Spanischschüler im großen und ganzen gut bewährt hat.
Es scheint also, daß wir mit dem formulierten Regelmechanismus mindestens eine sehr wesentliche Seite des Problems erfaßt haben.

In der Tat verhalten sich sehr viele spanische Sätze genauso wie die
Sätze (1) und (2). Andererseits ließen sich leicht aus spanischen
Texten Sätze exzerpieren, die in einem sinnvollen Zusammenhang mit

(1) und (2) stehen und mit unserem Regelmechanismus nicht in Einklang
zu bringen sind. Sätze dieser Art werden in den eingangs genannten
Arbeiten zum präpositionalen direkten Objekt im Spanischen häufig zitiert (vgl. dazu Brauns (1909), Hills (1920) u.a.). Wir wollen nun
zunächst - und wie wir später zeigen werden, aus guten Gründen -
darauf verzichten, solche Sätze zu diskutieren.

Auch ohne auf solche Sätze zu rekurrieren, läßt sich bereits jetzt
zeigen, daß auf der Grundlage unseres Regelmechanismus die in § 2.1.
genannten Fakten bezüglich der unterschiedlichen Grammatikalität in
den abweichenden Sätzen nicht erklärt werden können. Wir müssen in
irgendeiner Weise erklären, daß *Pedro vio a un gato besser ist als
*Pedro vio a una casa und daß dieser Satz wiederum besser ist als
*Pedro vio a un accidente. Alle diese Sätze enthalten unterschiedslos
je eine Verletzung, die durch "unzulässige" Anwendung der Regel (R 2)
zustandekommt. Unser Regelmechanismus behandelt alle diese Sätze also
in gleicher Weise. Da das in allen Sätzen vorkommende Verb ver sowohl menschliche Objekte als auch Objekte, die mit den Nomina gato,
casa, accidente besetzt sind, zuläßt, läßt sich der bewußte Unterschied in der Grammatikalität dieser Sätze auch nicht auf zusätzliche Verletzungen der Selektionsbeschränkungen des Verbs zurückführen.

Was wir erklären müßten, wäre etwa folgendes: Regel (R 2) ist in allen diesen Sätzen angewendet worden, obwohl sie nicht hätte angewendet werden dürfen, aber durch die Anwendung der Regel wird in dem
einen Fall eine schlimmere Abweichung erzeugt als im anderen. Bisher
ist jedoch kein Mechanismus bekannt, der Aussagen dieser Art sinnvoll explizieren könnte. Innerhalb des theoretischen Rahmens, in dem
wir die Sätze betrachtet haben, ergibt sich jedenfalls keine sinnvolle Lösung dieses Problems.

Selbstverständlich wäre es technisch möglich, in den betreffenden
Sätzen in das komplexe Symbol in der Position des Objekts zusätzliche Verletzungen hineinzubringen. Dies müßte dann durch zusätzlich
zu formulierende Regeln geschehen, deren Anwendung eine Verletzung
zur Folge hat. Der einzige Sinn solcher Regeln bestünde aber dann
darin, bestimmte falsche Sätze als falscher zu erklären als andere
falsche Sätze. Offensichtlich wären solche Regeln wenig sinnvoll.
Sie widersprächen unseren Vorstellungen von Sinn und Funktion einer
Grammatik. Aber auch dann, wenn wir eine solche Lösung versuchen wür-

den, ergäben sich weitere Probleme, die kaum Aussicht auf eine sinnvolle Lösung hätten. Es müßten mehr oder weniger ad hoc Nominalklassen unterschieden werden, auf die in der Regel Bezug zu nehmen wäre.
Dann müßte ein umfangreiches Testprogramm auf der Grundlage eines
großen Corpus von lediglich grammatisch falschen Sätzen durchgeführt
werden. Zum gegenwärtigen Zeitpunkt ist jedoch kaum abzusehen, inwieweit derartige Tests überhaupt zu sinnvollen Resultaten führen können.

Eine Grammatik des Spanischen, die die sprachliche Kompetenz der
Sprecher der spanischen Sprache erklären soll und zur Erklärung der
Fakten in Sätzen der Art (1) und (2) lediglich einen Regelmechanismus
enthält wie den, den wir im voraufgehenden Kapitel entwickelt haben,
kann also nicht den Anspruch auf deskriptive Adäquatheit erheben.

2.3.2. EINWÄNDE AUS THEORETISCHEN GRÜNDEN

Auch aus einer Reihe von theoretischen Gründen lassen sich Einwände
gegen unseren Regelmechanismus vorbringen.

Die Regel (R 2) hat einige Eigenschaften, deren Notwendigkeit noch
nicht hinreichend nachgewiesen ist. Einerseits ist sie partiell fakultativ, nämlich für menschliche Objekte mit unbestimmtem Artikel
(siehe Anmerkung 13), andererseits ist sie auch eine partielle Nebenregel, und zwar für nicht-menschliche Objekte. Aus diesen Gründen
mußte je eine Eintragung in die Liste der fakultativen Regeln und in
die der Nebenregeln vorgenommen werden. Wenn es gelänge, durch eine
geringfügige Veränderung in der Formulierung der Regel ohne Kompli-
zierung des Lexikons auf beide oder eine der beiden Eintragungen -
bei gleichbleibender empirischer Adäquatheit - zu verzichten, wäre
eine solche Lösung gegenüber der bisherigen vorzuziehen.

In der Tat gibt es zur Formulierung der Regel technisch noch eine
andere Möglichkeit als die vorgeschlagene. Wir sind bisher stillschweigend von der Annahme ausgegangen, daß das "regierende Element"
der Regel die lexikalische Einheit im komplexen Symbol unter N in
der Position hinter dem Verb ist. Danach konnten nur Nomina Ausnahmen zu unserer Regel sein. Bei der Betrachtung der abweichenden Sätze
gegenüber den nicht-abweichenden von (1) und (2) schien es so, als
wären die Nomina gato, casa und accidente die Ausnahmen. Wir haben
aber noch nicht gezeigt, daß dies so sein muß.

Es wäre nun ebenso gut denkbar, daß nicht Nomina, sondern Verben
Ausnahmen zu der Regel sind, die die Präposition a vor das direkte
Objekt einführt. Dann müßte das Verb die Regel regieren, und die uns
interessierenden Verletzungen würden im komplexen Symbol unter V definiert. Diese Möglichkeit wollen wir nun im folgenden untersuchen.
Wir werden dabei versuchen zu zeigen, ob und inwieweit sich auf diese Weise eine Vereinfachung der Grammatik erreichen läßt.

2.4. EIN VERÄNDERTER REGELMECHANISMUS
FÜR SÄTZE MIT MENSCHLICHEM OBJEKT

2.4.1. BASISREGELN DER SPANISCHEN GRAMMATIK

Bevor wir zur Formulierung eines veränderten Regelmechanismus zur
Erklärung des direkten präpositionalen Objekts im Spanischen über-
gehen, wollen wir zunächst diejenigen Basisregeln angeben, die für
den Gesamtregelmechanismus in bezug auf unser Problem von Bedeutung
sind. Es versteht sich von selbst, daß die Regeln, die wir hier formulieren werden, in hohem Grade provisorisch sind und daß eine umfassende und hinreichende Motivierung für alle diese Regeln im Rahmen unserer Arbeit nicht gegeben werden kann.[15]

Zunächst wollen wir annehmen, die Grammatik habe als Eingabe die
Kette # S # , wobei # ein Symbol für "Satzgrenze" ist. Ferner nehmen wir an, daß das Anfangssymbol 'S' expandiert wird in ein fakul-
tatives Satzadverb, eine Nominalphrase und eine Verbalphrase. Folgende Regel zerlegt dann einen Satz in maximal drei Konstituenten:[16]
(i) S ⟶ (SA) NP VP
Diese Regel ist folgendermaßen zu interpretieren: Das Element links
vom Pfeil ist zu ersetzen durch die Kette von Elementen rechts vom
Pfeil (der Pfeil ist zu lesen "wird ersetzt durch"). Die runden Klammern bedeuten fakultative Anwesenheit. Regel (i) ist somit eine ab-
gekürzte Schreibweise für zwei Regeln, von denen die eine das Anfangssymbol in die Kette SA⌢NP⌢VP, und die andere es in die Kette NP⌢VP
expandiert. Das Verkettungszeichen '⌢' haben wir der Einfachheit halber in der Regel weggelassen.

Weiterhin wollen wir folgende Regel annehmen, die die Verbalphrase
in maximal drei Konstituenten zerlegt:

(ii) VP ⟶ VERB (NP (NP))

Diese Expansionsregel ist in derselben Weise zu interpretieren wie
(i). Sie ist eine Abkürzung für drei Regeln, wobei die eine die Verbalphrase in die Konstituente VERB, die zweite sie in die Kette
VERB⌢NP und die dritte sie in die Kette VERB⌢NP⌢NP expandiert. Hier-
durch wird ausgedrückt, daß ein Verb mit einem Objekt, mit zwei Objekten oder "intransitiv" ohne Objekt auftreten kann. [17)]

Dann wollen wir annehmen, daß es eine Regel gibt, die die Kategorie
VERB in ein komplexes Symbol von syntaktischen beziehungsweise syntaktisch-semantischen Merkmalen zerlegt. Das komplexe Symbol besteht
aus einem geordneten Paar von zwei Gliedern: einem grammatischen und
einem lexikalischen. Das lexikalische Glied steht rechts vom grammatischen und ist leer. Wir wollen unsere Regel folgendermaßen formulieren: [18)]

(iii) VERB ⟶

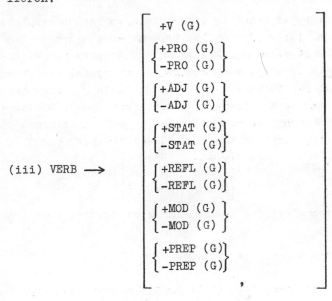

$$\begin{bmatrix} +V \ (G) \\[4pt] \left\{\begin{matrix} +PRO \ (G) \\ -PRO \ (G) \end{matrix}\right\} \\[4pt] \left\{\begin{matrix} +ADJ \ (G) \\ -ADJ \ (G) \end{matrix}\right\} \\[4pt] \left\{\begin{matrix} +STAT \ (G) \\ -STAT \ (G) \end{matrix}\right\} \\[4pt] \left\{\begin{matrix} +REFL \ (G) \\ -REFL \ (G) \end{matrix}\right\} \\[4pt] \left\{\begin{matrix} +MOD \ (G) \\ -MOD \ (G) \end{matrix}\right\} \\[4pt] \left\{\begin{matrix} +PREP \ (G) \\ -PREP \ (G) \end{matrix}\right\} \end{bmatrix} ,$$

(Mit '[   ]' wird eine Matrix von Merkmalen und mit '{ }' eine freie
Wahl bezeichnet, d.h. es ist jeweils eins der in einer geschweiften
Klammer stehenden Elemente zu wählen.)

Das Merkmal [+V (G)] bezeichnet die Zugehörigkeit zu der lexikalischen Kategorie VERB. [-PRO] gibt an, daß später die generelle Konvention angewendet werden muß, die eine lexikalische Einheit beliebig aus dem Lexikon auswählt und in die Leerstelle des lexikalischen
Gliedes des komplexen Symbols einsetzt. [+PRO] gibt an, daß keine

lexikalische Einheit eingesetzt werden darf. [ADJ] ist eine Abkürzung
für "adjektivisch".[9] Das Merkmal [+STAT (G)] steht für "statisch"
und charakterisiert die Zustandsverben und Zustandsadjektive.[20] Die
Merkmale [+REFL (G)] und [-REFL (G)] bezeichnen die "Reflexivität" beziehungsweise "Nicht-Reflexivität".[21] [MOD] steht für "modifikativ"
und [PREP] für "präpositional".[22]

Nun wollen wir annehmen, daß es eine strikte Subkategorisierungsregel
gibt, die die Verben und Adjektive nach der kategorialen Umgebung
subkategorisiert, in der sie auftreten:

$$(iv) \quad [+V \; (G)] \longrightarrow \left\{ \begin{array}{l} +\underline{\quad}NP \; NP \; (G) \quad / \quad \underline{\quad}NP \; NP \\ +\underline{\quad}NP \; (G) \quad / \quad \underline{\quad}NP \, \# \\ +\underline{\quad}\# \; (G) \quad / \quad \underline{\quad}\# \end{array} \right\}$$

Diese Regel ist in folgender Weise zu interpretieren: jedes komplexe
Symbol, das das Merkmal [+V (G)] enthält, bekommt zusätzlich zu den
schon im komplexen Symbol stehenden Merkmalen das strikte Subkategorisierungsmerkmal [+___NP NP (G)], wenn dem komplexen Symbol zwei Nominalphrasen folgen, und das Merkmal [+___NP (G)], falls nur eine Nominalphrase folgt. Ist das Verb intransitiv, d.h. wenn ihm das Satzgren-
zensymbol # folgt, so bekommt es das Merkmal [+___#(G)]. Folgende Regel führt dann ein allgemeines Merkmal für "Transitivität" ein:[23]

$$(v) \quad [+V \; (G)] \longrightarrow [+TRANS \; (G)] \, / \left[\left\{ \begin{array}{l} +\underline{\quad}NP \; NP \; (G) \\ +\underline{\quad}NP \; (G) \end{array} \right\} \right]$$

Eine weitere Regel expandiert die Nominalphrase in maximal vier Konstituenten:[24]

$$(vi) \; NP \longrightarrow (S) \; N \; ((N) \; (S))$$

Weiterhin wollen wir annehmen, daß die Grammatik Regeln enthält, die
das Nomen subkategorisieren, sowie Regeln, die dem Verb Merkmale der
in seiner Umgebung stehenden Nomina zuweisen. Wir wollen nun der besseren Übersicht halber noch einmal sämtliche bisher angenommenen Basisregeln in der Reihenfolge aufführen, in der sie in der Grammatik
stehen:

$$(8)(i) \quad S \longrightarrow (SA) \; NP \; VP$$
$$(ii) \; VP \longrightarrow VERB \; (\; NP \; (NP) \;)$$

(iii) VERB $\longrightarrow$ $\begin{bmatrix} +V\ (G) \\ \left\{\begin{matrix} +PRO\ (G) \\ -PRO\ (G) \end{matrix}\right\} \\ \left\{\begin{matrix} +ADJ\ (G) \\ -ADJ\ (G) \end{matrix}\right\} \\ \left\{\begin{matrix} +STAT\ (G) \\ -STAT\ (G) \end{matrix}\right\} \\ \left\{\begin{matrix} +REFL\ (G) \\ -REFL\ (G) \end{matrix}\right\} \\ \left\{\begin{matrix} +MOD\ (G) \\ -MOD\ (G) \end{matrix}\right\} \\ \left\{\begin{matrix} +PREP\ (G) \\ -PREP\ (G) \end{matrix}\right\} \end{bmatrix}$,

(iv) $[+V\ (G)] \longrightarrow \left\{\begin{matrix} [+\_\_NP\ NP\ (G)]\ /\ \_\_\_NP\ NP \\ [+\_\_NP\ (G)]\ /\ \_\_\_NP\ \# \\ [+\_\_\#(G)]\ /\ \_\_\_\# \end{matrix}\right\}$.

(v) $[+V\ (G)] \longrightarrow [+TRANS\ (G)]\ /\ \left[\overline{\left\{\begin{matrix} +\_\_NP\ NP\ (G) \\ +\_\_NP\ (G) \end{matrix}\right\}}\right]$

(vi) NP $\longrightarrow$ (S) N ((N) (S))

(vii) N $\longrightarrow$ $\begin{bmatrix} +N\ (G) \\ \left\{\begin{matrix} +PRO\ (G) \\ -PRO\ (G) \end{matrix}\right\} \\ \left\{\begin{matrix} +PROPIO\ (G) \\ -PROPIO\ (G) \end{matrix}\right\} \\ \left\{\begin{matrix} +CONT\ (G) \\ -CONT\ (G) \end{matrix}\right\} \\ \left\{\begin{matrix} +ABSTR\ (G) \\ -ABSTR\ (G) \end{matrix}\right\} \\ \left\{\begin{matrix} +ANIMADO\ (G) \\ -ANIMADO\ (G) \end{matrix}\right\} \\ \left\{\begin{matrix} +PLUR\ (G) \\ -PLUR\ (G) \end{matrix}\right\} \end{bmatrix}$,

(viii)   [+ABSTR (G)] $\longrightarrow$ $\left\{\begin{array}{l} [+PROC\ (G)] \\ [-PROC\ (G)] \end{array}\right\}$

(ix)   [-ABSTR (G)] $\longrightarrow$ $\left\{\begin{array}{l} [+OBJ.FIS\ (G)] \\ [-OBJ.FIS\ (G)] \end{array}\right\}$

(x)   [+OBJ.FIS (G)] $\longrightarrow$ $\left\{\begin{array}{l} [+ORG\ (G)] \\ [-ORG\ (G)] \end{array}\right\}$

(xi) [+ANIMADO (G)] $\longrightarrow$ $\left\{\begin{array}{l} [+HUMANO\ (G)] \\ [-HUMANO\ (G)] \end{array}\right\}$

(xii)   [+N (G)] $\longrightarrow$ $\left\{\begin{array}{l} [+CENT\ (G)]\ /\ (S)\underline{\quad}((N)(S)) \\ [+N\underline{\quad}\ (G)]\ /\ (S)\ N\ \underline{\quad}\ (S) \end{array}\right\}$

(xiii)   [+CENT (G)] $\longrightarrow$ $\left\{\begin{array}{l} [+\underline{\quad}N\ (G)]\ /\ (S)\underline{\quad}N\ (S) \\ [+NORM\ (G)]\ /\ (S)\underline{\quad}(S) \end{array}\right\}$

(xiv)   [+\underline{\quad}N (G)] $\longrightarrow$ CS / \underline{\quad} $\propto$

wobei: $\propto$ ist ein N

(xv)   [+V (G)] $\longrightarrow$ CS / $\propto$((N)(S))\underline{\quad}\underline{\quad}

wobei: $\propto$ ist ein N

(xvi)   [+TRANS (G)] $\longrightarrow$ CS / \underline{\quad}(S)$\propto$

wobei: $\propto$ ist ein N

(xvii) [+\underline{\quad}NP NP (G)] $\longrightarrow$ CS / \underline{\quad}NP (S)$\propto$

wobei: $\propto$ ist ein N

Regel (vii) zerlegt das Nomen in ein komplexes Symbol, das wiederum aus einem grammatischen Glied und einem (zunächst noch leeren) lexikalischen Glied besteht. Die Merkmale [PRO] sind ebenso zu interpre-

tieren wie im Falle von Regel (iii). [CONT (G)] steht für "kontinu-
ierlich" beziehungsweise "kontinuativ". [PROPIO (G)] für "nombre
propio" beziehungsweise "Eigenname", [ABSTR (G)] für "abstrakt",
[ANIMADO (G)] für "belebt" und [PLUR (G)] für "Plural".

Die Regeln (viii) bis (xi) spezifizieren die Merkmale des Nomens
weiter. Sie sind folgendermaßen zu interpretieren: enthält das komplexe Symbol im grammatischen Glied das Merkmal, das auf der linken
Seite einer Regel (d.h. links vom Pfeil) angegeben ist, so erhält es
zusätzlich zu den bereits im komplexen Symbol enthaltenen Merkmalen
eins der auf der rechten Seite der betreffenden Regel angegebenen
Merkmale. Die geschweiften Klammern bedeuten also auch hier, daß eins
der in ihnen eingeschlossenen Elemente frei zu wählen ist. Hierbei
steht [PROC (G)] für "Prozeß" beziehungsweise "Vorgang", [OBJ.FIS (G)]
für "physikalisches Objekt" und [ORG (G)] für "organisch".[25)]

Durch die Regeln (xii) und (xiii) wird das Nomen weiter subkategorisiert. Das Merkmal [+CENT (G)] steht für "Zentralnomen". Es kennzeichnet das erste - oder einzige - Nomen einer Nominalphrase. Das
Merkmal [+NORM (G)] steht für "Normalnomen" und besagt, daß dem Nomen
kein zweites von derselben Nominalphrase direkt dominiertes Nomen
folgt. Durch [+N___ (G)] werden Nomina gekennzeichnet, denen ein von
derselben Nominalphrase direkt dominiertes Nomen unmittelbar vorausgeht, und durch das Merkmal [+___N (G)] solche Nomina, denen ein weiteres Nomen unmittelbar folgt.[26)]

Regel (xv) unterscheidet sich wesentlich von allen übrigen bisher
diskutierten Regeln. Hier bedeutet 'CS' "komplexes Symbol" und α eine
Variable über spezifizierte Merkmale. Wir interpretieren diese Regel
als eine Abkürzung für die Folge aller Regeln, die von (xv) ableitbar
sind, wenn α durch ein Symbol ersetzt wird, das der angegebenen Bedingung genügt, das heißt das von N dominiert wird. Die durch (xv)
abgekürzten Regeln besagen, daß jedes Merkmal des dem Verb vorausgehenden Zentralnomens - d.h. des Nomens in der Funktion des "Subjekts"
- dem Verb zugeschrieben wird und eine entsprechende Subklassifizie-
rung des Verbs bewirkt.[27)]

Die Regeln (xiv), (xvi) und (xvii) sind in der gleichen Weise zu interpretieren wie (xv). Auch hier ist α jeweils eine Variable über
spezifizierte Merkmale. Regel (xvi) subklassifiziert die transitiven

Verben in bezug auf die Merkmale des Zentralnomens in der Funktion
des Objekts, und zwar des dem Verb unmittelbar folgenden Objekts.
Dies geschieht unabhängig davon, ob das Verb zwei Objekte oder nur
ein Objekt hat. Die Regel (xvii) subklassifiziert dann die Verben,
die zwei Objekte haben, in bezug auf die Merkmale des Zentralnomens
des zweiten Objekts.[28] Andererseits bewirkt (xiv) eine Subklassifi-
zierung der Zentralnomina, denen ein zweites Nomen folgt, in bezug
auf die Merkmale dieses Nomens.

Die Regeln (xiv), (xvi) und (xvii) gehören zu einem Typ von Regeln,
die von Chomsky (1965) eingeführt und Selektionsregeln genannt wurden. Die durch Selektionsregeln eingeführten Merkmale heißen Selektionsmerkmale.

Im Unterschied zu den Selektionsregeln werden Regeln wie (iv), die
komplexe Symbole hinsichtlich ihrer kategorialen Umgebung subklassi-
fizieren, strikte Subkategorisierungsregeln und die Merkmale, die
durch sie eingeführt werden, strikte Subkategorisierungsmerkmale genannt.[29] Die durch die Regeln (iii), (vii) und (viii) bis (xi) eingeführten Merkmale wollen wir freie Merkmale nennen.

Wir wollen annehmen, daß unsere Grammatik außer den Regeln (8)(i)
bis (xvii) ein Lexikon mit lexikalischen Einheiten enthält. Jede lexikalische Einheit sei ein Paar (D, C), wobei D eine minimal spezifizierte Matrix von phonologischen distinktiven Merkmalen und C eine
Menge von lexikalischen syntaktisch-semantischen sowie von entsprechenden DS- beziehungsweise R-Merkmalen ist, die keine Redundanzen
enthält.[30] Wenn die Basisregeln (8) einen P-Marker erzeugt haben, in
dem kein rekursives Element mehr enthalten ist, ohne expandiert worden zu sein, wird nach der bereits im voraufgehenden Kapitel genannten Konvention beliebig eine lexikalische Einheit aus dem Lexikon
ausgewählt und in die Leerstelle des lexikalischen Gliedes eines komplexen Symbols eingesetzt. Dies geschieht bei allen komplexen Symbolen, deren grammatisches Glied das Merkmal [-PRO (G)] enthält. Hiernach werden die genannten Konventionen zur Interpretation der Vorzeichen u und m der lexikalischen syntaktisch-semantischen Merkmale
angewendet. Sind alle diese Operationen erfolgt, so werden die Transformationsregeln der Grammatik durchlaufen.

Hiermit wollen wir unsere Skizze des Aufbaus der Basisregeln und der

von ihnen erzeugten Tiefenstrukturen beenden. Wir werden im folgenden
diese Regeln benutzen und gegebenenfalls erweitern.

Obgleich die Regeln (8) einen großen Teil der in jüngster Zeit gewon-
nenen Einsichten über die Tiefenstruktur natürlicher Sprachen und diese wiederum wesentliche Eigenschaften der in traditionellen Grammatiken gegebenen Beschreibungen inkorporieren, soll nochmals darauf hingewiesen werden, daß die Forschung hier noch am Anfang steht und weitere Untersuchungen unter Umständen zu beträchtlichen Veränderungen
der Theorie sowohl im Detail als auch bezüglich des Gesamtaufbaus führen können. Die angeführten Regeln haben also vorwiegend einen illustrativen Charakter. Daß sie darüber hinaus nur ein kleiner Teil der
für die spanische Grammatik erforderlichen Basisregeln sind, versteht
sich ohnehin von selbst.

2.4.2. DER NEUE REGELMECHANISMUS

Wir wollen nun versuchen, zur Erklärung des präpositionalen direkten
Objekts eine Regel zu formulieren, die vom Verb regiert wird und durch
die die Grammatik in bezug auf die in § 2.2. diskutierten Fakten mindestens den gleichen Grad der empirischen Adäquatheit erhält wie der
dort formulierte Regelmechanismus, das heißt unsere Grammatik soll in
empirisch angemessener Weise mindestens diejenigen Fakten erklären
können, die dort erklärt wurden.

Wir wollen nun zunächst annehmen, daß Präpositionen vor Objekten
nicht in der Tiefenstruktur gegeben, sondern transformationell eingeführt werden. Ferner wollen wir annehmen, daß diejenigen Verben, die
normalerweise ein präpositionales Objekt nach sich haben, im Lexikon
mit dem Merkmal [mPREP (L)] versehen sind. Dies gilt beispielsweise
für die Verben in folgenden Sätzen:

(10)(a) Pedro confió en María.
       *Pedro confió María.
        Pedro confió en la bondad de María.
       *Pedro confió la bondad de María.
   (b) Contamos con su apoyo.
       *Contamos su apoyo.
   (c) Pedro aspiró al puesto de Juan.
       *Pedro aspiró el puesto de Juan.

In den Sätzen (10) verlangt das Verb die Präposition vor dem Objekt.
Alle diese Sätze haben keinen nicht-abweichenden präpositionslosen
Partner.[31] Durch unsere Basisregel (8)(iii) erhält nun das grammatische Glied eines jeden Verbs oder Adjektivs entweder [+PREP (G)]
oder [-PREP (G)]. Wird jetzt eine lexikalische Einheit wie confiar,
die das Merkmal [mPREP (L)] enthält, in ein komplexes Symbol eingesetzt, in dem [-PREP (G)] enthalten ist, so ergibt sich automatisch
eine Verletzung in der Tiefenstruktur, da nach der Interpretation
von m als "+" die Vorzeichen der betreffenden Merkmale nicht übereinstimmen. Alle nicht-abweichenden Sätze in (10) enthalten also in der
Tiefenstruktur das Merkmal [+PREP (G)] im komplexen Symbol unter
VERB.

Wir wollen nun annehmen, daß eine jede solche Präposition wie en in
(10)(a), con in (10)(b) oder a in (10)(c) durch eine Transformation
vor das Objekt eingeführt wird, deren strukturelle Beschreibung das
Merkmal [+PREP (G)] enthält. Diejenige Transformation, die die Präposition a einführt, könnte dann etwa folgendermaßen formuliert werden:

$$
X\ NP\ \begin{bmatrix} +V\ (G) \\ -ADJ\ (G) \\ +TRANS\ (G) \\ +PREP\ (G) \end{bmatrix}\ NP\ Y
$$

1 2   3   4 5 $\longrightarrow$ 1 2 3 A+4 5

Wir wollen annehmen, diese Regel wird vom Verb regiert. Sie führt
vor das Objekt eines jeden präpositionalen Verbs die Präposition a
ein. Nun gilt es nur für wenige präpositionale Verben, daß sie die
Präposition a vor dem Objekt haben. Es handelt sich um solche Verben
wie in (10)(c) oder die in Anmerkung 31) genannten Verben recurrir,
acudir, asistir usw. Für die meisten präpositionalen Verben gilt das
nicht: die Verben in (10)(a) und (b) dürfen kein a vor das Objekt bekommen. Schon bei einer relativ oberflächlichen Kenntnis der spanischen Sprache läßt sich feststellen, daß die Fälle wie (10)(c) und
die in Anmerkung 31) genannten relativ selten sind gegenüber den Fällen, in denen andere Präpositionen vor dem Objekt präpositionaler
Verben stehen. Wir wollen dieser Tatsache dadurch Rechnung tragen,
daß wir annehmen, daß die Regel, die die Präposition a vor das Objekt
präpositionaler Verben einführt, eine Nebenregel ist. Dementsprechend
werden im Lexikon Verben wie contar, confiar, die eine andere Präpo-

sition als a vor dem Objekt haben, durch mit entsprechenden Vorzeichen versehene DS- und R-Merkmale von Verben wie recurrir, acudir
usw. unterschieden: letztere erhalten durch Nicht-Anwendung der Regel eine Verletzung, erstere durch Anwendung der Regel.

Nun gibt es keineswegs nur Verben, die die Präposition a vor dem Objekt haben. Das gilt ebenso für eine Reihe von präpositionalen transitiven Adjektiven:

(11)(a) La última solución es equivalente a la primera.
        *La última solución es equivalente la primera.
    (b) Este hombre está próximo a la muerte.
        *Este hombre está próximo la muerte.
    (c) El ciudadano está sujeto a las leyes.
        *El ciudadano está sujeto las leyes.

Offensichtlich verhalten sich die Adjektive equivalente, próximo,
sujeto in bezug auf die Präposition genauso wie die Verben recurrir,
acudir, das heißt fehlt die Präposition a, so wird der Satz als abweichend bewertet. Da hier offenbar die gleiche Regularität vorliegt,
wollen wir die Fälle mit den Adjektiven nicht durch eine gesonderte
Regel, sondern durch dieselbe Regel erklären, die diese Regularität
für die betreffenden Verben konstatiert.

Um dies zu erreichen, müssen wir die Transformation, die die Präposition a einführt, so generell formulieren, daß sie auch auf Adjektive
anwendbar wird. Das wird nun sehr einfach dadurch ermöglicht, daß wir
das Merkmal [-ADJ (G)] nicht in die strukturelle Beschreibung der Regel aufnehmen. Unsere Transformation wird also folgendermaßen lauten:

$$\text{(TA)} \quad X \ NP \begin{bmatrix} +V \ (G) \\ +TRANS \ (G) \\ +PREP \ (G) \end{bmatrix} NP \ Y$$

$$\quad \quad 1 \ 2 \quad \quad 3 \quad \quad \quad 4 \ 5 \ \longrightarrow \ 1 \ 2 \ 3 \ \underline{A}{+}4 \ 5$$

wobei: X und Y sind beliebige (leere
       oder nicht-leere) Ketten von
       Symbolen

Die Regel (TA) muß vor den Transformationen angewendet werden, die
das Verb, das Objekt oder das Subjekt permutieren, da hier vorausgesetzt wird, daß die in der Tiefenstruktur festgelegte Reihenfolge

Subjekt-VERB-Objekt noch vorliegt. Ferner muß für die Form, in der
(TA) formuliert ist, vorausgesetzt werden, daß (TA) auch vor den
Transformationen angewendet wird, die die Hilfsverben _ser_, _estar_ u.a.
vor das Adjektiv einführen. Da wir angenommen hatten, daß es in der
Tiefenstruktur keinen Artikel gibt, wäre es außerdem sinnvoll anzunehmen, daß (TA) nach der Transformation, die den Artikel einführt,
angewendet wird, denn die Präposition steht immer dann, wenn die NP
einen Artikel enthält, genau vor dem Artikel, genauer gesagt vor dem
Artikel des am meisten links stehenden Nomens unter NP.[32]

Wir nehmen nun an, daß (TA) eine Nebenregel ist. Das Lexikon enthält
dann unter anderem folgende lexikalische Einheiten:

(12)

$\underline{\text{contar}}$		$\underline{\text{susceptible}}$
$\underline{m}$ V (L)		$\underline{m}$ V (L)
$\underline{u}$ ADJ (L)		$\underline{m}$ ADJ (L)
$\underline{m}$ PREP (L)		$\underline{m}$ PREP (L)
$\underline{m}$ ___NP (L)		$\underline{m}$ ___NP (L)
.		.
.		.
.		.
$\underline{u}$ DS(TA) (L)		$\underline{u}$ DS(TA) (L)
$\underline{u}$ R(TA) (L)		$\underline{u}$ R(TA) (L)

$\underline{\text{próximo}}$		$\underline{\text{recurrir}}$
$\underline{m}$ V (L)		$\underline{m}$ V (L)
$\underline{m}$ ADJ (L)		$\underline{u}$ ADJ (L)
$\underline{m}$ PREP (L)		$\underline{m}$ PREP (L)
$\underline{m}$ ___NP (L)		$\underline{m}$ ___NP (L)
.		.
.		.
.		.
$\underline{u}$ DS(TA) (L)		$\underline{u}$ DS(TA) (L)
$\underline{m}$ R(TA) (L)		$\underline{m}$ R(TA) (L)

Die Punkte in den lexikalischen Einheiten (12) stehen für weitere
- in unserem Zusammenhang irrelevante - Merkmale.

Die Basisregeln (8) erzeugen unter anderem Strukturen mit folgenden
Eigenschaften:

(13)

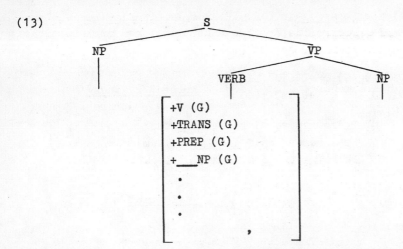

Wir nehmen an, daß die nicht-abweichenden Sätze in (10) in der Tiefenstruktur die in (13) beschriebenen Eigenschaften aufweisen. Die
lexikalischen Einheiten der Art wie (12) werden in die Leerstelle
des lexikalischen Gliedes des komplexen Symbols unter VERB in (13)
eingesetzt, und danach werden die Transformationsregeln der Grammatik
- unter anderem auch (TA) - durchlaufen.

Da wir angenommen haben, daß (TA) eine Nebenregel ist, müssen wir
sie in die Liste der Nebenregeln der spanischen Grammatik aufnehmen.
Die generelle Prozedur für Eintragungen der Liste der Nebenregeln
gibt dann folgende Regel aus:

$$[\gamma\ R(TA)\ (L)] \longrightarrow [\sim\gamma\ R(TA)\ (L)]$$

wobei: $\gamma = \underline{u}$ oder $\underline{m}$

$\sim \underline{u} = \underline{m}$

$\sim \underline{m} = \underline{u}$

Diese Regel wird angewendet, nachdem sämtliche Transformationsregeln
der Grammatik durchlaufen - d.h. angewendet oder nicht angewendet -
worden sind. Ist dies geschehen, werden die in § 1. zitierten fünf
Metaregeln für die Interpretation von $\underline{u}$ und $\underline{m}$ bei DS- und R-Merkmalen
durchlaufen. Da nach einer generellen Konvention die Transformations-
regeln der Grammatik - sobald ihre strukturelle Beschreibung erfüllt
ist - frei angewendet oder nicht angewendet werden können, ergeben
sich hier in bezug auf unsere Regel (TA) folgende Möglichkeiten
(die Beispiele setzen voraus, daß <u>aspirar</u> im Lexikon genauso charak-

terisiert ist wie <u>recurrir</u> in (12). Ebenso sei <u>confiar</u> genauso charakterisiert wie <u>contar</u>. Die folgenden Kombinationen ergeben sich
dann im komplexen Symbol unter VERB.):

(14)(a) $\begin{bmatrix} +\text{DS(TA) (G)} & +\text{DS(TA) (L)} \\ +\text{R(TA) (G)} & +\text{R(TA) (L)} \end{bmatrix}$ <u>keine Verletzung</u>

Beispiele:

Pedro <u>aspiró</u> al puesto de Juan.

Este hombre está <u>próximo</u> a la muerte.

Pedro <u>recurrió</u> a un medio ilegal.

(b) $\begin{bmatrix} +\text{DS(TA) (G)} & +\text{DS(TA) (L)} \\ +\text{R(TA) (G)} & -\text{R(TA) (L)} \end{bmatrix}$ <u>Verletzung</u>

Beispiele:

*<u>Contamos</u> a su apoyo.

*Pedro <u>confió</u> a la bondad de María.

'Esta ley es <u>susceptible</u> a reforma.

(c) $\begin{bmatrix} +\text{DS(TA) (G)} & +\text{DS(TA) (L)} \\ -\text{R(TA) (G)} & -\text{R(TA) (L)} \end{bmatrix}$ <u>keine Verletzung</u>

Beispiele:

<u>Contamos</u> con su apoyo.

Pedro <u>confió</u> en la bondad de María.

Esta ley es <u>susceptible</u> de reforma.

(d) $\begin{bmatrix} +\text{DS(TA) (G)} & +\text{DS(TA) (L)} \\ -\text{R(TA) (G)} & +\text{R(TA) (L)} \end{bmatrix}$ <u>Verletzung</u>

Beispiele:

*Pedro <u>aspiró</u> el puesto de Juan.

*Este hombre está <u>próximo</u> la muerte.

*Pedro <u>recurrió</u> un medio ilegal.

(e) $\begin{bmatrix} -\text{DS(TA) (G)} & -\text{DS(TA) (L)} \\ -\text{R(TA) (G)} & -\text{R(TA) (L)} \end{bmatrix}$ <u>keine Verletzung</u>

Beispiele:

jeder beliebige Satz, der die strukturelle
Beschreibung von (TA) nicht erfüllt.

Die unter (14)(d) zitierten Beispielsätze werden nun aber von der
Grammatik auf zwei Wegen erzeugbar: einmal kann der Satz eine korrekte Tiefenstruktur haben, das heißt das Verb oder Adjektiv wird
in eine Tiefenstruktur der Form (13) eingesetzt, die das Merkmal
[+PREP (G)] unter VERB enthält. Damit ist die strukturelle Beschrei-

bung von (TA) erfüllt, und der betreffende Satz bekommt bei Nicht-
Anwendung von (TA) eine Verletzung wie in (14)(d). Andererseits kann
das Verb oder Adjektiv in eine Tiefenstruktur eingesetzt werden, die
das Merkmal [-PREP (G)] unter VERB enthält. Da die betreffenden lexikalischen Einheiten das Merkmal [m PREP (L)] enthalten, ergibt sich
nach Umwandlung des m in "+" in der Tiefenstruktur dann eine Verletzung. Ist dies der Fall, so ist die strukturelle Beschreibung von
(TA) eben des Merkmals [-PREP (G)] wegen nicht erfüllt, und der Satz
enthält dann im komplexen Symbol unter VERB am Ende der transformationellen Ableitung und nach Anwendung des generellen Mechanismus zur
Interpretation der Vorzeichen die Kombination (14)(e). In beiden Fällen bekommt also ein Satz von der Art wie die Beispiele unter (14)(d)
nur eine Verletzung.

Wir haben nun die "Präpositionalität" in den Sätzen der Art (10)(c)
und (11) erklärt. In allen diesen Fällen handelt es sich um die Präposition a.[33] Ganz anders als diese Sätze verhalten sich nun die uns
primär interessierenden Sätze (1) und (2) aus § 2.1. Hier korrespon-
dieren die Sätze mit der Präposition mit Sätzen ohne die Präposition,
und zwar ohne wesentlichen Bedeutungsunterschied in bezug auf das Fehlen oder die Anwesenheit der Präposition. Hinzu kommt die Tatsache,
daß in den Beispielen (1) und (2) die nicht-abweichenden Sätze ohne
die Präposition gegenüber den nicht-abweichenden Sätzen mit der Präposition weitaus überwiegen. Daß diese Tatsache nicht nur Resultat
der gewählten Zusammenstellung der Beispiele (1) und (2) ist, sondern
ein generelles Faktum der spanischen Sprache widerspiegelt, ist jedem
Kenner der spanischen Sprache intuitiv einsichtig. Die traditionelle
spanische Grammatik drückte diese Intuition dadurch aus, daß sie die
Objekte in den Sätzen wie (1) und (2) "direkte Objekte" nannte gegenüber den "indirekten Objekten" in Sätzen wie (10): "indirekte Objekte"
haben stets eine Präposition, "direkte Objekte" haben normalerweise
keine Präposition.

Wir wollen nun annehmen, daß Sätzen mit direktem Objekt Tiefenstrukturen mit folgenden Eigenschaften zugrundeliegen:[34]

(15)

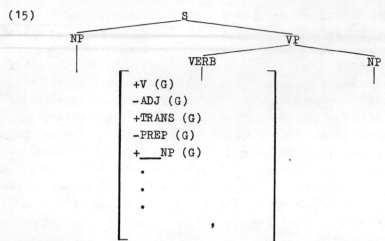

Struktur (15) ist durch unsere Basisregeln (8) erzeugbar. Sie enthält im Unterschied zu (13) das Merkmal [-PREP (G)] . Wir wollen annehmen, daß alle nicht-abweichenden Sätze von (1) und (2) in der
Tiefenstruktur durch (15) charakterisiert sind.

Da Struktur (15) unter VERB nicht das Merkmal [+PREP (G)] besitzt,
ist Regel (TA) nicht anwendbar, da sie dieses Merkmal in der strukturellen Beschreibung enthält. Um in Sätzen wie (1) und (2) die Präposition a vor das Objekt zu bringen, brauchen wir also eine zusätzliche Regel.

Wir könnten nun annehmen, daß die Grammatik eine Transformationsregel enthält, die in durch (15) charakterisierte Strukturen die Präposition vor das Objekt einführt. Eine solche Regel würde aber dieselbe strukturelle Veränderung vornehmen, die schon eine - aus unabhängigen Gründen erforderliche - Regel, nämlich (TA), vornimmt.
Eine so aufgebaute Grammatik würde eine bestimmte Generalisierung
vermissen lassen, nämlich die generelle Aussage, daß in allen diesen
Fällen dieselbe Präposition vor das Objekt eingeführt wird. Wir wollen deshalb zur Erklärung der Sätze wie (1) und (2) einen anderen
Weg einschlagen, der die betreffende Generalisierung involviert.

Zunächst stellen wir fest, daß das einzige Hindernis für die
Anwendbarkeit von (TA) auf Strukturen wie (15) darin besteht, daß
(TA) das Merkmal [+PREP (G)] enthält. Wir können diesem Umstand da-
durch abhelfen, daß wir annehmen, daß es eine Transformationsregel

gibt, die <u>vor</u> (TA) angewendet wird und die in Strukturen wie (15)
das Merkmal [-PREP (G)] in [+PREP (G)] verwandelt. Danach ist die
strukturelle Beschreibung von (TA) erfüllt und (TA) kann angewendet
werden.

In § 2.2. hatten wir gezeigt, daß die Präposition in den uns interessierenden Fällen nur vor dem Objekt steht, das ein Nomen mit dem
Merkmal [+HUMANO (G)] enthält. Der dort formulierte Regelmechanismus
hatte jedoch den Nachteil, daß er zur Erklärung der Sätze (2)(a) eine
Eintragung in die Liste der fakultativen Regeln verlangte. Wir wollen
eine solche Eintragung nun dadurch vermeiden, daß wir auf ein Faktum
zurückgreifen, daß wir zwar in § 2.1. genannt, bisher jedoch in der
Diskussion unberücksichtigt gelassen haben. Es besteht in der unterschiedlichen Interpretation der beiden Sätze (2)(a): der präpositionslose Satz wird so verstanden, als handele es sich um eine "Frau
im allgemeinen", während im Satz mit der Präposition eine "bestimmte
Frau", ein "bestimmtes Individuum" gemeint ist. Derselbe Unterschied
findet sich nun in vielen Sätzen wieder:

(16)(a) Pedro vio a tres mujeres.
        Pedro vio tres mujeres.
   (b) Pedro conoció a tres mujeres.
       Pedro conoció tres mujeres.
   (c) Pedro buscó a un empleado.
       Pedro buscó un empleado.
   (d) Pedro despidió a tres empleados.
       Pedro despidió tres empleados.
   (e) Pedro amó a tres mujeres.
       Pedro amó tres mujeres.
   (f) Pedro mató a tres mujeres.
       Pedro mató tres mujeres.
   (g) Pedro necesita a un empleado.
       Pedro necesita un empleado.
   (h) El juez condenó a tres reos.
       El juez condenó tres reos.
   (i) Juan encontró a cinco personas.
       Juan encontró cinco personas.

In allen Sätzen (16) wird das Objekt ohne Präposition als etwas
"Generelles", "Allgemeines", das Objekt mit der Präposition als etwas "Nicht-Generelles", "Partikuläres" oder "Individuelles" ver-

standen. Mit diesen Fakten kommen wir nun in den Bereich der sogenannten Referenzeigenschaften.[35] Wir wollen für unsere Zwecke ein
binäres Referenzmerkmal "generell" beziehungsweise "nicht-generell"
annehmen. Alle Generalia erhalten [+g] , alle Partikulativa [-g].

Wir wollen nun die Sätze mit der Präposition von denen ohne Präposition in Fällen wie (16) dadurch unterscheiden, daß wir annehmen, daß
Nomina in bezug auf das genannte Referenzmerkmal subkategorisiert
sind und die Sätze mit der Präposition das Merkmal [-g (G)] im grammatischen Glied des komplexen Symbols unter N in der Position des
Objekts enthalten. Mit einer leichten Modifikation bezüglich der Nomina hinsichtlich des Referenzmerkmals erzeugen unsere Basisregeln
(8) nun Strukturen mit folgenden Eigenschaften:

(17)

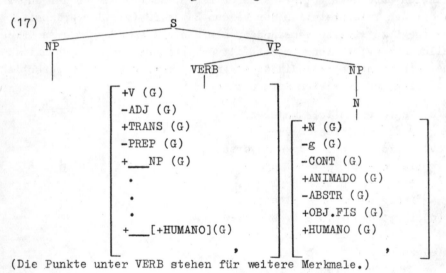

(Die Punkte unter VERB stehen für weitere Merkmale.)

Nun wollen wir folgende Regel annehmen, die auf Strukturen wie (17)
operiert:

(R 3) [-PREP(G)] $\longrightarrow$ [+PREP(G)] / $\begin{bmatrix} +V\ (G) \\ -ADJ\ (G) \\ +TRANS(G) \\ \underline{\hspace{1cm}} \end{bmatrix}$ (S) $\begin{bmatrix} -g\ (G) \\ +HUMANO(G) \end{bmatrix}$

Die Klammern um S bedeuten fakultative Anwesenheit.[36] (R 3) ist
dann eine Transformationsregel, die in folgender Weise zu interpretieren ist: in einer Kette, die analysierbar ist als

$$(X, \begin{bmatrix} +V \ (G) \\ -ADJ \ (G) \\ +TRANS \ (G) \\ -PREP \ (G) \end{bmatrix}, S, \begin{bmatrix} -g \ (G) \\ +HUMANO \ (G) \end{bmatrix}, Y) \text{ oder als}$$

$$(X, \begin{bmatrix} +V \ (G) \\ -ADJ \ (G) \\ +TRANS \ (G) \\ -PREP \ (G) \end{bmatrix}, \begin{bmatrix} -g \ (G) \\ +HUMANO \ (G) \end{bmatrix}, Y) \text{ (wobei X und Y sind beliebige}$$

leere oder nicht-leere Ketten von Symbolen), wird das Merkmal
[-PREP(G)] substituiert durch das Merkmal [+PREP (G)] .

Das Ergebnis der Anwendung von (R 3) ist jetzt also eine abgeleitete
Struktur, die das Merkmal [+PREP (G)] unter VERB enthält und auf die
infolgedessen die Regel (TA) angewendet werden kann. Wir wollen annehmen, daß (R 3) vor (TA) angewendet wird sowie auch vor der Transformationsregel, die den Artikel einführt. Wir haben deshalb den Artikel nicht in die strukturelle Beschreibung von (R 3) aufgenommen.[37]

Durch die Art der Formulierung von (R 3) ersparen wir uns die Eintragung in die Liste der fakultativen Regeln. Da wir angenommen hatten, daß in den Sätzen (16) mit der Präposition das Merkmal [-g (G)]
unter N in der Funktion des Objekts, in den präpositionslosen Sätzen
von (16) jedoch in gleicher Position das Merkmal [+g (G)] steht, ist
für die den präpositionslosen Sätzen zugrundeliegende Struktur die
Regel (R 3) nicht anwendbar. Da (R 3) nicht die erforderliche strukturelle Veränderung im komplexen Symbol unter VERB vorgenommen hat,
ist in solchen Fällen nicht die strukturelle Beschreibung von (TA)
erfüllt. Folglich kann (TA) nicht angewendet werden, und der betreffende Satz erhält keine Präposition. Dasselbe gilt für alle Fälle,
in denen die strukturelle Beschreibung von (R 3) nicht erfüllt wird:
hatte der Satz eine Tiefenstruktur mit [-PREP (G)] unter VERB und er-
füllte er nicht die strukturelle Beschreibung von (R 3), so kann er
auch nicht die strukturelle Beschreibung von (TA) erfüllen und bekommt folglich keine Präposition.[38]

Wir wollen nun sehen, wie die betreffenden lexikalischen Einheiten
im Lexikon in bezug auf die DS- und R-Merkmale markiert werden müssen. Am normalsten verhält sich ein Verb wie ver hinsichtlich unserer beiden Transformationsregeln: es kann die strukturelle Beschreibung von (R 3) erfüllen oder nicht erfüllen. Erfüllt es sie, so muß
die Regel angewendet werden. Ebenso kann es die DS von (TA) erfüllen

oder nicht - es erfüllt sie genau dann, wenn (R 3) angewendet worden
ist. Erfüllt ver die DS von (TA), so muß (TA) angewendet werden. Ein
Verbum wie ver soll nun im Lexikon mit den Merkmalen [u DS(R 3)(L),
u R(R 3)(L)] und [u DS(TA)(L), u R(TA)(L)] versehen werden.

Ein Verbum wie causar wäre dagegen eine negative absolute Ausnahme
zu beiden Regeln: es darf nicht die strukturelle Beschreibung von
(R 3) erfüllen, schon allein deshalb, weil es keine physikalischen
Objekte und folglich auch keine menschlichen Nomina als Objekt zuläßt, es darf aber auch nicht die DS von (TA) erfüllen, weil es nicht
in einer Struktur mit [+PREP (G)] im gleichen komplexen Symbol als
Verbum in der Tiefenstruktur stehen darf. Ein solches Verb soll die
Merkmale [m DS(R 3)(L), m R(R 3)(L)] und [m DS(TA)(L), m R(TA)(L)]
bekommen.

Anders verhält sich ein Verbum wie contar. Dieses darf die DS von
(R 3) nicht erfüllen, falls es in einer Bedeutung auftritt wie in
Satz (10)(b), da es in dieser Bedeutung eine Tiefenstruktur mit
[+PREP (G)] voraussetzt. Da die DS von (R 3) das Merkmal [-PREP (G)]
enthält, darf schon allein dieses Merkmals wegen die DS von (R 3)
nicht von contar in dieser Bedeutung erfüllt werden. Dagegen kann es
die DS von (TA) erfüllen, aber (TA) darf nicht angewendet werden.
Ein Verbum, das sich wie contar verhält, soll die Merkmale [m DS
(R 3)(L), m R(R 3)(L)] und [u DS(TA)(L), m R(TA)(L)] im Lexikon erhalten.

Wiederum anders verhält sich ein Verbum wie recurrir. Dies darf die
DS von (R 3) nicht erfüllen, weil es Tiefenstrukturen mit [+PREP (G)]
voraussetzt. In bezug auf (TA) verhält es sich jedoch in einer Hinsicht wesentlich anders als alle bisherigen Beispiele. Wir haben bisher keine Fälle betrachtet, in denen eine lexikalische Einheit die
Eigenschaft hat, daß sie die strukturelle Beschreibung einer Regel
erfüllen muß und deshalb natürlich auch die Regel durchlaufen muß.
Wir haben zwar in § 1. im Zusammenhang mit den fünf Metaregeln auf
solche Fälle hingewiesen, haben sie jedoch bisher aus unserer Diskussion vereinfachenderweise ausgeschlossen. Es handelt sich um die Fälle, die wir in § 1. 'positive absolute Ausnahmen' genannt hatten: eine
lexikalische Einheit, die eine positive absolute Ausnahme zu einer
Regel ist, muß die strukturelle Beschreibung dieser Regel erfüllen
und diese auch durchlaufen. Im Falle des Verbs recurrir bedeutet das,

daß es keinen Satz gibt, in dem <u>recurrir</u> mit einer Bedeutung wie im
Beispiel (14)(a) auftritt, ohne die Regel (TA) durchlaufen haben zu
müssen, das heißt <u>recurrir</u> muß die strukturelle Beschreibung in dieser Bedeutung stets erfüllen und die Regel (TA) muß angewendet werden, wenn kein abweichender Satz herauskommen soll.[39] Im Unterschied
zu der Charakterisierung, die wir in (12) gegeben hatten, soll nun
ein Verb wie <u>recurrir</u> in bezug auf (TA) die Merkmale [$\underline{m}$ DS(TA)(L),
$\underline{u}$ (Ṙ(TA)(L)] bekommen. In bezug auf (R 3) bekommt es die Merkmale
[$\underline{m}$ DS(R 3)(L), $\underline{m}$ R(R 3)(L)].

Wir wollen nun für einen Augenblick annehmen, daß sowohl (R 3) als
auch (TA) Hauptregeln sind. Dann werden nach Beendigung der transformationellen Ableitung eines Satzes unmittelbar die fünf Metare-
geln zur Interpretation der $\underline{u}$ und $\underline{m}$ vor den DS- und R-Merkmalen angewendet. Es ergeben sich danach in unseren Fällen folgende Möglich-
keiten:

(18)(a) <u>ver</u>: (1) $\begin{bmatrix} +DS(R\ 3)(G) & +DS(R\ 3)(L) \\ -R(R\ 3)(G) & +R(R\ 3)(L) \end{bmatrix}$ <u>Verletzung</u>

        Beispiel:

                *Pedro vio la mujer.

$\begin{bmatrix} +DS(R\ 3)(G) & +DS(R\ 3)(L) \\ +R(R\ 3)(G) & +R(R\ 3)(L) \end{bmatrix}$ <u>keine Verletzung</u>

Beispiele:

                Pedro vio a la mujer.

                Pedro vio a una mujer.

$\begin{bmatrix} -DS(R\ 3)(G) & -DS(R\ 3)(L) \\ -R(R\ 3)(G) & -R(R\ 3)(L) \end{bmatrix}$ <u>keine Verletzung</u>

Beispiele:

                Pedro vio una mujer.

                Pedro vio un accidente.

    (2) $\begin{bmatrix} +DS(TA)(G) & +DS(TA)(L) \\ -R(TA)(G) & +R(TA)(L) \end{bmatrix}$ <u>Verletzung</u>

        Beispiel:

                *Pedro vio la mujer.

$\begin{bmatrix} +DS(TA)(G) & +DS(TA)(L) \\ +R(TA)(G) & +R(TA)(L) \end{bmatrix}$ <u>keine Verletzung</u>

Beispiele:

                Pedro vio a la mujer.

                Pedro vio a una mujer.

$$\begin{bmatrix} -DS(TA)(G) & -DS(TA)(L) \\ -R(TA)(G) & -R(TA)(L) \end{bmatrix} \text{ keine Verletzung}$$

Beispiele:

        Pedro vio una mujer.

        Pedro vio un accidente.

(b) <u>causar</u>: (1) $\begin{bmatrix} +DS(R\ 3)(G) & -DS(R\ 3)(L) \\ -R(R\ 3)(G) & -R(R\ 3)(L) \end{bmatrix}$ <u>Verletzung</u>

Beispiel:

        *Pedro causó una mujer.

$$\begin{bmatrix} +DS(R\ 3)(G) & -DS(R\ 3)(L) \\ +R(R\ 3)(G) & -R(R\ 3)(L) \end{bmatrix} \text{ \underline{Verletzung}}$$

Beispiele:

        *Pedro causó a una mujer.

        *Pedro causó una mujer.

$$\begin{bmatrix} -DS(R\ 3)(G) & -DS(R\ 3)(L) \\ -R(R\ 3)(G) & -R(R\ 3)(L) \end{bmatrix} \text{ \underline{keine Verletzung}}$$

Beispiel:

        Jeder Satz, der nicht die DS von

        (R 3) erfüllt.

(2) $\begin{bmatrix} +DS(TA)(G) & -DS(TA)(L) \\ -R(TA)(G) & -R(TA)(L) \end{bmatrix}$ <u>Verletzung</u>

Beispiel:

        *Pedro causó bajo un accidente.

$$\begin{bmatrix} +DS(TA)(G) & -DS(TA)(L) \\ +R(TA)(G) & -R(TA)(L) \end{bmatrix} \text{ \underline{Verletzung}}$$

Beispiel:

        *Pedro causó a un accidente.

$$\begin{bmatrix} -DS(TA)(G) & -DS(TA)(L) \\ -R(TA)(G) & -R(TA)(L) \end{bmatrix} \text{ \underline{keine Verletzung}}$$

Beispiel:

        Jeder Satz, der nicht die DS von

        (TA) erfüllt.

(c) <u>contar</u>: (1) $\begin{bmatrix} +DS(R\ 3)(G) & -DS(R\ 3)(L) \\ -R(R\ 3)(G) & -R(R\ 3)(L) \end{bmatrix}$ <u>Verletzung</u>

Beispiel:

        *Contamos su mujer.

$$\begin{bmatrix} +DS(R\ 3)(G) & -DS(R\ 3)(L) \\ +R(R\ 3)(G) & -R(R\ 3)(L) \end{bmatrix}$$ Verletzung

Beispiele:

  *Contamos a su mujer.

   *Contamos su mujer.

$$\begin{bmatrix} -DS(R\ 3)(G) & -DS(R\ 3)(L) \\ -R(R\ 3)(G) & -R(R\ 3)(L) \end{bmatrix}$$ keine Verletzung

Beispiel:

   Contamos con su apoyo.

(2) $$\begin{bmatrix} +DS(TA)(G) & +DS(TA)(L) \\ -R(TA)(G) & -R(TA)(L) \end{bmatrix}$$ keine Verletzung

Beispiel:

   Contamos con su apoyo.

$$\begin{bmatrix} +DS(TA)(G) & +DS(TA)(L) \\ +R(TA)(G) & -R(TA)(L) \end{bmatrix}$$ Verletzung

Beispiel:

   *Contamos a su apoyo.

$$\begin{bmatrix} -DS(TA)(G) & -DS(TA)(L) \\ -R(TA)(G) & -R(TA)(L) \end{bmatrix}$$ keine Verletzung

Beispiel:

   Jeder Satz, der die DS von (TA)

   nicht erfüllt.

(d) recurrir:(1) $$\begin{bmatrix} +DS(R\ 3)(G) & -DS(R\ 3)(L) \\ -R(R\ 3)(G) & -R(R\ 3)(L) \end{bmatrix}$$ Verletzung

Beispiel:

   *Pedro recurrió una mujer.

$$\begin{bmatrix} +DS(R\ 3)(G) & -DS(R\ 3)(L) \\ +R(R\ 3)(G) & -R(R\ 3)(L) \end{bmatrix}$$ Verletzung

Beispiel:

   Sonderfall! [40]

$$\begin{bmatrix} -DS(R\ 3)(G) & -DS(R\ 3)(L) \\ -R(R\ 3)(G) & -R(R\ 3)(L) \end{bmatrix}$$ keine Verletzung

Beispiel:

   Jeder Satz, der die DS von

   (R 3) nicht erfüllt.

$$(2) \begin{bmatrix} +DS(TA)(G) & +DS(TA)(L) \\ -R(TA)(G) & +R(TA)(L) \end{bmatrix} \underline{Verletzung}$$

Beispiel:

　　　*Pedro recurrió un medio ilegal.

$$\begin{bmatrix} +DS(TA)(G) & +DS(TA)(L) \\ +R(TA)(G) & +R(TA)(L) \end{bmatrix} \underline{keine \; Verletzung}$$

Beispiel:

　　　Pedro recurrió a un medio ilegal.

$$\begin{bmatrix} -DS(TA)(G) & +DS(TA)(L) \\ -R(TA)(G) & -R(TA)(L) \end{bmatrix} \underline{Verletzung}$$

Beispiele:

　　　*Pedro recurrió.

　　　*Pedro recurrió un medio ilegal.[41]

Wir haben angenommen, daß (R 3) und (TA) Hauptregeln sind, und haben die lexikalischen Einheiten entsprechend markiert. Nun gilt es natürlicherweise für alle Verben, die die strukturelle Beschreibung von (R 3) nicht erfüllen dürfen, daß sie auch nicht (R 3) durchlaufen dürfen. Das betrifft alle Verben, die kein [-PREP (G)] zulassen, alle, die kein Objekt haben, und alle Adjektive. Außerdem betrifft das, wie man sich leicht anhand von Struktur (17) überzeugen kann, alle, die - redundanterweise oder nicht-redundanterweise - kein menschliches Objekt zulassen. Dazu gehören dann alle, die keine belebten Objekte sowie alle, die keine physikalischen Objekte, keine Konkreta oder keine Diskontinuativa als Objekt haben können. Alle diese Verben und alle Adjektive müßten in bezug auf (R 3) so behandelt werden wie unser Beispiel causar, beziehungsweise wie contar oder recurrir. Sie alle müßten im Lexikon das Merkmal [m R(R 3)(L)] erhalten. Wir wollen deshalb annehmen, daß (R 3) eine Nebenregel ist. Dann bekommen alle diese Verben und Adjektive das Merkmal [u R(R 3)(L)], alle Verben, die sich wie ver verhalten, werden im Lexikon mit [m R(R 3) (L)] versehen. Die Konvention für Nebenregeln wird dann u und m in diesen Fällen miteinander vertauschen.

Andererseits gilt es wohl auch für die wenigsten Verben und Adjektive, daß sie ein a vor dem Objekt haben können. Deshalb wollen wir annehmen, daß auch (TA) eine Nebenregel ist.

Das Lexikon wird jetzt unter anderem lexikalische Einheiten folgender Art enthalten:

(19)

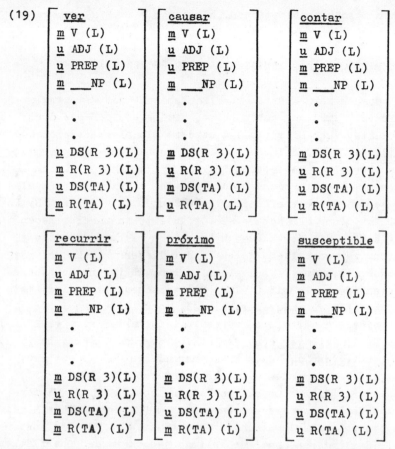

ver	causar	contar
m V (L)	m V (L)	m V (L)
u ADJ (L)	u ADJ (L)	u ADJ (L)
u PREP (L)	u PREP (L)	m PREP (L)
m __NP (L)	m __NP (L)	m __NP (L)
.	.	.
.	.	.
.	.	.
u DS(R 3)(L)	m DS(R 3)(L)	m DS(R 3)(L)
m R(R 3) (L)	u R(R 3) (L)	u R(R 3) (L)
u DS(TA) (L)	m DS(TA) (L)	u DS(TA) (L)
m R(TA) (L)	u R(TA) (L)	u R(TA) (L)

recurrir	próximo	susceptible
m V (L)	m V (L)	m V (L)
u ADJ (L)	m ADJ (L)	m ADJ (L)
m PREP (L)	m PREP (L)	m PREP (L)
m __NP (L)	m __NP (L)	m __NP (L)
.	.	.
.	.	.
.	.	.
m DS(R 3)(L)	m DS(R 3)(L)	m DS(R 3)(L)
u R(R 3) (L)	u R(R 3) (L)	u R(R 3) (L)
m DS(TA) (L)	u DS(TA) (L)	u DS(TA) (L)
m R(TA) (L)	m R(TA) (L)	u R(TA) (L)

Da nun beide Regeln Nebenregeln sind, müssen wir sie in die Liste der Nebenregeln aufnehmen. Die generelle Prozedur für Eintragungen der Liste der Nebenregeln gibt dann folgende Regeln aus:

(20) $[\gamma R(R\ 3)(L)] \longrightarrow [\sim\gamma R(R\ 3)(L)]$
$[\gamma R(TA)\ (L)] \longrightarrow [\sim\gamma R(TA)\ (L)]$
wobei:
$\gamma = \underline{u}$ oder $\underline{m}$
$\sim\underline{u} = \underline{m}$
$\sim\underline{m} = \underline{u}$

Die Regeln (20) werden unmittelbar vor Anwendung der fünf Metaregeln zur Interpretation der $\underline{u}$ und $\underline{m}$ durchlaufen. Wenn dann die fünf Metaregeln angewendet worden sind, ergeben sich in den komplexen Symbolen unter VERB im Falle von lexikalischen Einheiten von der Art

wie (19) genau solche Kombinationen, wie wir sie in (18) angegeben
haben.

2.4.3. DIE EMPIRISCHE ADÄQUATHEIT DES NEUEN REGELMECHANISMUS

Wenn wir den soeben formulierten Regelmechanismus mit dem vergleichen, den wir in § 2.2. angegeben haben, wird klar, daß die dort
erklärbaren Fakten auch hier erklärt werden. Die nicht-abweichenden
Sätze aus (1) und (2) sind in beiden Fällen ohne Verletzung erzeugbar. Die als abweichend bewerteten Sätze von (1) und (2) werden in
beiden Fällen mit Verletzungen erzeugt. Im Falle des ersten Regelmechanismus werden die betreffenden Verletzungen im komplexen Symbol
unter N nach Anwendung der Metaregeln definiert, in unserer neuen
Formulierung kommen die abweichenden Sätze von (1) und (2), die ja
alle das Verbum _ver_ enthalten, durch in der Tiefenstruktur definier-
te Verletzungen zustande. Da bei einem Verbum wie _ver_ nach unseren
Annahmen Tiefenstrukturen mit [-PREP (G)] vorauszusetzen sind, ist
(TA) nur in zwei Fällen anwendbar: einmal, wenn (R 3) angewendet
worden ist, und zum anderen, wenn eine Tiefenstruktur mit [+PREP (G)]
und somit in Fällen wie _ver_ eine Verletzung zugrunde liegt. Da (R 3)
nur anwendbar ist, wenn der Satz ein menschliches Objekt enthält,
sind die uns interessierenden abweichenden Sätze von (1) und (2),
die ein nicht-menschliches Objekt enthalten, somit nur mit Tiefenstrukturen mit Verletzungen erzeugbar. Daß im Falle des einen Regelmechanismus die uns interessierenden Verletzungen in der Tiefenstruktur, im Falle des anderen Regelmechanismus jedoch in der Oberflächenstruktur zustandekommen, ist in diesem Zusammenhang nicht von Belang.
Wo die betreffenden Verletzungen zu definieren sind, ist eine theoretische Frage. Wichtig ist dabei lediglich, daß die einmal aufgestell-
te Grammatik in der Lage ist, die abweichenden Sätze von den nicht-
abweichenden zu unterscheiden und sie in einer sinnvollen Weise als
solche zu kennzeichnen. Diese Forderung wird von beiden Regelmechanismen in bezug auf Sätze wie (1) und (2) erfüllt.

Unser neuer Regelmechanismus hat jedoch gegenüber dem ersten eine
Reihe von offensichtlichen Vorteilen. Erstens enthält er keine Eintragung mehr in der Liste der fakultativen Regeln. Er erklärt dabei
noch dazu mehr Fakten durch Einbeziehung des Referenzmerkmals. Zweitens war im ersten Regelmechanismus kein natürlicher Zusammenhang
herstellbar zwischen den uns interessierenden Sätzen mit der Präpo-

sition a und denjenigen Sätzen, in denen die Präposition a vor dem
Objekt regulärer präpositionaler Verben und Adjektive steht. Unser
zweiter Regelmechanismus stellt diesen Zusammenhang auf eine einfache Weise her, indem er in allen Fällen die Präposition a durch dieselbe Regel, nämlich (TA), einführt. Auch in dieser Hinsicht erklärt
unser neuer Regelmechanismus mehr Fakten der spanischen Sprache. Es
kann also kein Zweifel darüber bestehen, daß unser zweiter Regelmechanismus weitaus besser und angemessener ist als der erste.

Nun bekommen alle Verben, die sich wie die Beispiele in (16) verhalten, die Präposition a in nicht-abweichenden Sätzen dadurch vor das
Objekt, daß sie erst (R 3) und danach (TA) durchlaufen. Wir könnten
die Liste der Verben, die ein Verhalten wie in (16) zeigen, noch
durch viele Beispiele erweitern. Andererseits könnten wir untersuchen, ob alle Verben, die ein menschliches Objekt zulassen, sich genauso verhalten wie die Verben in (16). Es könnte beispielsweise Ausnahmen zu (R 3) geben, die wir bisher nicht erfaßt und genannt haben.
Es würde sich dabei jedoch lediglich um einzelne Eigenschaften bestimmter Verben handeln.

Wie immer eine solche Untersuchung ausfallen mag, so läßt sich bereits jetzt zeigen, daß sie keinen Beitrag zur Erklärung der uns
primär interessierenden Fakten aus § 2.1. liefern kann. Dort hatten
wir bekanntlich festgestellt, daß ein Satz wie *Pedro vio a un gato
besser ist als *Pedro vio a una casa und daß dieser wiederum besser
ist als *Pedro vio a un accidente. Da es sich in allen drei Fällen um
einen abweichenden Satz handelt, der ein nicht-menschliches Objekt
enthält, werden sie auch in unserem neuen Regelmechanismus bezüglich
der Verletzungen unterschiedlos in der gleichen Weise behandelt:
Regel (R 3) ist nicht anwendbar und (TA) kann nur angewendet werden,
wenn bereits eine Verletzung in der Tiefenstruktur vorliegt.

Da nun ein Satz wie *Pedro vio a un gato nach dem Empfinden der Sprecher des Spanischen nur in sehr geringem Maße abweichend ist, könnte
man eventuell versucht sein, anzunehmen, daß in solchen Fällen die
Präposition fakultativ stehen oder nicht stehen kann. Hier beginnt
nun die Verwirrung, aus der alle bisherigen traditionellen Erklä-
rungsversuche für diese für die spanische Sprache typische Erscheinung nicht herausgekommen sind. Deshalb entschieden sich einige willkürlich dafür, daß alle belebten Objekte - also auch gato - die Prä-

position a bekommen sollen. Eine solche Annahme stünde aber offensichtlich im Widerspruch mit dem eindeutigen Testergebnis, daß ein
Satz wie Pedro vio un gato, der keine Präposition enthält, besser
bewertet wird als ein Satz wie Pedro vio a un gato. Auch die Annahme
der fakultativen Setzung der Präposition im letzteren Falle kann
eben dieses Testergebnis nicht erklären.

Nun wird andererseits niemand daran zweifeln, daß ein Satz wie
*Pedro vio a la casa gänzlich falsch und unspanisch ist. Wie aber
nun erklärt werden soll, daß *Pedro vio a la casa besser bewertet wird
als *Pedro vio al accidente ist dabei absolut schleierhaft. Die hier
vorliegenden Fakten sind uns noch ein tiefes Geheimnis, und es läßt
sich auf der Grundlage unserer bisherigen Annahmen und im Zusammenhang mit allen bisher von uns diskutierten Fakten kein Weg zeigen,
auf dem man zu einer sinnvollen Erklärung dieser Fakten gelangen
könnte. Unser Regelmechanismus ist also hierfür nicht adäquat, und
wir wollen und müssen nach Fakten bisher nicht berücksichtigter Art
suchen, die eine Erklärung plausibel machen.

2.5. BEZIEHUNGEN ZWISCHEN SÄTZEN EINES TEXTES

2.5.1. BEOBACHTUNGEN AN SATZFOLGEN

Wir wollen nun versuchen, Fakten zu zeigen, die uns einen kleinen
Schritt weiter in Richtung auf eine Erklärung der bisher unerklär-
baren Erscheinungen bringen können. Als ersten Schritt konstruieren
wir zu diesem Zweck Folgen von Sätzen und testen sie danach, ob sie
abweichend sind oder nicht. Hierbei benutzen wir eine intuitive Vorstellung davon, daß es in einer Sprache auch "Texte" gibt. Folgende
Satzfolgen haben wir danach getestet, ob sie einen "zusammenhängenden Text" bilden, der abweichend ist oder nicht.[42]

(21)(a) 1. Pedro vio una silla.
        2.*Pedro vio a una silla.
        3. Pedro vio una niña.
        4. Pedro vio a una niña.

    (b) 1. Pedro vio una silla. Pedro vio una niña. Pedro
           vio una mujer.
        2.*Pedro vio a una silla. Pedro vio a una niña.
           Pedro vio a una mujer.

```
      3.*Pedro vio a una silla. Pedro vio una niña.
         Pedro vio una mujer.
(c)  1. Pedro vio a una niña. Pedro vio a una mujer.
         Pedro vio a una silla.
      2.*Pedro vio a una niña. Pedro vio a una mujer.
         Pedro vio una silla.
(d)  1. Pedro vio una niña. Pedro vio una mujer.
         Pedro vio una silla.
      2.*Pedro vio una niña. Pedro vio una mujer.
         Pedro vio a una silla.
(e)  1. Pedro vio una niña. Pedro vio una mujer.
         Pedro vio un hombre.
      2.*Pedro vio una niña. Pedro vio una mujer.
         Pedro vio a un hombre.
(f)  1. Pedro vio a una niña. Pedro vio a una mujer.
         Pedro vio a un hombre.
      2.*Pedro vio a una niña. Pedro vio a una mujer.
         Pedro vio un hombre.
(g)  1. Pedro vio una silla. Pedro vio una mesa.
         Pedro vio una mujer.
      2.*Pedro vio una silla. Pedro vio una mesa.
         Pedro vio a una mujer.
```

Die Texte in (21)(a)1. bis 4. bestehen jeweils aus nur einem Satz.
Sie verhalten sich genau in der Weise, wie wir es nach unserem bisherigen Regelmechanismus erwarten würden: silla gehört nicht zu den
lexikalischen Einheiten, die das Merkmal [m HUMANO (L)] haben, der
Satz (21)(a) 2. enthält kein menschliches Objekt und darf infolgedessen auch nicht die Präposition a vor das Objekt bekommen. Der
Satz (21)(a)4. enthält ein menschliches Objekt und darf die Präposition bekommen. Die Texte (21)(b) 1. bis 3. wären auch noch nach
unseren bisherigen Annahmen erklärbar: da der erste Satz dieser Texte jeweils ein Objekt enthält, das nicht das Merkmal [+HUMANO (G)]
hat, kann unsere Regel (R 3) nicht angewendet werden und folglich
auch nicht (TA), und die Texte (21)(b) 2. und 3. sind allein schon
deshalb abweichend, weil ihr erster Satz nicht ohne Verletzungen
bleibt.

Anders verhält es sich jedoch im Falle der Texte (21)(c) bis (21)(g).
Der letzte Satz des Textes (c) 1. ist identisch mit dem ersten Satz

des Textes (b) 2. sowie mit dem einzigen Satz des Textes (a) 2. Dennoch werden die letzteren Texte als abweichend, der Text (c) 1. aber als nicht-abweichend bewertet. Umgekehrt wird Text (c) 2. als abweichend bewertet, obwohl der letzte Satz identisch ist mit dem einzigen Satz des als nicht-abweichend bewerteten Textes (a) 1. und obwohl jeder Satz von (c) 2. von unserem bisherigen Regelmechanismus als ein Satz ohne Verletzungen erzeugt wird. Es ist offensichtlich, daß unser Regelmechanismus hier versagt, falls man ihn zur Erklärung dieser Sachverhalte heranziehen wollte.

Es läßt sich nun leicht sagen, in welchen Fällen in diesen Texten die Präposition vor dem Objekt steht, wenn man alle nicht-abweichenden Texte in (21)(c) bis (g) einerseits mit allen abweichenden Texten in (21)(c) bis (g) andererseits vergleicht. Die nicht-abweichenden Texte haben entweder in allen ihren Sätzen die Präposition vor dem Objekt oder sie haben in allen ihren Sätzen die Präposition nicht vor dem Objekt. Die abweichenden Texte sind dadurch charakterisiert, daß sie diese Bedingung nicht erfüllen. Eine Ausnahme hiervon ist dann lediglich der Text (21)(b) 2., der als abweichend bewertet ist, obwohl er diese Bedingung erfüllt. Wenn wir nun die ersten Sätze aller Texte von (21) miteinander vergleichen, so läßt sich feststellen, daß in allen nicht-abweichenden Texten der erste Satz jeweils mit unserem bisherigen Regelmechanismus in Einklang zu bringen ist. Das gilt auch für die Texte (a), die nur aus einem Satz bestehen, der somit mit dem ersten Satz des jeweiligen Textes identisch ist. In erster Annäherung können wir dann feststellen, daß in Texten, die so gestaltet sind wie (21)(b) bis (g), sich jeweils der erste Satz in Übereinstimmung mit unserem Regelmechanismus verhält, während die dem ersten Satz folgenden Sätze genau dann die Präposition vor dem Objekt haben müssen, wenn der erste Satz sie vor dem Objekt hat. Für die dem ersten Satz folgenden Sätze gilt dies unabhängig davon, ob ihr Objekt das Merkmal [+HUMANO (G)] enthält oder nicht. Umgekehrt dürfen die dem ersten Satz folgenden Sätze die Präposition nicht haben, wenn der erste Satz sie nicht hat, und zwar wiederum unabhängig davon, ob die dem ersten Satz folgenden Sätze durch [+HUMANO (G)] im Objekt charakterisiert sind oder nicht.

Daß dies nicht nur zufällig im Falle der Texte (21) so ist, sondern eine generelle Eigenschaft aller Texte dieser Art darstellt, läßt sich folgenden Beispielen entnehmen:

(22)(a) *Pedro vio a una niña. Pedro vio una mujer.
        Pedro vio a un hombre.
   (b) *Pedro vio a una niña. Pedro vio una mujer.
        Pedro vio un hombre.
   (c) *Pedro vio una niña. Pedro vio a una mujer.
        Pedro vio un hombre.
   (d) *Pedro vio una niña. Pedro vio a una mujer.
        Pedro vio a un hombre.
   (e) *Pedro vio a una niña. Pedro vio una bicicleta.
        Pedro vio una banca.
   (f) *Pedro vio a una niña. Pedro vio a una bicicleta.
        Pedro vio una banca.
   (g) *Pedro vio a una niña. Pedro vio una bicicleta.
        Pedro vio a una banca.
   (h) Pedro vio a una niña. Pedro a una bicicleta.
        Pedro vio a una banca.
   (i) Pedro vio una niña. Pedro vio una bicicleta.
        Pedro vio una banca.

Von allen Texten in (22) werden nur die Texte (h) und (i) als nicht-
abweichend bewertet. Wieder erfüllen nur (h) und (i) die Bedingung,
daß in Texten dieser Art die Präposition entweder in allen Sätzen
vor dem Objekt steht oder in allen Sätzen nicht steht. Immer wenn
diese Bedingung nicht erfüllt ist, wird der Text als abweichend bewertet.

Wir wollen nun zur weiteren Verständigung einige Benennungen einführen. Wir wollen Texte der Art wie (21)(b) bis (g) und (22) Emphasetexte nennen. Jeden Satz, der in einem Emphasetext vorkommt und einen
Vorgängersatz hat, nennen wir Emphasesatz. Jeden Satz eines Emphase-
textes, dem ein weiterer Satz folgt, nennen wir einen emphatisierten
Satz.

Nehmen wir zur Illustration den Beispieltext (22)(i). Dort ist der
Satz Pedro vio una niña kein Emphasesatz, weil er keinen Vorgänger
hat, er ist aber ein emphatisierter Satz, weil er einen Nachfolgesatz im Emphasetext hat. Der Satz Pedro vio una bicicleta ist ein
Emphasesatz, weil er einen Vorgänger hat, und er ist auch ein emphatisierter Satz, weil er auch einen Nachfolgesatz hat. Der Satz Pedro
vio una banca ist dagegen zwar ein Emphasesatz - denn er hat einen
Vorgänger -, er ist aber kein emphatisierter Satz, weil ihm kein

Satz folgt.

Mit diesen Benennungen können wir nun unsere Beobachtung folgendermaßen umschreiben:

(23) Für jeden Satz, der kein Emphasesatz ist, gilt der von uns auf-
     gestellte Regelmechanismus. In einem Emphasesatz steht die Prä-
     position a immer dann vor dem Objekt, wenn in seinem unmittel-
     baren Vorgängersatz ebenfalls die Präposition vor dem Objekt
     steht. Enthält der Vorgängersatz nicht die Präposition, so darf
     sie auch nicht im Emphasesatz stehen. Werden diese Bedingungen
     nicht erfüllt, dann ist der Emphasetext abweichend.

Bevor wir näher darauf eingehen, welche generellen Eigenschaften
Emphasetexten zugrundeliegen, wollen wir versuchen zu zeigen, welche Grundeigenschaften von einer Theorie, die die genannten Fakten
erklären soll, mindestens zu fordern sind.

Wir haben die unformalen Aussagen (23) mit den voraufgehenden Er-
läuterungen sozusagen unmittelbar von den Fakten "abgelesen" und damit plausibel gemacht. Nun ist es offensichtlich, daß eine Theorie,
die Aussagen von der Art wie (23) in expliziter Form enthält, nicht
auf die Domäne des Satzes beschränkt sein darf, sondern darüber hinaus Texteigenschaften widerspiegeln muß. Aus einer Grammatik, die
lediglich Sätze erzeugt, ohne Texteigenschaften widerzuspiegeln, sind
Aussagen der Art wie (23) nicht ableitbar.

Nun wird niemand daran zweifeln, daß eine Regel, die vor das Objekt
eines Satzes eine Präposition einführt, eine Regel der Grammatik ist.
Ist die Grammatik jedoch auf die Domäne des Satzes beschränkt, so
kann sie im Falle der uns interessierenden Sätze (1) und (2) aus
§ 2.1. lediglich Aussagen der Art machen, wie wir sie in § 2.4. formuliert haben. Wir hatten aber dort gezeigt, daß ein solcher Regelmechanismus nicht die Fakten erklären kann, die er erklären sollte,
das heißt es ließ sich kein Weg angeben, auf dem man zu einer sinnvollen Erklärung für die unterschiedliche Grammatikalität in den
Sätzen (1) und (2) gelangen könnte. In § 2.3.1. hatten wir gezeigt,
daß jegliche rein technische Lösung zur Erklärung der betreffenden
Fakten auf der Grundlage der dort zur Verfügung stehenden Annahmen
zur Postulierung von Regeln führt, die im Widerspruch zu grundlegenden Vorstellungen über Sinn und Funktion einer Grammatik stehen. Was

wir dort über den ersten Regelmechanismus feststellten, gilt offensichtlich - mutatis mutandis - auch für unseren zweiten Regelmechanismus. Wenn wir nun gezeigt haben, daß auf der Grundlage unseres
Regelmechanismus die Grammatik eine ihrer Aufgaben nicht erfüllen
kann, nämlich die Markierung von unterschiedlichen Graden der Grammatikalität, so ergibt sich anhand der Fakten in den Fällen (21) und
(22) ein noch viel grundlegenderer Mangel: es zeigt sich hier, daß die
Grammatik mit den bisherigen Annahmen nicht einmal ihre Hauptaufgabe
erfüllen kann, d.h. sie ist nicht einmal in der Lage, die abweichenden Sätze von den nicht-abweichenden sinnvoll zu unterscheiden.

Das läßt sich leicht an einem Beispiel zeigen. Ein Satz wie Pedro
vio a una silla ist abweichend in (21)(a) 2., in (21)(b) 2., (21)(b)
3., (21)(d) 2. usw. Er ist aber nicht-abweichend in (21)(c) 1. Andererseits ist der Satz Pedro vio una silla nicht-abweichend in (21)
(a) 1., (21)(b) 1., (21)(d) 1. usw. Er ist dagegen abweichend in
(21)(c) 2. Wenn nun die Regel, die die Präposition a einführt, eine
Regel der Grammatik ist und die Grammatik die abweichenden Sätze von
den nicht-abweichenden zu unterscheiden hat, so kann sie beide Aufgaben in diesem Fall nur dann erfüllen, wenn sie gleichzeitig Texteigenschaften mit reflektiert. Tut sie dies nicht, so vermag sie
auch nicht, in den uns interessierenden Fällen die abweichenden Sätze
von den nicht-abweichenden zu unterscheiden. Wenn wir nun die eben
genannte Aufgabe weiterhin als Forderung an eine Grammatik stellen
wollen, so folgt daraus, daß die Grammatik nicht nur Texteigenschaften mit reflektieren kann, sondern daß sie sie reflektieren muß.

Es ist also eine sinnvolle und notwendige Aufgabe, die spanische
Grammatik derart umzuformulieren, daß sie Aussagen der Art wie (23)
in entsprechend formulierter expliziter Form enthält. Bevor wir jedoch den Versuch unternehmen, einen - mindestens partiellen - Forma-
lismus zur Erklärung dieser Fakten aufzustellen, wollen wir untersuchen, ob es Emphasesätze gibt, die sich anders verhalten als in
(21) und (22).

Man vergleiche nun die Texte (24) mit denen in (25):

(24)(a) 1. Pedro vio a una niña. Pedro vio a una mujer.
            Pedro vio a una casa.
        2.*Pedro vio a una niña. Pedro vio a una mujer.
            Pedro vio una casa.

     (b) 1. Pedro vio a una niña. Pedro vio a una mujer.
            Pedro vio a un automóvil.
         2.*Pedro vio a una niña. Pedro vio a una mujer.
            Pedro vio un automóvil.
     (c) 1. Pedro vio a una niña. Pedro vio a una mujer.
            Pedro vio a un gato.
         2.*Pedro vio a una niña. Pedro vio a una mujer.
            Pedro vio un gato.
(25)(a) 1.*Pedro vio a una niña. Pedro vio a una mujer.
            Pedro vio a un accidente.
         2. Pedro vio a una niña. Pedro vio a una mujer.
            Pedro vio un accidente.
         3. Pedro vio una niña. Pedro vio una mujer.
            Pedro vio un accidente.
     (b) 1.*Pedro vio a una niña. Pedro vio a una mujer.
            Pedro vio a un fuego.
         2. Pedro vio a una niña. Pedro vio a una mujer.
            Pedro vio un fuego.
         3. Pedro vio una niña. Pedro vio una mujer.
            Pedro vio un fuego.

Die Texte (25) unterscheiden sich von denen in (24) lediglich dadurch, daß ihr letzter Satz jeweils mit einem Substantiv im Objekt
versehen ist, das weder in (24) noch in (21) oder (22) erscheint.
Nun gehören aber die betreffenden Substantive in eine Klasse, die
sich von der aller übrigen in gleicher Position auftauchenden Substantive unterscheidet. Diese Klasse verhält sich - wie man aus der
Bewertung von (25) ablesen kann - gerade umgekehrt in bezug auf unsere Regularität in Emphasesätzen: enthält ein Objekt Substantive
dieser Klasse, so steht auch im Emphasesatz nie die Präposition vor
dem Objekt. Die betreffenden Nomina in den Emphasesätzen von (25)
- d.h. die Nomina accidente und fuego - gehören in die Klasse der
Vorgangsabstrakta. Diese Sätze setzen also eine Struktur mit den
Merkmalen [+ABSTR (G), +PROC (G)] im grammatischen Glied des komplexen Symbols unter N in der Funktion des Objekts voraus. Die Nomina in den Emphasesätzen von (21), (22) und (24) - d.h. die Nomina
mujer, silla, niña, hombre, mesa, bicicleta, banca, casa, automóvil,
gato - sind dagegen konkrete Diskontinuativa und setzen demnach eine
Struktur mit [-CONT (G), -ABSTR (G)] an der betreffenden Stelle der
Sätze voraus.

Nun läßt sich zeigen, daß sich Kontinuativa genauso wie Vorgangsabstrakta und abstrakte Diskontinuativa, die keinen Vorgang bezeichnen, genauso wie konkrete Diskontinuativa verhalten.[43] Unter Berücksichtigung der in Anmerkung 43) gegebenen Fakten können wir dann unsere Beobachtungen folgendermaßen umschreiben:

(26) Für jeden Satz, der kein Emphasesatz ist, gilt der von uns
    aufgestellte Regelmechanismus. In einem Emphasesatz steht die
    Präposition a immer dann und nur dann vor dem Objekt, wenn
    folgende Bedingungen gleichzeitig erfüllt sind: a) Das Nomen
    im Objekt ist entweder ein konkretes Diskontinuativum oder ein
    abstraktes Diskontinuativum, das keinen Vorgang bezeichnet.
    b) Der dem Emphasesatz unmittelbar vorausgehende Vorgängersatz
    enthält ebenfalls die Präposition vor dem Objekt. Werden diese
    Vorschriften nicht eingehalten, dann ist der Emphasetext abwei-
    chend.

Daß sich die Aussagen (26) tatsächlich verallgemeinern lassen, zeigt
sich besonders deutlich am Beispiel solcher Nomina, die sowohl konkrete Diskontinuativa als auch Kontinuativa oder Vorgangsabstrakta
sein können. Hierbei ergibt sich dann ein deutlicher Bedeutungsunterschied in folgenden Beispielen:

(27)(a) 1. Pedro vio una película.
        2. Pedro vio una luz.
        3. Pedro vio un juego.
   (b) 1.*Pedro vio a una película.
        2.*Pedro vio a una luz.
        3.*Pedro vio a un juego.
   (c) Pedro vio a una niña. Pedro vio a una mujer.
        Pedro vio una película.
   (d) Pedro vio a una niña. Pedro vio a una mujer.
        Pedro vio a una película。
   (e) Pedro vio a una niña. Pedro vio a una mujer.
        Pedro vio una luz.
   (f) Pedro vio a una niña. Pedro vio a una mujer.
        Pedro vio a una luz.
   (g) Pedro vio a una niña. Pedro vio a una mujer.
        Pedro vio un juego.
   (h) Pedro vio a una niña. Pedro vio a una mujer.
        Pedro vio a un juego.

Von diesen Texten sind nur die in (27)(b) abweichend. Die Texte in
(27)(a) sind ambig, die in (27)(c) bis (h) sind dagegen nicht ambig.
In (c) ist película ein Vorgangsabstraktum, eine auf einem Filmstreifen festgehaltene Handlung -, in (d) ist es ein konkretes Diskontinuativum - ein Filmstreifen, eine bestimmte "lámina de celu-
loide", eine lose Obstschale oder dergleichen -. In (d) kann película
nicht als eine auf einem Filmstreifen festgehaltene Handlung interpretiert werden, umgekehrt ist es in (c) nicht in einer seiner Bedeutungen als konkretes Diskontinuativum interpretierbar. Hierbei wird
natürlich vorausgesetzt, daß (c) und (d) als zusammenhängende Texte
gelesen oder gesprochen werden, d.h. die in Anmerkung 42) genannten
Bedingungen müssen auch hier beachtet werden.

Das Nomen luz ist in (e) ein Kontinuativum - Licht im Sinne von Aus-
strahlung, Glanz, Schimmer oder dergleichen -, in (f) ist es ein konkretes Diskontinuativum - ein lichtspendender Gegenstand, eine Lampe,
eine Kerze oder ähnliches. Andererseits wird juego in (g) als Vorgangsabstraktum - als Spiel im Sinne einer sich vollziehenden Handlung -, in (h) dagegen als konkretes Diskontinuativum - als ein Spiel
Karten, die zu einem Tennisspiel gehörenden Gegenstände, als eine Gar-
nitur von Knöpfen oder als ein Satz Werkzeuge oder dergleichen, jedenfalls nur als ein Kollektiv von Gegenständen - interpretiert. In (h)
kann juego nie im Sinne einer sich vollziehenden Handlung bestimmter
Art interpretiert werden, in (g) nie im Sinne eines Kollektivs von
Gegenständen.

Wir sehen hieran, daß Nomina wie luz, película, juego zwar auch in
Emphasesätzen verschieden interpretiert werden können, daß sie aber,
wenn sie im Objekt eines Emphasesatzes in Texten von der Art wie
(27)(c) bis (h) stehen, in solchen Fällen in einem nicht-abweichenden
präpositionslosen Emphasesatz, dem ein präpositionaler emphatisierter
Satz vorausgeht wie in (27), nur in einer Bedeutung interpretiert
werden, in der sie Kontinuativa oder Vorgangsabstrakta sind, in einem
nicht-abweichenden Emphasesatz mit der Präposition in einem gleich
gearteten Text dagegen nur in einer Bedeutung als konkrete Diskontinuativa verstanden werden.

Wenn nun die Grammatik eindeutige Sätze von mehrdeutigen Sätzen unterscheiden und die jeweils vorliegende Art der Mehrdeutigkeit charakterisieren soll, so kann sie auch diese Aufgabe in den eben genannten

Fällen nur erfüllen, wenn sie Texteigenschaften reflektiert. Ohne
Aussagen von der Art wie (26) - in entsprechend ausgearbeiteter expliziter Form - sind die in (27) enthaltenen Fakten nicht sinnvoll
erklärbar.

Wir wollen nun versuchen zu zeigen, wie - bei allen Vorbehalten, die
bei einem solchen Unterfangen selbstverständlich sind, - eine Theorie
aufgebaut werden könnte, die die neue Menge von Fakten erklärt und
sie in einen sinnvollen Zusammenhang mit den bereits in den voraufgehenden Kapiteln behandelten Erscheinungen bringt.

2.5.2. ANNAHMEN ZU EINER TEXTTHEORIE

Um die soeben diskutierten Fakten zu erklären, brauchen wir irgendeine Version einer möglichen Texttheorie. Die ersten Untersuchungen
zu einer Texttheorie auf der Grundlage der generativen Grammatik
stammen von Heidolph. Grundlegende theoretische Probleme werden untersucht in Heidolph (1964), mehrere Detailfragen untersucht Heidolph
(1966). Wir benutzen im folgenden die dort entwickelten Vorstellungen,
werden aber dabei in mehreren Punkten eigene Wege gehen. Es versteht
sich von selbst, daß wir in dieser Arbeit, die einem sehr speziellen
Problem der spanischen Sprache gewidmet ist, nicht eine umfassende
oder gar vollständige Motivierung für alle generellen Annahmen einer
Texttheorie geben können. Wir werden deshalb in vielen Fällen will-
kürliche Entscheidungen und Festlegungen treffen müssen. Hierbei werden wir uns auf solche Annahmen beschränken, die zu einer möglichen
Erklärung unseres Detailproblems beitragen. Für größere Zusammenhänge
im Rahmen einer Texttheorie verweisen wir hier auf Heidolph (in Vorbereitung). Obwohl ich mich in einigen Punkten auf die Untersuchungen
von Heidolph stütze, möchte ich jedoch darauf hinweisen, daß jegliche
Irrtümer und Mängel in den von mir ausformulierten Annahmen meine ei-
genen sind.

Es gibt für die Aufstellung einer Texttheorie technisch mehrere Möglichkeiten. Wir können hier - wie wir bereits festgestellt haben -
keine umfassende Grundlagendiskussion führen und werden uns deshalb
mehr oder weniger willkürlich auf eine dieser Möglichkeiten festlegen
müssen. Wir wollen aber dennoch für einige unserer Festlegungen Illu-
strationen geben, die eine gewisse Plausibilität für diese Festlegungen liefern können. Andere Festlegungen werden in einem größeren Maße

willkürlich sein. Dadurch daß sie später zur Lösung unseres Problems
in der von uns angegebenen Weise beitragen werden, erhalten sie so
jeweils nachträglich eine partielle Motivierung. Wenn wir also im
folgenden möglichst explizite Formulierungen wählen, so vertreten wir
dabei gleichzeitig die Auffassung, daß eine explizite Formulierung
schon allein deshalb von Nutzen ist, weil sie es weiteren Untersuchungen ermöglicht, alle möglichen Fehlerquellen exakt anzugeben und
die Art zu bestimmen, in der eine Revision der Theorie zu ihrer Ver-
besserung führen kann.

Zur Illustration der von uns gewählten Version einer möglichen Texttheorie in ihren allergröbsten Umrissen wollen wir zunächst einige
Vorüberlegungen zu dem Begriff "Text" anstellen.

Bei den Untersuchungen zu einer Theorie der generativen Grammatik
ging man bisher zunächst von dem intuitiven Begriff "Satz" aus. Man
fand eine Reihe von grundlegenden Eigenschaften heraus, die ihm zu-
kommen, und benutzte ihn dann als einen primitiven Term der Grammatiktheorie. Als primitiver Term der Theorie hat dieser Begriff dann
nur die Eigenschaften, die die Theorie ihm zuweist. Nicht alle Eigenschaften, die der intuitive Begriff hat, können automatisch für den
theoretischen übernommen werden. Hierin liegt nichts Besonderes, da
sich Ähnliches bei einem Vergleich beliebiger intuitiver Begriffe mit
ihren theoretischen Explikaten herauszustellen pflegt. Auch im Falle
des intuitiven Begriffs "Text" können wir nichts anderes erwarten.

Nun läßt sich aber beobachten, daß "Texte" im intuitiven Sinne eine
Reihe von Eigenschaften haben, die man auch den Sätzen einer Sprache
zuschreibt. Es lassen sich beispielsweise folgende Analogien zwischen
den Begriffen "Satz" und "Text" aufstellen:

(1) Es ist ebenso sinnvoll anzunehmen, daß es potentiell unendlich
    viele Texte in einer Sprache gibt, wie es sinnvoll ist anzunehmen,
    daß es in einer Sprache eine potentiell unendliche Menge von
    Sätzen gibt.
(2) Ebenso sinnvoll ist es anzunehmen, daß es keinen längsten Text
    gibt, wie daß es keinen längsten Satz gibt.
(3) Von jedem Text kann sinnvollerweise angenommen werden, daß er von
    endlicher Länge ist, wie man es auch von jedem Satz annimmt.
(4) Ein Text einer Sprache kann als abweichend oder nicht-abweichend

empfunden beziehungsweise bewertet werden, wie auch ein Satz
einer Sprache von deren Sprechern als abweichend bzw. nicht-abweichend empfunden und bewertet werden kann.

(5) Zwischen abweichenden Texten gibt es Unterschiede hinsichtlich
des Grades der Abweichung: es gibt abweichende Texte, die als
besser bewertet werden als gegebene andere abweichende Texte,
wie es abweichende Sätze gibt, die als besser bewertet werden
als gegebene andere abweichende Sätze.[44] Es ist ebenso sinnvoll,
von ungrammatischen Texten zu reden, wie es sinnvoll ist, von ungrammatischen Sätzen zu sprechen.

Es sind insbesondere die Analogien (4) und (5), die uns im Zusammenhang mit den Problemen der spanischen Sätze und Texte mit "präposi-
tionalem direktem Objekt" interessieren. Wir müssen vor allem einen
theoretischen Weg skizzieren, der uns eine sinnvolle Definition von
Begriffen wie "ungrammatischer Text" und "Textverletzung" ermöglicht.
Diese Begriffe müssen dann zur Erklärung der Fakten in (21), (22),
(24) und (25) sowie (27) herangezogen werden.

Zunächst wollen wir auf der Grundlage der oben zitierten fünf Analogien annehmen, daß Texte durch einen ähnlichen Mechanismus konsti-
tuiert werden, wie man ihn bisher für Sätze angenommen hat. Insbesondere nehmen wir an, daß die Grammatik Texte und Sätze zugleich erzeugt. Eine natürliche Sprache L bestehe aus einer potentiell unendlichen Menge von Texten. Jeder Text sei von endlicher Länge und ent-
halte mindestens einen Satz. Die Grammatik G einer Sprache L erzeugt
die Menge der Texte dieser Sprache durch einen endlichen Regelmechanismus. Das Anfangssymbol einer Grammatik sei TEXT.

Wir wollen annehmen, die Grammatik habe als Eingabe die Kette
T TEXT T, wobei 'T' ein Symbol für "Textgrenze" ist. Folgende Regel expandiert dann das Anfangssymbol TEXT in eine endliche Folge
von n Tripeln:

(28)   TEXT $\longrightarrow$ $(\#\,S\,\#)^n$ $(1 \leqslant n < \infty)$

Ein Text, der aus drei Sätzen besteht, hätte dann folgende Teilstruk-
tur:

(29)

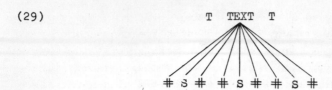

Nach der Regel (28) sollen die Regeln (8), die wir in § 2.4.1. angegeben haben, durchlaufen werden. Es ergeben sich dann Strukturen wie (30):

(30)

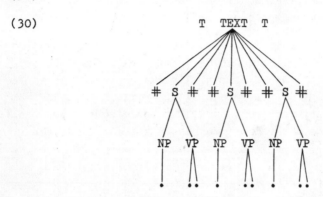

Die Punkte in (30) stehen für weitere - hier vernachlässigte - Struktur.

In § 2.4.1. hatten wir angenommen, daß die Basisregeln für jedes Vorkommen von S in einem P-Marker rekursiv anwendbar sind, d.h. bei jedem abgeleiteten S werden die Regeln noch einmal von der ersten Regel der Grammatik an durchlaufen. Die erste Regel war (8)(i). Da vor (8)(i) jetzt die Regel (28) steht, wollen wir nun annehmen, daß die Basisregeln der Grammatik nicht von der ersten Regel an, sondern erst ab (8)(i) rekursiv anwendbar sind.[45]

Sind die Basisregeln der Grammatik durchlaufen und haben sie somit eine Struktur erzeugt, dann werden die bekannten Konventionen hinsichtlich der Einsetzung lexikalischer Einheiten angewendet. Eine so erzeugte Gesamtstruktur wollen wir Basis-Textmarker nennen. Hierbei wollen wir den Begriff P-Marker beibehalten und in der bisher üblichen Weise interpretieren, beschränken ihn jedoch auf diejenigen Strukturen, die mit S an der Spitze beginnen. Jeden P-Marker, dessen Spitzensymbol S direkt dominiert wird von TEXT, wollen wir einen generalisierten P-Marker nennen. Jeden P-Marker, dessen Spitzensymbol

nicht direkt dominiert wird von TEXT, nennen wir einen eingebetteten
P-Marker. Jeder generalisierte P-Marker enthält einen, mehrere oder
keinen eingebetteten P-Marker. Jeder Basis-Textmarker enthält mindestens einen generalisierten P-Marker. Der - unvollständig formulierte - Textmarker (30) beispielsweise enthält drei generalisierte
P-Marker.[46]

Eingabe in den Transformationsteil der Grammatik sind nun Textmarker.
Es ist dann erforderlich, mindestens einige Festlegungen zu treffen
hinsichtlich der Anwendung von Transformationsregeln auf Textmarker.

Wir wollen zu diesem Zweck in erster Annäherung - bei allen eingangs
zu diesem Kapitel formulierten Einschränkungen hinsichtlich des pro-
visorischen und partiell willkürlichen Charakters unserer Annahmen -
folgende vier Konventionen annehmen:

(K 1) Die Menge der Transformationsregeln der Grammatik besteht aus
mindestens zwei Zyklen, die nacheinander angewendet werden.
Der zuerst anzuwendende Zyklus von Transformationsregeln operiert auf generalisierten P-Markern. Die Regeln dieses Zyklus
wollen wir G-Regeln nennen.[47]

(K 2) Sind alle G-Regeln auf alle P-Marker angewendet worden, dann
werden die Regeln des zweiten Zyklus durchlaufen. Die Transformationsregeln dieses Zyklus wollen wir Textregeln nennen.
Sie operieren auf dem gesamten Textmarker.

(K 3) Die Textregeln werden von links nach rechts im Textmarker angewendet. Dies geschieht in der Weise, daß zuerst sämtliche Textregeln der Grammatik auf den am weitesten links stehenden generalisierten P-Marker angewendet werden. Ist dies geschehen,
dann werden sämtliche Textregeln auf den nächst rechts stehenden generalisierten P-Marker angewendet usw., bis der am weitesten rechts stehende generalisierte P-Marker abgearbeitet
worden ist.

(K 4) Jede G-Regel und jede Textregel besteht aus einer strukturellen Beschreibung und einer strukturellen Veränderung. Sobald
im Laufe der transformationellen Ableitung die strukturelle
Beschreibung einer Regel erfüllt ist, kann diese frei angewendet oder nicht angewendet werden.

Beispiele für G-Regeln sind die meisten regulären Transformationsregeln der bekannten Art - z.B. unsere Regeln (TA) und (R 3). Beispie-

le für Textregeln werden wir im Laufe unserer Diskussion des uns
interessierenden Problems des "präpositionalen direkten Objekts" im
Spanischen noch zu behandeln haben, wobei wir insbesondere Sinn und
Funktion mindestens eines Teils dieser Regeln im Laufe der Diskussion noch erläutern werden. Wir setzen im folgenden die Konventionen
(K 1) bis (K 4) voraus, werden jedoch an gegebener Stelle auf sie
verweisen.

2.5.3. EMPHASE

Wir wollen nun versuchen, mit den eben entwickelten Begriffen eine
Erklärung für die in § 2.5.1. genannten Fakten aufzubauen. Zu diesem Zweck müssen wir zunächst genaue Bedingungen angeben, unter denen die in (26) formulierte Beobachtung gilt. Vergleichen wir nun
die Texte (22), (24), (25) und (27) einerseits mit den Texten (31)
andererseits:

(31)(a) Pedro vio a tres hombres. Pedro vio a cinco mujeres.
         Pedro vio quince aviones.
    (b)*Pedro vio a tres hombres. Pedro vio a cinco mujeres.
         Pedro vio a quince aviones.
    (c) Pedro vio a tres hombres. Pedro vio a tres mujeres.
         Pedro vio a tres aviones.
    (d)*Pedro vio a tres hombres. Pedro vio a tres mujeres.
         Pedro vio tres aviones.

In den Texten des voraufgehenden Kapitels sowie in (31)(c) und (d)
enthält im Unterschied zu (31)(a) und (b) jeder Satz, der einen Vorgängersatz hat, nur eine lexikalische Einheit, die nicht im Vorgängersatz bereits vorerwähnt ist. Der letzte Satz in (31)(a) und (b)
dagegen enthält zwei lexikalische Einheiten, die von denen des Vorgängersatzes verschieden sind, und zwar quince und aviones. (31)(b)
wird aber als abweichend bewertet, das heißt die in (26) konstatierte Regularität gilt nicht für Texte dieser Art. Die Aussagen (26)
gelten also nur für solche Sätze, die höchstens eine lexikalische
Einheit enthalten, die nicht vorerwähnt ist.

Heidolph (1966) hat aus mehreren unabhängigen Gründen ein Symbol
"vorerwähnt" bzw. "+m" sowie ein Symbol "nicht-vorerwähnt" bzw.
"-m" vorgeschlagen. Wir wollen nun annehmen, daß jedes komplexe Symbol in der Tiefenstruktur subkategorisiert ist in bezug auf ein bi-

näres Merkmal [+m(G)] beziehungsweise [-m(G)]. Das Merkmal [+m(G)]
soll nur dann in einem komplexen Symbol Q auftreten dürfen, wenn der
betreffende Text vor Q ein komplexes Symbol Q' mit einer lexikalischen Einheit enthält, deren phonologische Matrix D' mit der phonologischen Matrix D der in Q enthaltenen lexikalischen Einheit identisch
ist. Gibt es kein solches komplexes Symbol, so ist der Text "ungrammatisch".[48]

Eine Möglichkeit, um diesen Sachverhalt zu erklären, ergibt sich,
wenn wir annehmen, daß die Grammatik eine Textregel enthält, die jeden Satz eines Textes eliminiert, der ein [+m(G)] enthält, und für
den es kein voraufgehendes komplexes Symbol im Text gibt, das die ge-
forderte Bedingung erfüllt. Wir wollen diese Textregel (EL-S/+m)
nennen. Wir können sie unformal folgendermaßen skizzieren:

(EL-S/+m) Jeder Satz - d.h. jedes direkt von TEXT dominierte S
          im Textmarker - wird eliminiert, falls folgende Bedin-
          gungen erfüllt sind:
          1) S enthält ein komplexes Symbol Q mit [+m(G)] und
             einer lexikalischen Einheit (D,C), und
          2) es gibt kein komplexes Symbol Q' mit einer lexi-
             kalischen Einheit (D', C'), für das gilt:
             Q' steht vor Q und D' = D.

Nun ist es kaum denkbar, daß es eine lexikalische Einheit gibt, die
eine Ausnahme zu der Textregel (EL-S/+m) ist. Andererseits wäre es
auch kaum sinnvoll, anzunehmen, daß in Fällen wie (EL-S/+m) eine
Verletzung in derselben Weise wie im Falle "regulärer" Transformationsregeln als Widerspruch zwischen den lexikalischen und grammatischen DS- und R-Merkmalen definiert würde. Bei den von Lakoff (1965)
betrachteten "regulären" Transformationsregeln - also bei denjenigen
Regeln, die wir G-Regeln genannt haben - gab es Fälle, in denen die
strukturelle Beschreibung einer Regel erfüllt sein konnte und in
denen trotz Nicht-Anwendung der Regel keine Verletzung zustandekommt.
Im Unterschied zu den G-Regeln wäre es dagegen im Falle von Textregeln wie (EL-S/+m) wenig sinnvoll, solche Fälle zuzulassen. Es scheint
vielmehr angebracht zu sein, unter Verletzung einer Textregel die Un-
gleichheit der Vorzeichen von DS-Merkmal und R-Merkmal derselben Textregel zu verstehen.[49]

Wir wollen nun den Mechanismus der DS- und R-Merkmale in folgender

Weise modifizieren. Die DS- und R-Merkmale zu G-Regeln werden nach
wie vor in der bisherigen Weise behandelt. Das DS-Merkmal zu einer
Textregel (Ri) bezeichnen wir in der Form [+DS(Ri)(T)] beziehungsweise [-DS(Ri)(T)] und das entsprechende R-Merkmal in der Form
[+R(Ri)(T)] beziehungsweise [-R(Ri)(T)].

Wir wollen annehmen, daß die DS- und R-Merkmale zu Textregeln im
grammatischen Glied eines entsprechenden komplexen Symbols stehen
und - ebenso wie die Merkmale zu den G-Regeln - in der Tiefenstruktur mit dem Vorzeichen "-" versehen sind. Ferner wollen wir annehmen, daß es zu Textregeln keine lexikalischen DS- oder R-Merkmale
gibt.

Nach Beendigung der transformationellen Ableitung eines Textmarkers
enthalten die betreffenden komplexen Symbole die Information über
die erfüllten strukturellen Beschreibungen und die angewendeten Regeln. Im Falle einer Textregel ergeben sich dann folgende Möglichkeiten:

(I) Die strukturelle Beschreibung von (Ri) ist nicht erfüllt und
(Ri) ist nicht angewendet worden. Im komplexen Symbol steht
dann die Kombination:

$$\begin{bmatrix} -DS(Ri)(T) \\ -R(Ri)(T) \end{bmatrix}$$

Wir wollen annehmen, daß eine solche Kombination keine Verletzung der Textregel (Ri) definiert.

(II) Die strukturelle Beschreibung von (Ri) ist erfüllt und (Ri)
ist nicht angewendet worden. Dann steht im komplexen Symbol
die Kombination:

$$\begin{bmatrix} +DS(Ri)(T) \\ -R(Ri)(T) \end{bmatrix}$$

Wir nehmen an, daß eine solche Kombination eine Verletzung
der Textregel (Ri) definiert.

(III) Die strukturelle Beschreibung von (Ri) ist erfüllt und (Ri)
ist angewendet worden. In diesem Falle gibt es zwei Möglichkeiten: entweder die Textregel (Ri) war eine Regel, die -
wie z.B. (EL-S/+m) - den ganzen Satz eliminiert. Dann ist
der Satz nicht mehr vorhanden und es kann auch keine even-
tuelle Verletzung abgelesen werden. Oder aber, die Textre-

gel war keine Satz-Eliminierungsregel, und das betreffende
komplexe Symbol enthält die Kombination:

$$\begin{bmatrix} +DS(Ri)(T) \\ +R(Ri)(T) \end{bmatrix}$$

Wir nehmen an, daß eine solche Kombination <u>keine Verletzung</u>
<u>der Textregel</u> (Ri) definiert.

Wir haben das Merkmal [+m (G)] eingeführt und können angeben, in
welchen Fällen in einem Satz, der ein komplexes Symbol mit [+m (G)]
enthält, eine mit diesem Merkmal verbundene Verletzung definiert
wird. Wir können nun unsere Beobachtung, die besagte, daß in den uns
interessierenden Sätzen höchstens eine lexikalische Einheit nicht-
vorerwähnt, die übrigen jedoch vorerwähnt sein müssen, durch die Annahme erklären, daß in einem solchen Satz höchstens ein komplexes
Symbol existiert, das das Merkmal [-m (G)] enthält. Wir können das
an unseren Beispieltexten (31)(a) und (c) dann folgendermaßen veranschaulichen:

(31)'(a) Pedro vio   a tres   hombres. Pedro   vio   a   cinco

     +N(G) +V(G)   +V(G)   +N(G)   +N(G) +V(G)   +V(G)

     -m(G) -m(G)   -m(G)   -m(G)   +m(G) +m(G)   -m(G)

     mujeres. Pedro vio   quince aviones.

     +N(G)   +N(G) +V(G)   +V(G)   +N(G)

     -m(G)   +m(G) +m(G)   -m(G)   -m(G)

   (c) Pedro   vio   a tres hombres. Pedro vio   a   tres

     +N(G)   +V(G)   +V(G)   +N(G)   +N(G) +V(G)   +V(G)

     -m(G)   -m(G)   -m(G)   -m(G)   +m(G) +m(G)   +m(G)

     mujeres. Pedro vio   a   tres   aviones.

     +N(G)   +N(G) +V(G)   +V(G)   +N(G)

     -m(G)   +m(G) +m(G)   +m(G)   -m(G)

Im letzten Satz des Textes (31)(a) sind zwei komplexe Symbole mit
[-m(G)] enthalten und unsere Regularität gilt nicht, d.h. die Präposition darf <u>nicht</u> vor dem Objekt stehen. Im letzten Satz des Textes (31)(c) ist nur ein komplexes Symbol mit [-m(G)] enthalten und
unsere Regularität gilt, d.h. die Präposition muß vor dem Objekt
stehen.

Die Anzahl der vorerwähnten lexikalischen Einheiten ist nun aber
nicht der einzige Unterschied zwischen dem letzten Satz in Texten
wie (31)(a) einerseits und dem letzten Satz in Texten wie (31)(c)
andererseits. In Anmerkung 42) hatten wir bereits darauf hingewiesen, daß die Folgesätze in den uns interessierenden Texten mit nur
einem Satzakzent gelesen beziehungsweise gesprochen werden müssen.
Geschieht das nicht, so ist entweder der Text abweichend - etwa im
Falle, wo überhaupt kein hervorragender Satzakzent gesprochen wird -
oder er wird anders interpretiert - und zwar falls der Satz mit zwei
Satzakzenten gesprochen wird. Wird jedoch der Satz mit zwei Satzakzenten gesprochen, so gilt - wie wir gleich zeigen werden - nicht
die von uns zitierte Beobachtung hinsichtlich der Setzung der Präposition a.

Wir wollen die Akzentverhältnisse nun an folgenden Beispielen veranschaulichen - wobei wir den stark herabgesetzten Akzent mit "e", den
stärksten Akzent im Satz mit "1" und den zweitstärksten Akzent mit
"2" kennzeichnen:

(31)''(a) Pedro vio a tres hombres. Pedro vio a cinco
             2   1   2
          mujeres. Pedro vio quince aviones.
             1   2   1
    --   *Pedro vio a tres hombres. Pedro vio a cinco
             2   1   e   e   e
          mujeres. Pedro vio quince aviones.
             1   e   e   1
      (c) Pedro vio a tres hombres. Pedro vio a tres
             2   1   e   e   e
          mujeres. Pedro vio a tres aviones.
             1   e   e   1
    --   *Pedro vio a tres hombres. Pedro vio a tres
             2   1   2
          mujeres. Pedro vio a tres aviones.
             1   2   1

In den Beispielen (31)'' haben wir mit * jeweils einen Text gekennzeichnet, der abweichend ist, falls er mit den angegebenen Akzentverhältnissen gesprochen wird.

Hier zeigt sich nun folgendes: diejenigen Sätze, die unserer Regu-

larität (26) nicht folgen, fallen zusammen mit den Sätzen, die mehr
als einen hervortretenden Satzakzent haben wie z.B. in (31)''(a).
Umgekehrt sind die Sätze, die unserer Regularität folgen, diejenigen, die nur einen hervortretenden Satzakzent und im übrigen nur
stark herabgesetzte Akzente - die wir mit "e" gekennzeichnet hatten
- aufweisen.

Wir wollen einen Satzakzent, der wie in Beispielen wie (31)''(c) der
einzige hervortretende Satzakzent im Satz ist, Emphaseakzent nennen.
Um die Akzentverhältnisse in den nichtersten Sätzen in Texten wie
(31)''(c) zu erklären, ist dann zweierlei erforderlich: erstens müssen die Stellen markiert werden, an denen der Akzent stark herabgesetzt ist, und zweitens muß die Stelle markiert werden, an der der
stark hervortretende Emphaseakzent liegt.

Wir wollen annehmen, daß P-Marker in der Tiefenstruktur fakultativ
eine Emphasekonstituente EMP enthalten können. Dann nehmen wir an,
daß es folgende zwei Regeln gibt, die auf jedes komplexe Symbol
eines jeden generalisierten P-Markers vor Anwendung der Regeln des
Transformationsteils der Grammatik angewendet werden und die in jedes komplexe Symbol transformativ entweder das Merkmal [+E(G)] oder
das Merkmal [-E(G)] einführen. Wir wollen diese Regeln folgendermaßen formulieren:

(32)(i) [   ] $\longrightarrow$ [+E(G)] / $\left\{\begin{matrix} \# \\ T \end{matrix}\right\}$ $\#X$ ___ $Y\#$ $\left\{\begin{matrix} \# \\ T \end{matrix}\right\}$

        Bedingungen:
               1) Mindestens eine der Ketten X
                 und Y enthält ein EMP.
               2) X und Y enthalten kein $\#\#$.

(ii) [   ] $\longrightarrow$ [-E(G)] / $\left\{\begin{matrix} \# \\ T \end{matrix}\right\}$ $\#X$ ___ $Y\#$ $\left\{\begin{matrix} \# \\ T \end{matrix}\right\}$

        Bedingungen:
               1) X und Y enthalten kein EMP.
               2) X und Y enthalten kein $\#\#$.

Die Regeln (32) garantieren, daß nur solche generalisierten P-Marker
als Eingabe in den Transformationsteil der Grammatik gelangen, die
entweder nur komplexe Symbole mit dem Merkmal [+E(G)] oder nur kom-

plexe Symbole mit dem Merkmal [-E(G)] enthalten. Genauer gesagt:
ein Basis-Testmarker, der als Eingabe in den Transformationsteil der
Grammatik gelangt, kann gleichzeitig komplexe Symbole mit [-E(G)] und
solche mit [+E(G)] enthalten, aber ein jeder seiner generalisierten
P-Marker enthält einheitlich entweder nur komplexe Symbole mit
[+E(G)] oder nur solche mit [-E(G)]. [50]

Jeden Satz, dessen sämtliche komplexe Symbole das Merkmal [+E(G)]
enthalten, wollen wir einen Emphasesatz nennen. Wir haben jetzt den
Begriff 'Emphasesatz' definiert und müssen nun noch die Stelle markieren, die im Unterschied zu den übrigen mit [+E(G)] versehenen
komplexen Symbolen den Emphaseakzent bekommen soll.

In den bisher zitierten Beispielen war die Stelle, die den Emphaseakzent trug, jeweils ein komplexes Symbol mit dem Merkmal [-m(G)].
Das ist jedoch keineswegs in allen Emphasesätzen so. Folgende Beispiele zeigen, daß jedes beliebige komplexe Symbol eines Emphasesatzes den Emphaseakzent haben kann und daß unsere Regularität (26)
hinsichtlich der Setzung der Präposition a von der Lage des Emphaseakzentes im Satz unabhängig ist (wir behalten die in (31)''(a) und
(c) gewählte Notationsweise für die Akzentverhältnisse bei und bezeichnen durch Punkte die Stelle, an der in einem Text dieselben
zwei Sätze stehen, mit denen Text (33)(a) beginnt.):

```
(33)(a) Pedro vio ayer a una niña. Pedro vio ayer a una banca.
           2                 1     e     e   e   e     1
        Sí. Pedro vio ayer a una banca.
             1     e   e     e
   -- * ... ... Sí. Pedro vio ayer una banca.
                     1    e' e     e
   (b)  ... ... Sí. Pedro vio ayer a una banca.
                 e     1   e     e
   -- * ... ... Sí. Pedro vio ayer una banca.
                 e     1   e     e
   (c)  ... ... Sí. Pedro vio ayer a una banca.
                 e     e   1     e   e
   -- * ... ... Sí. Pedro vio ayer una banca.
                 e     e   1 e   e
   (d)  ... ... Sí. Pedro vio ayer a una banca.
                 e     e   e   1     e
```

```
-- * ... ... Sí. Pedro vio ayer una banca.
             e      e    e  1    e
(e) ... ... Sí. Pedro vio ayer a una banca.
             e      e    e      e    1
-- * ... ... Sí. Pedro vio ayer una banca.
             e      e    e    e    1
```

Die Beispiele (33) zeigen, daß jeweils der letzte Emphasesatz der
zitierten Texte abweichend ist, sobald er nicht die Präposition vor
dem Objekt hat, und zwar unabhängig von der Lage des Emphaseakzentes. Da die Lage des Emphaseakzentes also keinen Einfluß auf unsere
Regularität hat, wollen wir das Verfahren zur Bestimmung der mit dem
Emphaseakzent zu versehenen Stelle nur kurz andeuten.

Wir hatten bereits angenommen, daß Tiefenstrukturen eine Emphasekonstituente EMP enthalten können. Dann nehmen wir an, daß es eine
Transformationsregel gibt, die wir Emphatisierung bzw. abgekürzt
(EMPHASE) nennen wollen, und die die Konstituente EMP genau hinter
dasjenige komplexe Symbol bringt, das den Emphaseakzent bekommen
soll. Durch die Regeln (32) ist garantiert, daß das komplexe Symbol,
das den Emphaseakzent bekommen soll - und folglich gemäß Regeln (32)
auch alle übrigen komplexen Symbole desselben generalisierten P-Markers - das Merkmal [+E(G)] enthält.[51]

In der phonologischen Komponente der Grammatik könnte nun der Akzent
eines Wortes heraufgesetzt werden, falls hinter seinem komplexen Symbol die Konstituente EMP steht, und er würde wesentlich herabgesetzt
werden, wenn das betreffende komplexe Symbol das Merkmal [+E(G)] enthält und kein EMP hinter sich hat.[52]

Wir wollen nun zeigen, wie in Emphasesätzen die Präposition a vor
das Objekt eingeführt werden kann. Zu diesem Zweck wollen wir unsere Transformationsregel (R 3) in einer solchen Weise modifizieren,
daß sie auch auf Sätze mit nicht-menschlichem Objekt anwendbar ist.
Der übrige Regelmechanismus kann erhalten bleiben, d.h. (TA) wird
dann anwendbar werden, wenn die so entsprechend modifizierte Regel
(R 3) angewendet worden ist. Da nun Emphasesätze stets auch im komplexen Symbol in der Position des Objekts das Merkmal [+E(G)] enthalten, ist die Angabe dieses Merkmals in der strukturellen Beschreibung
ausreichend, um diese Sätze zu charakterisieren. Zur Kennzeichnung
der in (26) umschriebenen Nominalklasse benötigen wir dann noch die

Merkmale [-CONT(G)] , [-ABSTR(G)] und [-PROC(G)] .[53] Wir wollen nun
annehmen, daß unsere Grammatik an Stelle von (R 3) folgende Regel
enthält:

$$(R\ 4)\ [-PREP(G)] \longrightarrow [+PREP(G)]\ /\ \begin{bmatrix} +V(G) \\ -ADJ(G) \\ +TRANS(G) \\ \underline{\quad\quad} \end{bmatrix} (S) \left\{ \begin{bmatrix} -CONT(G) \\ +E(G) \\ \left\{ \begin{matrix} -ABSTR(G) \\ -PROC(G) \end{matrix} \right\} \\ +HUMANO(G) \\ -g(G) \end{bmatrix} \right\}$$

Regel (R 4) ist in ähnlicher Weise zu interpretieren wie (R 3). Im
Unterschied zu (R 3) enthält sie in der strukturellen Beschreibung
eine Alternative hinsichtlich der Merkmalbesetzung des Objekts. (R 4)
verändert die "Präpositionalität" des Verbs immer dann, wenn der Satz
ein nicht-generelles menschliches Objekt hat oder wenn der Satz ein
Emphasesatz ist und ein Diskontinuativum als Objekt hat, das entweder nicht-abstrakt ist oder abstrakt ist und keinen Vorgang bezeichnet.

Im übrigen kann der in § 2.4.2. formulierte Regelmechanismus im wesentlichen unverändert bleiben. Dies betrifft auch die Eintragungen
des Lexikons - nur müssen jetzt die betreffenden DS- und R-Merkmale,
die auf (R 3) lauteten, auf (R 4) lauten, d.h. es wird lediglich der
Regelname verändert.

Nun ist aber gemäß unserer Beobachtung (26) ein Emphasesatz mit der
Präposition - die betreffende Nominalklasse im Objekt vorausgesetzt -
immer dann abweichend, wenn in seinem Vorgängersatz die Präposition
nicht steht, und umgekehrt ist ein Emphasesatz ohne die Präposition
immer dann abweichend, wenn der Vorgängersatz die Präposition vor
seinem Objekt enthält. Wir wollen diesen Sachverhalt als eine Art
von "Textverletzung" erklären, d.h. es kommt zu einer Verletzung,
falls bestimmte Bedingungen zwischen aufeinander folgenden Sätzen
eines Textes nicht erfüllt sind.

Wir wollen nun zunächst verhindern, daß ein Emphasesatz durch Anwen-
dung von (R 4) dann eine Verletzung der bekannten Art bekommt, wenn
(R 4) nach unserer Textregularität hat "angewendet werden müssen".
Andererseits wollen wir verhindern, daß der Emphasesatz dann eine
Verletzung erhält, wenn (R 4) nicht angewendet wurde und nach unserer
Textregularität auch nicht "hätte angewendet werden dürfen".

Wir können dies erreichen, indem wir annehmen, daß (R 4) für Emphasesätze eine fakultative Regel ist: dann kommt weder durch Anwendung noch durch Nicht-Anwendung von (R 4) in diesen Fällen eine Verletzung zustande. Wir haben dann später zu zeigen, wie in den uns
interessierenden Fällen die "Textverletzung" als solche zu erklären
ist. Zunächst wollen wir also annehmen, (R 4) ist partiell fakultativ. Wir nehmen dann an, daß die Liste der fakultativen G-Regeln der
spanischen Grammatik folgende Eintragung enthält:

"(R 4); $\left[+V \ (G), \ +E \ (G), \ \underline{\qquad} \right]$"

Die generelle Prozedur für Eintragungen der Liste der fakultativen
G-Regeln nimmt diese Eintragung als Eingabe und gibt dann folgende
Regel aus:

(34)

$$[\underline{u} \, R(R \, 4)(L)] \longrightarrow [\alpha \, R(R \, 4)(L)] \, / \begin{bmatrix} +V \ (G) \\ +E \ (G) \\ \underline{u} \, DS(R \, 4)(L) \\ \alpha \, R(R \, 4)(G) \\ \underline{\qquad} \end{bmatrix}$$

wobei: α ist + oder - .

Regel (34) assimiliert das Vorzeichen des lexikalischen Regelmerkmals zu (R 4) an das Vorzeichen des grammatischen Regelmerkmals zu
(R 4), falls der Satz ein Emphasesatz ist und somit im komplexen
Symbol auch des Verbs das Merkmal [+E(G)] enthält. (34) muß am Ende
der transformationellen Ableitung eines Textes angewendet werden. Da
wir annehmen wollen, daß (R 4), genauso wie wir es für (R 3) angenommen hatten, eine Nebenregel ist, muß - um zu garantieren, daß das
korrekte Vorzeichen $\underline{u}$ vor dem lexikalischen Regelmerkmal steht - die
in § 2.4.2. formulierte Regel (20) in entsprechend modifizierter Form
mit dem Regelnamen "(R 4)" statt "(R 3)" noch $\underline{vor}$ der Regel (34) angewendet werden. $\underline{Nach}$ Regel (34) werden dann die bekannten fünf Metaregeln für die Interpretation von $\underline{u}$ und $\underline{m}$ der lexikalischen R- und
DS-Merkmale durchlaufen, wobei durch (34) bereits garantiert ist,
daß im Falle von Emphasesätzen keine Verletzung der G-Regel (R 4) zustandekommt.

Wir müssen nun angeben, in welcher Weise wir die uns interessierende "Textverletzung" erklären können. Zu diesem Zweck wollen wir annehmen, daß zu einer Grammatik außer den bereits bekannten Listen
eine weitere Liste mit Eintragungen über erlaubte Textstrukturen bestimmter Art existiert. Wir wollen eine solche Liste $\underline{Liste \ von \ Kom}$-

binationsbeschränkungen für Textregeln nennen. Die Eintragungen dieser Liste legen fest, welche Struktur-Kombinationen bestimmter Art
bei Anwendung einer gegebenen in der Grammatik definierten Textregel erlaubt beziehungsweise gefordert werden müssen. Eine jede solche Eintragung der Liste der Kombinationsbeschränkungen für Textregeln bestehe aus einer Booleschen Funktion über Strukturbeschreibungen, die eine erzeugte Textstruktur erfüllen muß, falls die Textregel angewendet wurde. Die in unserem Falle in Frage kommende Textregel ist sinnvollerweise eine Regel, die in Emphasesätzen stets
angewendet werden muß. Eine solche Regel ist die, die wir (EMPHASE)
genannt hatten und die die Emphasekonstituente EMP hinter dasjenige
komplexe Symbol bringt, das den Emphaseakzent erhalten soll. Wir
wollen nun annehmen, daß (EMPHASE) eine Textregel ist, die vom Verb
regiert wird. Wird diese Regel nicht angewendet, wo sie hätte angewendet werden müssen, so ist der Fall gegeben, den wir bereits "Verletzung einer Textregel" genannt hatten: die DS von (EMPHASE) ist
erfüllt und (EMPHASE) ist nicht angewendet worden. In diesem Falle
enthält das komplexe Symbol des Verbs, das die Textregel (EMPHASE)
regiert, die Kombination [+DS(EMPHASE)(T), -R(EMPHASE(T)]. Die
Auswirkung einer solchen Verletzung bestünde dann in abweichenden
Akzentverhältnissen. Die uns interessierende Verletzung ist jedoch
von anderer Art.

Wir wollen nun zunächst unsere Annahmen bezüglich des Aufbaus der
betreffenden Eintragungen noch etwas präzisieren. Wir nehmen an, jede Eintragung der Liste von Kombinationsbeschränkungen für Textregeln besteht aus einem geordneten Paar (A,B), wobei A der Name einer
Textregel und B eine Boolesche Funktion über Strukturbeschreibungen
ist, die eine erzeugte Textstruktur erfüllen muß, falls die in A genannte Regel angewendet worden ist. Genauer gesagt: wir wollen annehmen, B definiert eine Menge von alternativen zulässigen Gesamtbeschreibungen, wobei jede Gesamtbeschreibung aus einer Konjunktion
von Strukturbeschreibungen besteht, deren gleichzeitige Erfüllung
zulässig ist.

Da die generelle Konvention zu den im grammatischen Glied stehenden
DS- und R-Merkmalen bei erfolgter Anwendung der betreffenden Regel
das Vorzeichen "-" des R-Merkmals in "+" verwandelt, ist garantiert,
daß es nach Anwendung einer Textregel (Ri) ein komplexes Symbol gibt
mit dem Merkmal [+R(Ri)(T)]. Wir wollen nun annehmen, daß es eine

generelle Prozedur gibt, die für jede Eintragung der Liste der Kombinationsbeschränkungen für Textregeln nach Beendigung der transformationellen Ableitung eines Textes die erzeugten Strukturen danach kontrolliert, ob in ihnen die betreffende Textregel angewendet
worden bzw. ob das Merkmal [+R(Ri)(T)] vorhanden ist. Ist das Merkmal [+R(Ri)(T)] vorhanden, so vergleicht die Prozedur die Strukturbeschreibungen der Eintragung zur Textregel (Ri) mit den von der
Grammatik abgeleiteten Strukturen. Stimmt die abgeleitete Struktur
mit einer der Gesamtbeschreibungen der Eintragung überein, so sagen
wir, daß der erzeugte Text keine Textverletzung hinsichtlich der
Textregel (Ri) enthält. Stimmt die abgeleitete Struktur mit keiner
der Gesamtbeschreibungen überein, so sagen wir, daß der Text eine
Textverletzung hinsichtlich der Textregel (Ri) enthält. Hierbei beziehen sich die Strukturbeschreibungen auf syntaktische Oberflächenstrukturen.

Die uns interessierende Eintragung müßte nun - entsprechend unseren
bisherigen Feststellungen über Emphasesätze - besagen, daß in einem
Satz, in dem die Textregel (EMPHASE) angewendet worden ist, immer
dann die G-Regel (R 4) angewendet worden sein muß, wenn erstens die
strukturelle Beschreibung von (R 4) erfüllt wurde und wenn zweitens
ein Vorgängersatz im Text gegeben ist, der von dem betreffenden Emphasesatz "im wesentlichen nicht verschieden ist" und in dem an derselben Stelle die Regel (R 4) angewendet worden ist, an der sie auch
im Emphasesatz angewendet wurde. Wird die DS von (R 4) im Emphasesatz nicht erfüllt - wie beispielsweise im Falle, wo das Objekt ein
Kontinuativum ist - so kann (R 4) nicht angewendet werden. Da es entsprechende Texte gibt, müssen wir diesen Fall zulassen.

Für unsere Eintragung brauchen wir also einerseits Angaben über die
Erfüllung der DS von (R 4) sowie über die Anwendung von (R 4) - d.h.
Angaben, die wir mit Hilfe von DS- und R-Merkmalen wiedergeben kön-
nen. Andererseits brauchen wir eine Reihe von Angaben, die unsere
Feststellung präzisieren, daß der Emphasesatz von seinem betreffen-
den Vorgängersatz "im wesentlichen nicht verschieden" sein darf.

Wir wollen nun unsere Eintragung - provisorisch - folgendermaßen
formulieren:[54]

(35) "(EMPHASE); $\left[\alpha R(R\ 4)(G)\right] \wedge \left[\begin{matrix} [+DS(R\ 4)(G) \wedge \alpha R(R\ 4)(G)] \vee \\ [-DS(R\ 4)(G)] \end{matrix}\right]$

$\quad\quad\quad\quad\quad\quad\underline{1}\quad\quad\quad\quad\quad\quad\quad\quad\quad\quad\underline{2}$

wobei folgendes gilt:

1) α ist + oder − .

2) $\underline{1}$ ist enthalten in einem komplexen Symbol Q_i, das in einem
   Satz S' steht, und $\underline{2}$ ist enthalten in einem komplexen Symbol
   Q_j, das in einem Satz S steht.

3) S und S' werden direkt dominiert von TEXT, und S' steht vor
   S.

4) S enthält das Merkmal [+R(EMPHASE)(T)] und hat − bis auf die
   Konstituente EMP und die Präposition $\underline{a}$ vor dem Objekt − die
   gleiche Konstituentenstruktur wie S' und enthält höchstens
   ein komplexes Symbol mit [−m(G)].

5) Q_i steht an derselben Stelle in S', an der Q_j in S steht,
   und Q_i und Q_j haben die gleichen Dominanzverhältnisse.

6) Für jedes komplexe Symbol Q in S, das das Merkmal [+m(G)]
   und eine lexikalische Einheit (D,C) enthält, gibt es ein komplexes Symbol Q' in S', in dem eine lexikalische Einheit (D',
   C') enthalten ist, so daß gilt: a) D = D' und b) Q steht an
   derselben Stelle in S wie Q' in S', und Q und Q' haben dieselben Dominanzverhältnisse.

7) Das komplexe Symbol mit [−m(G)] in S steht an derselben Stelle in S, an der dasjenige komplexe Symbol von S' in S' steht,
   das eine lexikalische Einheit enthält, die nicht in S vorkommt."

Die Strukturbeschreibungen 4) bis 7) in (35) konstatieren die Bedingungen, von denen wir hier annehmen wollen, daß sie erfüllt sein
müssen, damit der Emphasesatz von seinem betreffenden Vorgängersatz
"im wesentlichen nicht verschieden" ist. Nun ist jedoch die Analyse
von Emphasetexten keineswegs bereits in allen Punkten aufgeklärt.
Änderungen in unseren Annahmen können sich als notwendig erweisen.
In jedem Falle werden aber mindestens ähnliche Bedingungen wie die
in 4) bis 7) formulierten anzugeben sein.[55]

An dieser Stelle interessieren uns zunächst insbesondere die Merkmalkombinationen, die an der Spitze von (35) stehen. Unsere generelle Prozedur für Eintragungen der Liste der Kombinationsbeschränkungen für Textregeln vergleicht nun − sobald ein Satz durch das Vor-

kommen von [+R(EMPHASE)(T)] nach Beendigung der transformationellen
Ableitung eines Textes als ein Satz gekennzeichnet ist, in dem
(EMPHASE) angewendet worden ist - jedes komplexe Symbol des Emphasesatzes mit jedem komplexen Symbol eines Vorgängersatzes unter anderem auch danach, ob die Kombination 1 und 2 bei Bedingung 5) eingehalten beziehungsweise erfüllt ist. Durch die generellen Konventionen hinsichtlich der DS- und R-Merkmale ist dabei garantiert, daß
jedes komplexe Symbol eines Satzes nach erfolgter transformationeller Ableitung im grammatischen Glied mit "-" oder mit "+" versehene
DS- und R-Merkmale zu jeder Transformationsregel der Grammatik enthält. Hierbei ist gleichzeitig garantiert, daß alle komplexen Symbole in bezug auf die DS- und R-Merkmale aller Transformationsregeln
vergleichbar sind. Ebenso ist damit garantiert, daß jedes beliebige
Paar von komplexen Symbolen mindestens eine der durch 1 und 2 zuge-
lassenen Kombinationen erfüllen kann. Die gesamte Eintragung (35)
mit allen in ihr enthaltenen Bedingungen konstatiert, wann nur solche Kombinationen wie 1 und 2 gegeben sein dürfen.

Für die folgenden Beispiele nehmen wir an, daß alle Bedingungen
(35) mit Ausnahme der Vorzeichen der in 1 und 2 enthaltenen Merkmale
erfüllt sind. Für die uns primär interessierenden Merkmalkombinationen ergeben sich dann - grob skizziert - noch folgende Möglichkeiten (wobei jede Nicht-Übereinstimmung mit (35) eine Textverletzung
hinsichtlich der Textregel (EMPHASE) definiert):

(36)(a)

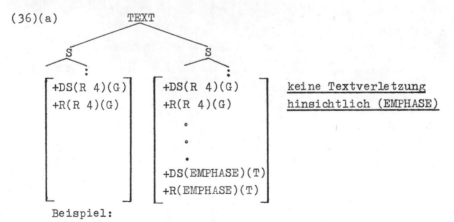

keine Textverletzung
hinsichtlich (EMPHASE)

Beispiel:

            Pedro vio a una niña. Pedro vio a una silla.

(b)

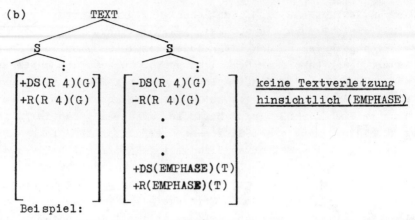

keine Textverletzung
hinsichtlich (EMPHASE)

Beispiel:

Pedro vio a una **niña**. Pedro vio un accidente.

(c)

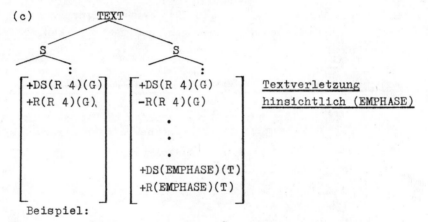

Textverletzung
hinsichtlich (EMPHASE)

Beispiel:

*Pedro vio a una niña. Pedro vio una silla.

(d)

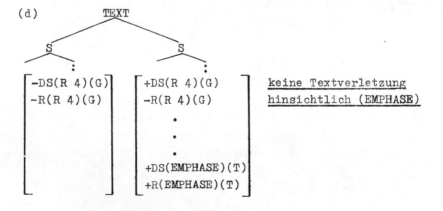

keine Textverletzung
hinsichtlich (EMPHASE)

Beispiel: Pedro vio una niña. Pedro vio una silla.
oder: Pedro vio una silla. Pedro vio una niña.

(e)   TEXT

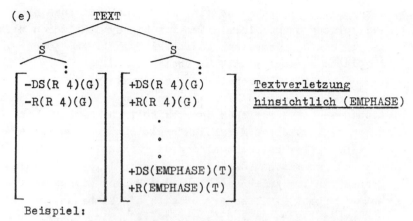

Textverletzung
hinsichtlich (EMPHASE)

Beispiel:
            *Pedro vio una niña. Pedro vio a una silla.

(f)   TEXT

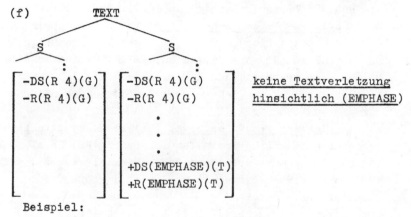

keine Textverletzung
hinsichtlich (EMPHASE)

Beispiel:
            Pedro vio una niña. Pedro vio un accidente.

2.5.4. VIER TYPEN VON VERLETZUNG

In den voraufgehenden Kapiteln haben wir vier verschiedene Typen
von Verletzung unterschieden. Wir wollen diese nun der besseren
Übersicht halber noch einmal zusammenfassen. Ferner können wir dann
auf der Grundlage der gegebenen Definitionen den Begriff "ungrammatischer Text" definieren.

Den von Lakoff (1965) als in der Tiefenstruktur definiert angesehe-

nen Typ von Verletzung wollen wir Basisverletzung nennen. Insgesamt
unterscheiden wir also folgende vier Typen von Verletzung:

(37) 1. Eine Basisverletzung ist ein Widerspruch zwischen einem
lexikalischen und einem grammatischen syntaktischen Merkmal in ein und demselben komplexen Symbol. Für jedes syntaktische Merkmal F gilt hierbei:
[-F] = nicht [+F], wobei wir jedes komplexe Symbol als
eine Konjunktion von Merkmalen ansehen wollen. Die Operation, die die Vorzeichen der lexikalischen und grammatischen syntaktischen Merkmale vergleicht, wollen wir als
eine Operation betrachten, die die lexikalischen Merkmale
mit den grammatischen konjugiert. Enthält das komplexe
Symbol ein lexikalisches Merkmal [-F] und ein grammatisches Merkmal [+F], so ergibt sich die Kombination "[+F]
und nicht [+F]", da [-F] = nicht [+F], d.h. es ergibt sich
ein Widerspruch.
Die Basisverletzungen werden in der Tiefenstruktur definiert.

2. Eine Verletzung einer G-Regel (Ri) ist ein Widerspruch zwischen dem lexikalischen DS-Merkmal und dem grammatischen
DS-Merkmal zu (Ri) oder zwischen dem lexikalischen R-Merkmal und dem grammatischen R-Merkmal zu (Ri).
Die Verletzungen von G-Regeln werden in der Oberflächenstruktur definiert.

3. Eine Verletzung einer Textregel (Ri) liegt vor, falls das
Vorzeichen des DS-Merkmals zur Textregel (Ri) nicht identisch ist mit dem Vorzeichen des R-Merkmals zu (Ri). Die
Verletzungen von Textregeln werden in der Oberflächenstruktur definiert.

4. Eine Textverletzung hinsichtlich einer Textregel (Ri)
liegt vor, falls folgende Bedingungen erfüllt sind:
a) In einer von der Grammatik abgeleiteten Oberflächenstruktur ST ist die Textregel (Ri) angewendet worden
und zu (Ri) gibt es eine Eintragung in der Liste der
Kombinationsbeschränkungen für Textregeln.
b) ST stimmt mit keiner der in der zu (Ri) gehörenden
Eintragung der Liste der Kombinationsbeschränkungen
für Textregeln definierten alternativen Gesamtbeschreibungen überein.
Hierbei betrachten wir jede Eintragung der Liste der
Kombinationsbeschränkungen für Textregeln als eine

Boolesche Funktion über Strukturbeschreibungen, die eine
Menge von alternativ zulässigen Gesamtbeschreibungen definiert. Im Grenzfall wird nur eine zulässige Gesamtbeschreibung definiert.

Auf der Grundlage dieser Definitionen können wir nun den Begriff
"ungrammatischer Text" folgendermaßen definieren:

(38) Ein von der Grammatik erzeugter Text ist <u>ungrammatisch</u>, falls
er mindestens ein Vorkommen eines Typs von Verletzung enthält.[56]

Von unseren Emphasetexten in den Beispielen (36) sind die Beispiele
(36)(c) und (36)(e) jeweils ein ungrammatischer Text, weil sie ein
Vorkommen eines Typs von Verletzung enthalten, und zwar eine Verletzung hinsichtlich der Textregel (EMPHASE). In jedem dieser Fälle
stimmt der von der Grammatik abgeleitete Text mit keiner der durch
Eintragung (35) definierten zulässigen alternativen Gesamtbeschreibungen überein.

2.5.5. Exkurs: ERGÄNZUNGEN ZUR EMPHASE UND OFFENE PROBLEME

In diesem Exkurs wollen wir auf einige Fakten hinweisen, die mit
den konstatierten Regularitäten in Emphasetexten in Beziehung stehen. Insbesondere soll hierbei gezeigt werden, aus welchen Gründen
wir unsere Eintragung (35) als provisorisch anzusehen haben.

Es gibt im Spanischen beispielsweise Texte, die elliptische Sätze
enthalten und mit jeweils einem "regulären" Emphasetext der bisher
diskutierten Art synonym sind:

(39)(a) 1. Pedro vio a una niña. Pedro vio a una bicicleta.
           Pedro vio a una banca.
        2. Pedro vio a una niña. A una bicicleta. A una banca.
    (b) 1.*Pedro vio a una niña. Pedro vio una bicicleta.
           Pedro vio una banca.
        2.*Pedro vio a una niña. Una bicicleta. Una banca.
    (c) 1. Pedro vio a una niña. Pedro vio a una bicicleta.
           Pedro vio un accidente.
        2. Pedro vio a una niña. A una bicicleta. Un accidente.
    (d) 1.*Pedro vio a una niña. Pedro vio a una bicicleta.
           Pedro vio a un accidente.
        2.*Pedro vio a una niña. A una bicicleta. A un accidente.

     (e) 1. Pedro vio una bicicleta. Pedro vio una niña.
            Pedro vio una mujer.
         2. Pedro vio una bicicleta. Una niña. Una mujer.
     (f) 1.*Pedro vio una bicicleta. Pedro vio a una niña.
            Pedro vio a una mujer.
         2.*Pedro vio una bicicleta. A una niña. A una mujer.

In (39) ist jeder Text 2. mit seinem Partner 1. synonym. Diese Tatsache können wir dadurch erklären, daß wir annehmen, daß die Texte
2. auf dieselbe Tiefenstruktur zurückgehen wie die Texte 1. Die Grammatik müßte dann an entsprechender Stelle Regeln enthalten, die in
Emphasetexten die Emphasesätze fakultativ bis auf wenige Elemente
reduzieren. Die abweichenden Texte (39)(b), (d) und (f) zeigen deutlich, daß sich die elliptischen Emphasesätze in bezug auf die Präposition a genauso verhalten wie deren nicht-elliptische Partner, das
heißt die Präposition muß vor dem Objekt stehen, wenn dieses ein
Diskontinuativum der in § 2.5.1. genannten Art ist und der quasi-
identische Vorgängersatz ebenfalls die Präposition vor dem Objekt
hat, andernfalls darf sie nicht stehen. In (39)(b) kommt die Abweichung dadurch zustande, daß in den Emphasesätzen die Präposition
fehlt, in (d) dadurch, daß sie im letzten Emphasesatz vor einem Vorgangsabstraktum steht, in (f) dadurch, daß die Präposition vor dem
Objekt steht, obwohl der quasi-identische Vorgängersatz keine Präposition vor dem Objekt enthält.

Zur Erklärung der genannten Sachverhalte ist es erforderlich anzunehmen, daß die Regeln, die in Emphasetexten die Emphasesätze auf Ellip-
sen reduzieren, in allen Fällen, in denen der elliptische Rest aus
einem Objekt besteht, die Präposition vor dem Objekt nicht mit eliminieren dürfen.

Besonders häufig sind elliptische Emphasesätze in solchen Texten,
in denen der entsprechende quasi-identische Vorgängersatz von einem
anderen Sprecher stammt als der Emphasesatz, oder in denen ein und
derselbe Sprecher einen von ihm selbst ausgesprochenen Satz mit dem
Emphasesatz korrigiert:

(40)(a) 1. Pedro vio a una niña. - No. Pedro vio a una bicicleta.
        2. Pedro vio a una niña. - No. A una bicicleta.
    (b) 1.*Pedro vio a una niña. - No. Pedro vio una bicicleta.
        2.*Pedro vio a una niña. - No. Una bicicleta.

(c) 1. Pedro vio a una niña. - No. Pedro vio un accidente.

    2. Pedro vio a una niña. - No. Un accidente.

(d) 1.*Pedro vio a una niña. - No. Pedro vio a un accidente.

    2.*Pedro vio a una niña. - No. A un accidente.

Schließlich gibt es eine häufig vorkommende Art von Texten, in denen der quasi-identische Vorgängersatz eines Emphasesatzes ein Fragesatz ist. Der Emphasesatz ist hierbei die Antwort auf die Frage:

(41)(a) 1. ¿Cuántos hombres vio Pedro? - Pedro vio cinco hombres.

      2. ¿Cuántos hombres vio Pedro? - Cinco.

  (b) 1.*¿Cuántos hombres vio Pedro? - Pedro vio a cinco hombres.

      2.*¿Cuántos hombres vio Pedro? - A cinco.

  (c) 1. ¿A cuántos hombres vio Pedro? - Pedro vio a cinco
        hombres.

      2. ¿A cuántos hombres vio Pedro? - A cinco.

  (d) 1.*¿A cuántos hombres vio Pedro? - Pedro vio cinco hombres.

      2.*¿A cuántos hombres vio Pedro? - Cinco.

  (e) 1. ¿Pedro vio a una niña? - No. Pedro vio a una silla.

      2. ¿Pedro vio a una niña? - No. A una silla.

  (f) 1.*¿Pedro vio a una niña? - No. Pedro vio una silla.

      2.*¿Pedro vio a una niña? - No. Una silla.

  (g) 1. ¿Pedro vio a una niña? - No. Pedro vio un accidente.

      2. ¿Pedro vio a una niña? - No. Un accidente.

  (h) 1.*¿Pedro vio a una niña? - No. Pedro vio a un accidente.

      2.*¿Pedro vio a una niña? - No. A un accidente.

Von den Beispieltexten (41) sind wiederum nur diejenigen abweichend, die nicht den von uns konstatierten Bedingungen für Emphasetexte genügen. Das betrifft die Texte (41)(b), (d), (f) und (h).

Schließlich gibt es Emphasesätze, die Echofragen zu einem quasi-identischen Vorgängersatz sind. Auch diese Emphasesätze zeigen bezüglich der Setzung der Präposition dieselben Eigenschaften wie die bereits zitierten Fälle:

(42)(a) 1. Pedro vio a tres mujeres. - ¿A cuántas mujeres vio Pedro?

      2.*Pedro vio a tres mujeres. - ¿Cuántas mujeres vio Pedro?

  (b) 1. Pedro vio tres mujeres. - ¿Cuántas mujeres vio Pedro?

      2.*Pedro vio tres mujeres. - ¿A cuántas mujeres vio Pedro?

  (c) 1. Pedro vio a tres mujeres. - ¿Pedro vio a tres mujeres?

      2.*Pedro vio a tres mujeres. - ¿Pedro vio tres mujeres?

(d) 1. Pedro vio tres mujeres. - ¿Pedro vio tres mujeres?
     2.*Pedro vio tres mujeres. - ¿Pedro vio a tres mujeres?

Die nicht-ersten Sätze in den Texten (39), (40), (41) und (42) zeigen nicht nur hinsichtlich der Setzung der Präposition eine Gemeinsamkeit mit den § 2.5.2. diskutierten Emphasesätzen, sondern sie haben mit ihnen auch die Akzentverhältnisse gemein. Jeder nichterste Satz dieser Texte enthält nur einen hervortretenden Satzakzent, während alle übrigen Akzente wesentlich herabgesetzt sind. Werden diese Sätze mit mehr als einem hervortretenden Satzakzent gesprochen, so wird der Text, in dem sie auftreten, als abweichend empfunden. Unsere Annahme, daß auch diese Sätze zu den Emphasesätzen zu rechnen sind, ist also gerechtfertigt. An dieser Stelle zeigt sich jedoch, daß unsere Annahmen hinsichtlich der Struktur des quasi-identischen Vorgängersatzes zu einem Emphasesatz zu streng sind. In den Texten (41) und (42) kommen auch ein-akzentige Sätze vor, deren quasi-identische Vorgängersätze nicht dieselbe Reihenfolge der Satzglieder enthalten. Wenn wir nun solche Sätze ebenfalls zu den Emphasesätzen zählen wollen, dann muß unsere Eintragung (35) entsprechend modifiziert werden, da sie einen Text, in dem ein Emphasesatz keinen Vorgängersatz mit gleicher Reihenfolge der Satzglieder hat, nicht als korrekt werten würde. Es ergibt sich somit als eine erste Forderung für eine verbesserte Version der Eintragung (35), daß sie in der Lage sein muß, einen Frage- und einen Aussagesatz zusammen - falls alle übrigen Emphasebedingungen erfüllt sind - auch dann als einen korrekten Emphasetext zu werten, wenn der Fragesatz die Frageinversion durchlaufen hat und somit nicht dieselbe Reihenfolge der Satzglieder besitzt wie der Aussagesatz.

Außer den genannten Fällen gibt es jedoch noch Texte, die auf den ersten Blick keinen Emphasesatz enthalten, die aber dennoch gewisse Eigenschaften mit Emphasesätzen gemeinsam haben. Vergleichen wir folgende Texte:

(43)(a) Pedro vio a una niña y a una bicicleta.
    (b) Pedro vio a una niña y una bicicleta.
    (c) Pedro vio a una niña y un accidente.
    (d) *Pedro vio a una niña y a un accidente.

Jeder der Texte in (43) besteht aus nur einem Satz. Jeder Satz enthält als Objekt zwei koordinierte Nominalphrasen. Die Sätze (43)(a)

und (d) enthalten die Präposition a vor jeder der koordinierten Nominalphrasen, die übrigen Sätze nur vor der ersten Nominalphrase.
In (c) und (d) ist die zweite Nominalphrase mit einem Vorgangsabstraktum belegt. Nun wird aber (d) als abweichend bewertet, das heißt
bei zwei koordinierten Nominalphrasen im Objekt darf die zweite nicht
die Präposition a vor sich haben, wenn sie ein Vorgangsabstraktum enthält. Ist das koordinierte zweite Objekt ein konkretes Diskontinuativum - wie im Falle von (43)(a) und (b) - so darf es die Präposition
vor sich haben.

Steht vor der ersten Nominalphrase im Objekt nicht die Präposition,
dann darf sie auch nicht vor der koordinierten zweiten Nominalphrase
stehen. Dies zeigen die Beispiele (44), von denen die Sätze (44)(c)
und (d) als abweichend bewertet werden, obwohl die zweite Nominalphrase ein menschliches Objekt ist:

(44)(a) Pedro vio una bicicleta y una niña.
   (b)   Pedro vio una niña y una mujer.
   (c) *Pedro vio una bicicleta y a una niña.
   (d) *Pedro vio una niña y a una mujer.

Aus dem Vergleich der Beispiele (43) mit (44) ergibt sich, daß das
zweite zweier koordinierter direkter Objekte die Präposition immer
dann vor sich haben darf, wenn es erstens mit einem konkreten Diskontinuativum belegt ist und wenn gleichzeitig zweitens das erste
Objekt ebenfalls die Präposition vor sich hat. Mit anderen Worten,
das zweite zweier koordinierter Objekte verhält sich hinsichtlich
der Setzung der Präposition a zu dem ersten Objekt genauso wie das
Objekt eines Emphasesatzes zu dem Objekt seines quasi-identischen
Vorgängersatzes. Dies gilt mit der Einschränkung, daß die zweite Nominalphrase im Objekt - wie Beispiel (43)(b) zeigt - auch dann ohne
Präposition stehen kann, wenn die erste Nominalphrase die Präposition vor sich hat.

Nun wird aber Satz (43)(a) semantisch anders interpretiert als
(43)(b). Satz (43)(b) wird so verstanden, als gehörten bicicleta
und niña zusammen, beziehungsweise als sähe Pedro sie beide zusammen auf einmal. In Satz (43)(a) dagegen wird bicicleta als getrennt
von niña verstanden, gewissermaßen so als wären zwei Ereignisse in
einem Satz ausgedrückt: einmal daß Pedro ein Mädchen sah, und zum
anderen daß Pedro ein Fahrrad sah. In den Sätzen (44)(a) und (b),

in denen die koordinierten Objekte keine Präposition vor sich haben,
können dagegen diese syntaktischen Beziehungen auf zweierlei Weise
gedeutet werden: entweder Pedro sah ein Fahrrad und ein Mädchen zusammen oder er sah sie getrennt voneinander. Entsprechend ist auch
(44)(b) zweideutig.

Wir können diese Beobachtungen dadurch erklären, daß wir annehmen,
daß koordinierte Konstituenten auf zwei verschiedenen Wegen entstehen können. Für einen dieser Wege ließe sich eine Expansionsregel
etwa folgender Art annehmen:[57]

(45)   NP $\longrightarrow$ C (NP)^n (n $\geqslant$ 2)

Regel (45) ist eine Basisregel, die n koordinierte Konstituenten in
der Tiefenstruktur erzeugt. Das Symbol C steht für die Koordinations-
konjunktion, die später transformativ zwischen die koordinierten
Glieder plaziert werden muß. Ein Satz wie (43)(b), in dem die koordinierten Objekte als eng zusammengehörig interpretiert werden, hätte dann folgende Tiefenstruktur:

(46)

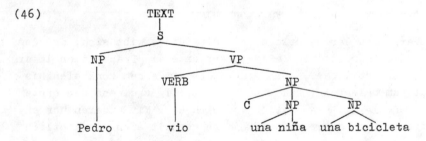

Auf eine Struktur wie (46) kann die G-Regel (TA), die die Präposition einführt, nur einmal angewendet werden, und die Präposition
bleibt dann vor dem ersten unmittelbar dem Verb folgenden Glied stehen. Anders im Falle von Sätzen wie (43)(a), in denen zweimal die
Präposition auftritt. Wir wollen annehmen, daß solche Sätze - grob
vereinfacht - auf Tiefenstrukturen folgender Art zurückgehen:

(47)

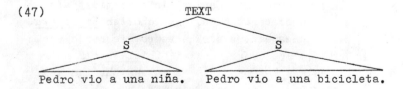

Zur Verdeutlichung haben wir in (47) die Beispielsätze in der Form
angegeben, die sie in der Oberflächenstruktur haben. Strukturen wie
(47) können im Transformationsteil der Grammatik verschieden behandelt werden. Entweder, sie durchlaufen die Koordinationstransforma-
tion mit anschließender Eliminierung der ersten Glieder des zweiten
Satzes, und es entsteht ein einziger Satz wie (43)(a). Oder es wird
keine Koordination angewendet und es ergibt sich ein Emphasetext mit
zwei Sätzen in der Oberflächenstruktur. Eine dritte Möglichkeit besteht darin, daß die Koordination angewendet wird, doch die Eliminierung der ersten Elemente des Emphasesatzes nicht. In diesem Falle
entsteht ein Emphasetext, der aus zwei koordinierten Sätzen besteht.
Für Strukturen wie (47) gibt es demnach folgende Oberflächenstrukturen:

(48)(a) Pedro vio a una niña. Pedro vio a una bicicleta.
   (b) Pedro vio a una niña y Pedro vio a una bicicleta.
   (c) Pedro vio a una niña y a una bicicleta.

Alle drei Texte in (48) sind synonym. Der zweite Satz der Tiefenstruktur (47) wird ganz wie ein Emphasesatz behandelt und bekommt die Präposition immer dann, wenn er ein Diskontinuativum der in § 2.5.1.
zitierten Art als Objekt hat und der quasi-identische Vorgängersatz
ebenfalls die Präposition vor dem Objekt enthält. Hierbei ist lediglich erforderlich anzunehmen, daß die Koordination und die Eliminierung von Elementen des Emphasesatzes nach der Transformation (TA)
stattfinden.[58]

Wenn der zweite Satz mehr als ein nicht-vorerwähntes lexikalisches
Element - d.h. mehr als ein komplexes Symbol mit [-m(G)] - enthält,
darf nach unserer Beobachtung des voraufgehenden Kapitels die Präposition nicht nach den Regeln für Emphasesätze behandelt und (EM-
PHASE) darf nicht angewendet werden. Werden solche Sätze mit ihrem
Vorgängersatz koordiniert, so darf das zweite koordinierte Glied
nicht die Präposition vor sich haben. Das erklärt den Unterschied in
der Bewertung von (49)(a) einerseits und (49)(b) andererseits, wobei
(49)(a) 2. mit zusammengehörigen Objekten interpretiert wird, während (49)(b) 1. zweideutig ist. (49)(b) 2. ist abweichend.

(49)(a) 1. Pedro vio a tres niñas y a tres bicicletas.
        2. Pedro vio a tres niñas y tres bicicletas.
   (b) 1. Pedro vio a tres niñas y cinco bicicletas.
       2.*Pedro vio a tres niñas y a cinco bicicletas.

Die Sätze (49)(a) 1. und (b) 1. verhalten sich bezüglich der Präposition vor dem zweiten koordinierten Glied genauso wie die mit ihnen
synonymen Texte. (5o)(a) 1. ist synonym mit (49)(a) 1., und (50)(b)
1. mit (49)(b) 1. in einer seiner beiden Interpretationen:

(50)(a) 1. Pedro vio a tres niñas. Pedro vio a tres bicicletas.
      2.*Pedro vio a tres niñas. Pedro vio tres bicicletas.
   (b) 1. Pedro vio a tres niñas. Pedro vio cinco bicicletas.
      2.*Pedro vio a tres niñas. Pedro vio a cinco bicicletas.

(50)(b) 1. ist kein Emphasetext, denn der zweite Satz enthält mehr
als einen hervortretenden Satzakzent: einmal auf cinco und zum anderen auf bicicletas. Durch Bedingung 4) der Eintragung (35) in der
Liste der Kombinationsbeschränkungen für Textregeln wird in einem
Satz, in dem (EMPHASE) angewendet wurde, eine Textverletzung hinsichtlich (EMPHASE) definiert, falls der Satz mehr als ein komplexes
Symbol mit [-m(G)] enthält. Danach bleiben Texte wie (50)(b) nur dann
ohne Textverletzung, wenn in ihnen (EMPHASE) nicht angewendet worden
ist. In dieser Hinsicht sind also die in § 2.5.2. formulierten Annahmen zur Emphase auch für diese Fälle empirisch angemessen. Gleichzeitig erklären diese Annahmen die Setzung der Präposition bei koordinierten Objekten.

Nun läßt sich aber Bedingung 4) der Eintragung (35) in der dort gegebenen Form nicht aufrechterhalten. Da durch Bedingung 3) in (35)
die Symbole S und S' direkt von TEXT dominiert werden, bezieht sich
die in 4) formulierte Forderung, daß S höchstens ein komplexes Symbol mit [-m(G)] enthalten darf, auf den gesamten generalisierten
P-Marker, beziehungsweise auf die Oberflächenstruktur, die ein Transform eines generalisierten P-Markers ist. Nun gibt es aber Sätze, die
ein Transform eines generalisierten P-Markers sind und in denen zwar
(EMPHASE) angewendet worden ist, die aber an anderer Stelle mehrere
komplexe Symbole mit [-m(G)] enthalten. In den folgenden Beispielen
haben wir den Teil einer Oberflächenstruktur, der ein Emphasesatz
ist, unterstrichen und damit von dem nicht-emphatischen Rest deutlich
unterschieden:

(51)(a) Pedro vio ayer a una niña. - No. Pedro vio ayer a una silla,
        en la que más tarde, según me acuerdo, se sentó.
   (b)*Pedro vio ayer a una niña. - No. Pedro vio ayer una silla,
        en la que más tarde, según me acuerdo, se sentó.

Im Beispiel (51) ist der Emphasesatz immerhin noch bis auf ein Element mit [-m(G)] identisch mit dem gesamten Vorgängersatz beziehungsweise mit dem voraufgehenden Transform eines gesamten generalisierten P-Markers. Auch diese Tatsache, die ebenfalls in Bedingung 4) der Eintragung (35) für alle Emphasesätze angenommen wird, gilt nicht allgemein. Dies zeigen deutlich die folgenden Beispiele, in denen der Emphasesatz jeweils nur mit einem Teil des voraufgehenden Satzes bis auf ein Element mit [-m(G)] identisch ist:

(52)(a) 1. Juan contó ayer que Pedro, antes de llegar al teatro, vio a una niña. - A propósito, <u>Pedro vio a un automóvil</u> y no a una niña.

2.*Juan contó ayer que Pedro, antes de llegar al teatro, vio a una niña. - A propósito, <u>Pedro vio un automóvil</u> y no a una niña.

(b) 1. Juan contó ayer que Pedro, antes de llegar al teatro, vio un automóvil. - A propósito, <u>Pedro vio una niña</u> y no un automóvil.

2.*Juan contó ayer que Pedro, antes de llegar al teatro, vio un automóvil. - A propósito, <u>Pedro vio a una niña</u> y no un automóvil.

Die unterstrichenen Sätze in (51) und (52) verhalten sich sowohl hinsichtlich der Setzung der Präposition <u>a</u> als auch hinsichtlich der Akzentverhältnisse genauso wie alle übrigen bisher zitierten Emphasesätze: sie enthalten nur einen einzigen stark hervortretenden Akzent, während alle übrigen Akzente der unterstrichenen Elemente stark herabgesetzt sind. Wird in den unterstrichenen Sätzen mehr als ein hervortretender Akzent gesprochen, so werden die Texte, in denen sie in unseren Beispielen auftreten, als inkorrekt beziehungsweise als abweichend bewertet. Unsere Annahme, daß es sich bei den unterstrichenen Sätzen um Emphasesätze handelt, ist also auch in dieser Hinsicht sinnvoll.

In den bisher diskutierten Beispielen war dasjenige komplexe Symbol, das das Merkmal [-m(G)] enthält, in allen Emphasesätzen, die überhaupt ein solches Merkmal enthielten, mit einem Nomen belegt. Daß das Glied mit [-m(G)] in einem Emphasesatz durchaus auch ein Verb sein kann, zeigen folgende Beispiele:

(53)(a) 1. Pedro transportó ayer a tres hombres. Pedro transportó
           ayer a tres <u>sillas</u>. - No. Pedro <u>vio</u> ayer a tres sillas.
       2.*Pedro transportó ayer a tres hombres. Pedro transportó
           ayer a tres <u>sillas</u>. - No. Pedro <u>vio</u> ayer tres sillas.
    (b) 1. Pedro transportó ayer tres sillas. Pedro transportó ayer
           tres <u>hombres</u>. - No. Pedro <u>vio</u> ayer tres hombres.
       2.*Pedro transportó ayer tres sillas. Pedro transportó ayer
           tres <u>hombres</u>. - No. Pedro <u>vio</u> ayer a tres hombres.

Bezüglich der Akzentverhältnisse und bezüglich der Setzung der Präposition <u>a</u> ist in diesen Fällen die Lage des Gliedes mit [-m(G)]
- das wir in (53) jeweils unterstrichen haben - irrelevant. Andererseits können wir an den Beispielen (53) ablesen, daß ein Emphasesatz,
sobald er ein Glied mit [-m(G)] enthält, den einzigen stark hervortretenden Akzent genau auf dieses Glied bekommen muß. Setzt man in
(53) den Akzent statt auf die unterstrichenen Glieder auf ein anderes Glied des jeweiligen Emphasesatzes, so ergibt sich ein abweichender Text.

Nun haben wir in § 2.5.2. anhand der Beispieltexte (33) gezeigt, daß
in solchen Emphasesätzen, die kein [-m(G)] enthalten, die Lage des
Emphaseakzentes beliebig sein kann und keinerlei Einfluß auf die
Setzung der Präposition hat. Aber auch diese Feststellung, die zwar
für (33) gilt, läßt sich nicht auf alle Fälle verallgemeinern. Vergleichen wir zunächst die folgenden Beispieltexte, in denen wir das
Glied mit dem Emphaseakzent jeweils unterstrichen haben:

(54)(a) Bajo ciertas condiciones Juan le hubiera dicho ayer que
         Pedro vio en su jardín a una niña. - No. Bajo ciertas condi-
         ciones Juan le hubiera dicho ayer que Pedro vio en su jardín
         a una <u>silla</u>.
    (b)*Bajo ciertas condiciones Juan le hubiera dicho ayer que
         Pedro vio en su jardín a una niña. - No. Bajo ciertas con-
         diciones Juan le hubiera dicho ayer que Pedro vio en su
         jardín una <u>silla</u>.

(55)(a) Juan le contó ayer que Pedro vio a una niña.
         Juan le contó ayer que Pedro vio a una <u>silla</u>.
         Juan le contó <u>anteayer</u> que Pedro vio a una silla.
    (b)*Juan le contó ayer que Pedro vio a una niña.
         Juan le contó ayer que Pedro vio a una <u>silla</u>.
         Juan le contó <u>anteayer</u> que Pedro vio una silla.

(56)(a) *Juan le contó que ayer Pedro vio a una niña.

   Juan le contó que ayer Pedro vio a una <u>silla</u>.

   Juan le contó que <u>anteayer</u> Pedro vio a una silla.

  (b) Juan le contó que ayer Pedro vio a una niña.

   Juan le contó que ayer Pedro vio a una <u>silla</u>.

   Juan le contó que <u>anteayer</u> Pedro vio una silla.

Die Texte (54) und (55) verhalten sich genauso wie unsere bisherigen
Beispiele von Emphasetexten. Die Akzentverhältnisse und die Setzung
der Präposition in den Emphasesätzen dieser Texte können wir durch
die Annahme erklären, daß in diesen Fällen auch die komplexen Symbole aller eingebetteten Nebensätze das Merkmal [+E(G)] enthalten.
Beispiel (56) zeigt dagegen hinsichtlich der Setzung der Präposition
im letzten Emphasesatz ein ganz anderes Verhalten als alle übrigen
Beispiele. Während in (55) der Satz nach anteayer sich wie ein normaler Emphasesatz verhält, verhält sich der Satz nach <u>anteayer</u> im
Beispiel (56) hinsichtlich der Präpositionalität nicht wie ein Emphasesatz. Die Lage von <u>anteayer</u> ist in beiden Fällen nicht dieselbe,
und unsere Annahme, daß die Präpositionalität in Emphasesätzen von
der Lage des Emphaseakzents unabhängig ist, kann nicht als ausnahmslos gültig angesehen werden. In den Beispielen (54), (55) und (56)
handelt es sich - im Unterschied zu den in den voraufgehenden Kapiteln zitierten Fällen - bei jedem nicht-ersten Satz jeweils um einen
zusammengesetzten Satz, der insgesamt nur einen stark hervortretenden Satzakzent enthält. In (54) liegt der Akzent auf dem Nomen im
Objekt des am weitesten rechts stehenden eingebetteten Satzes, in
(55) auf dem Adverb des übergeordneten Hauptsatzes im Falle des letzten und auf dem Nomen im Objekt des untergeordneten Satzes im Falle
des vorletzten zusammengesetzten Satzes. Im vorletzten zusammengesetzten Satz von (56) liegt der Akzent auf dem Objektsnomen des eingebetteten Nebensatzes, im letzten zusammengesetzten Satz von (56)
dagegen auf dem Adverb des eingebetteten Nebensatzes.

Wir nennen die Eigenschaft, die ein Verb hat, wenn die Setzung der
Präposition <u>a</u> vor seinem Objekt von der Setzung der Präposition in
einem quasi-identischen Vorgängersatz abhängig ist, <u>Emphasepräposi-
tionalität</u>. Es läßt sich dann folgendes feststellen: Wenn der eingebettete Satz nicht den Emphaseakzent enthält (das gilt für den Satz
hinter <u>anteayer</u> in (55)) oder wenn - wie in den Fällen, wo wir in

(54) und (56) silla unterstrichen haben - der Emphaseakzent auf dem
Nomen im Objekt liegt, dann hat das Verb des eingebetteten Satzes die
Emphasepräpositionalität. Liegt der Emphaseakzent jedoch auf dem Adverb des eingebetteten Satzes - wie im Falle von anteayer in (56) -,
dann besitzt das Verb des eingebetteten Satzes nicht die Emphasepräpositionalität.

Insgesamt ergeben sich aus den Beobachtungen dieses Exkurses folgende Feststellungen:

(57)(a) Es gibt Fälle, in denen die Emphasepräpositionalität auch
        dann auftritt, wenn der Emphasesatz nicht dieselbe Reihen-
        folge der Satzglieder enthält wie sein quasi-identischer
        Vorgänger (vgl. Beispiele (41) und (42), die auch solche
        Texte enthalten, wo Fragesatz und Aussagesatz einen Emphase-
        text bilden, in dem der Fragesatz die Frageinversion durch-
        laufen hat.).

   (b) Es gibt Sätze mit Emphasepräpositionalität, die in der Ober-
        flächenstruktur Teil eines zusammengesetzten Satzes sind,
        der weitere eingebettete Sätze enthält, die ihrerseits meh-
        rere Elemente mit [-m(G)] besitzen (vgl. Beispiel (51)).

   (c) Es gibt Fälle, in denen in der Oberflächenstruktur ein Satz
        auftritt, dessen Verb die Emphasepräpositionalität hat, ob-
        wohl sein quasi-identischer Vorgängersatz mehrere Elemente
        enthält, die in ihm nicht repetiert werden (vgl. Beispiel
        (52)).

   (d) Für eingebettete Sätze müssen im Falle von Emphase besondere
        Bedingungen angegeben werden, da es Fälle gibt, in denen in
        einem ein-akzentigen zusammengesetzten Satz mit quasi-iden-
        tischem Vorgänger bei Setzung des Emphaseakzents auf dem Ad-
        verb des eingebetteten Satzes das Verb des eingebetteten
        Satzes nicht die Emphasepräpositionalität besitzt (vgl. unser
        Beispiel (56)).

Nun ist offensichtlich, daß eine verbesserte Version der Eintragung
(35) erforderlich ist, die die Feststellungen (57) mit zu berücksichtigen hat. Andererseits erweist es sich, daß die hierzu notwendigen
Strukturangaben die Analyse der zusammengesetzten Sätze sowie der
Reihenfolge der Satzglieder voraussetzen.[59] Eine solche Analyse über-
schreitet jedoch die Grenzen, die der vorliegenden Arbeit gesetzt
sind, so daß wir an dieser Stelle die hiermit zusammenhängenden Pro-

bleme nicht weiter verfolgen können.[60]

Mit diesen Hinweisen wollen wir unsere Diskussion von Emphasetexten
abschließen. Wir werden noch zu zeigen haben, daß auch in normalen
nicht-emphatischen Sätzen die Setzung der Präposition a vor dem direkten Objekt komplizierten Regularitäten unterworfen ist.[61]

2.6. EINE ERKLÄRUNG FÜR DIE UNTERSCHIEDLICHE GRAMMATIKALITÄT

Wir kehren nun zu den eingangs in § 2.1. genannten Fakten zurück.
Während es auf der Grundlage des in § 2.4.2. formulierten Regelmechanismus nicht möglich war, die unterschiedliche Grammatikalität
in den Sätzen (1) und (2) zu erklären, findet sich nun ein natürlicher Weg, um zur Erklärung mindestens eines Teils der in (1) und (2)
enthaltenen Fakten zu gelangen.

Wir hatten festgestellt, daß von allen Sätzen der Satz Pedro vio a
un accidente am stärksten abweichend ist. Da accidente nun ein Vorgangsabstraktum ist, das heißt ein Abstraktum, für das wir das Merkmal [+PROC(G)] annehmen müssen, gehört es zu jener Klasse von Nomina,
vor denen selbst in einem Emphasesatz nie die Präposition stehen
darf. Mit anderen Worten, für einen solchen Satz gibt es keinen
nicht-abweichenden Text, in dem er die Präposition enthalten könnte.
Die übrigen Sätze, die uns in § 2.1. im Hinblick auf die unterschiedliche Grammatikalität interessieren, enthalten dagegen konkrete Diskontinuativa im Objekt - nämlich mujer, gato, casa - und können infolgedessen in Emphasesätzen unter den in den voraufgehenden Kapiteln
angegebenen Bedingungen die Präposition vor dem Objekt enthalten.

Unser neuer Regelmechanismus behandelt Sätze mit Vorgangsabstrakta
als Objekt wesentlich anders als solche mit konkreten Diskontinuativa.
Der Satz Pedro vio a un accidente ist nun von der Grammatik nur mit
mindestens einer Basisverletzung erzeugbar - d.h. mit einer Tiefenstruktur mit [+PREP(G)] und [-PREP(L)] unter VERB, auf die dann (TA)
anwendbar ist. Die übrigen Sätze sind ohne Basisverletzung und auch
ohne Verletzung einer G-Regel erzeugbar. Für sie gibt es Emphasetexte,
in denen sie korrekt sind. Da wir von jedem Sprecher der spanischen
Sprache annehmen können, daß er die Kenntnis von Emphasetexten intuitiv besitzt, ist es plausibel, daß er im Falle eines Satzes wie Pedro
vio a una casa, der ein konkretes Diskontinuativum als Objekt enthält,

die Abweichung als geringer bewertet als in Fällen wie Pedro vio a
un accidente. Der erste Satz ist - als aus einem Satz bestehender
Text - von unserer Grammatik mit einer Textverletzung hinsichtlich
(EMPHASE), der zweite jedoch nur mit einer Basisverletzung erzeugbar.

Dem theoretischen Unterschied zwischen Basisverletzung und Textverletzung entspricht hier offensichtlich ein empirischer Unterschied
zwischen "schwerer" und "leichter" Abweichung. Basisverletzung und
Textverletzung haben nicht die gleiche "Wertigkeit" hinsichtlich der
erzeugten Abweichung. Hinzu kommt die Tatsache, daß eine Basisverletzung auf einer falschen grammatischen Analyse beruht, während eine
Textverletzung lediglich konstatiert, daß ein Satz in einem gegebenen
Text "korrekterweise nicht in dieser Form hätte auftreten dürfen",
obwohl es anders geartete Texte geben mag, in denen derselbe Satz
völlig korrekt ist. Eine Theorie der Grade der Grammatikalität kann
möglicherweise auf diesem Wege zu interessanten und in hohem Grade
aufschlußreichen Einsichten gelangen.[62]

Wir haben nun den Weg gezeigt, auf dem man zu einer Erklärung eines
der Unterschiede der Grammatikalität in (1) und (2) gelangen kann.
Unerklärt bleiben nun weiterhin noch diejenigen Unterschiede, die die
Sätze mit konkreten Diskontinuativa als Objekt betreffen. Wir werden
noch zu zeigen haben, auf welche Weise auch diese Unterschiede erklärt werden können. Für einige hiervon läßt sich jedoch schon jetzt
einiges aussagen. Der Satz Pedro vio a una mujer kann nach unseren
bisherigen Annahmen sowohl in einem normalen nicht-emphatischen Text
als auch als Emphasesatz in einem Emphasetext bestimmter Art auftreten. Die Sätze Pedro vio a un gato und Pedro vio a una casa können
dagegen nicht in nicht-emphatischen Texten, sondern nur als Emphasesätze in bestimmten Emphasetexten nicht-abweichend sein. Diese beiden
Sätze werden jeweils als Ein-Satz-Text nicht von den Sprechern akzeptiert, wohl aber der Satz Pedro vio a una mujer. Gegenüber diesem
Satz erhalten sie in unserer Grammatik eine geringere Anzahl von korrekten Analysen in möglichen Texten, wobei sie als Anfangssatz eines
Textes eine mögliche Analyse mit einer Textverletzung haben, während der
Satz Pedro vio a una mujer auch als Anfangssatz eines Textes eine kor-
rekte Analyse ohne Verletzungen hat. Der Unterschied zwischen diesem
Satz einerseits und den Sätzen mit gato und casa andererseits wird
also von unserer Grammatik auf eine empirisch angemessene Weise durch
Anwesenheit beziehungsweise Abwesenheit von Verletzungen erklärt.

Mit diesen Hinweisen wollen wir unsere erste Annäherung an das Problem abschließen. Wir haben gezeigt, daß zur Erklärung von für unser
Problem relevanten Fakten eine Texttheorie erforderlich ist. In den
folgenden Kapiteln werden wir auf weitere Fakten hinweisen, die ebenfalls nur durch die Einbeziehung von Textzusammenhängen erklärbar
sind.

3. SÄTZE MIT GENERELLEM MENSCHLICHEM OBJEKT

In § 2.4.2. hatten wir angenommen, daß in Sätzen mit menschlichem Objekt, wenn dieses generell ist, nicht die Präposition vor dem Objekt steht. Das erklärt auch gut die Tatsache, daß in Sätzen wie (58), in denen das Objekt aus unabhängigen Gründen nur generell sein kann, die Präposition nicht stehen darf:

(58)(a) Pedro vio mujeres.
    (b)*Pedro vio a mujeres.
    (c) Pedro no vio mujer alguna.
    (d)*Pedro no vio a mujer alguna.

Dasselbe Verhalten zeigen generelle Objekte in normalen Texten, in denen sie in Sätzen auftreten, die keine Emphasesätze sind. In den folgenden Texten, in denen wir die uns jeweils interessierende lexikalische Einheit im Objekt unterstrichen haben, wird das Objekt ohne die Präposition als generell verstanden. In denjenigen Texten, in denen aus unabhängigen Gründen eine solche Interpretation nicht möglich ist, ist der Satz ohne die Präposition abweichend.

(59)(a) Pedro estaba contemplando a una española. Veía en ella sólo una mujer.
    (b) Pedro estaba contemplando a una española. Veía en ella sólo a una mujer que nunca podía olvidar.
    (c)*Pedro estaba contemplando a una española. Veía en ella sólo una mujer que nunca podía olvidar.

(60)(a) Pedro encontró el otro día a una española. Reconoció en ella a una mujer que había visto en París.
    (b)*Pedro encontró el otro día a una española. Reconoció en ella una mujer que había visto en París.

Steht vor dem menschlichen Objekt ein bestimmter Artikel, so wird immer dann, wenn das Objekt vorerwähnt ist, der Satz mit der Präposition so interpretiert, daß das Objekt als nicht-genrell und mit dem vorerwähnten nicht-generellen Glied identisch verstanden wird:

(61)(a) Un día Pedro habló a su hijo de tres mujeres que había encontrado. Conocía a las mujeres.
    (b) Un dia Pedro habló a su hijo de tres mujeres que había encontrado. Conocía las mujeres.

In (61)(a) ist mujeres nicht-generell und identisch mit mujeres im
voraufgehenden Satz, d.h. Pedro kannte die drei Frauen, von denen er
seinem Sohn erzählte. In (61)(b) ist mujeres im letzten Satz nicht
identisch mit mujeres im voraufgehenden Satz. Der letzte Satz wird
hier so interpretiert, daß Pedro ganz allgemein die Frauen kannte,
und zwar nicht die drei vorerwähnten, sondern generell die gesamte
Klasse der Frauen. Hier wird ausgesagt, daß Pedro Frauenkenner ist.
Wir wollen diese Tatsache durch die Annahme erklären, daß mujeres
im letzten Satz von (61)(b) in einem komplexen Symbol mit [+g(G)],
im Falle des letzten Satzes von (61)(a) dagegen in einem komplexen
Symbol mit [-g(G)] steht. Da unsere Regel (R 4) auf menschliche Objekte mit [+g(G)] nicht anwendbar ist und folglich auch nicht (TA)
- falls es sich nicht um Emphasesätze handelt -, sind auch diese
Fälle mit unserem Regelmechanismus gut erklärbar.

Nun gibt es aber Fälle, die mit unseren bisherigen Annahmen nicht
erklärbar sind. In (62) wird der uns interessierende Satz ohne die
Präposition als abweichend bewertet, obwohl mujeres sich nicht auf
bestimmte Frauen, sondern auf die gesamte Klasse der Frauen im allgemeinen bezieht:

(62)(a) Un día Pedro habló a su hijo de las aventuras de su vida.
     Su hijo se dio cuenta de que conocía bien a las mujeres.
  (b)*Un día Pedro habló a su hijo de las aventuras de su vida.
     Su hijo se dio cuenta de que conocía bien las mujeres.

Sowohl in (62)(a) als auch in (61)(b) wird ausgesagt, daß Pedro Frauenkenner ist, in (62)(a) muß die Präposition stehen, in (61)(b) darf
sie nicht stehen. Wir können den Unterschied durch die Annahme erklären, daß generelle menschliche Objekte, wenn sie sich auf die gesamte Klasse beziehen, immer dann die Präposition a vor sich haben,
wenn die betreffende lexikalische Einheit im Objekt nicht vorerwähnt
ist. In (61)(b) ist mujeres vorerwähnt, in (62) ist mujeres nicht
vorerwähnt.

Vergleichen wir zur Verdeutlichung noch folgende Texte.

(63)(a) Un día Pedro habló a su hijo de una mujer que había
     encontrado. Conocía a la mujer.
  (b) Un día Pedro habló a su hijo de una mujer que había
     encontrado. Conocía la mujer.

(c) Un día Pedro habló a su hijo de una española que había encontrado. Conocía a la mujer.

(d)*Un día Pedro habló a su hijo de una española que había encontrado. Conocía la mujer.

(64)(a) Pedro estaba contemplando a una mujer. Veía en ella sólo la mujer.

(b)*Pedro estaba contemplando a una mujer. Veía en ella sólo a la mujer.

(c)*Pedro estaba contemplando a una española. Veía en ella sólo la mujer.

(d) Pedro estaba contemplando a una española. Veía en ella sólo a la mujer.

Im Beispiel (64)(a) sah Pedro in der (vorerwähnten) Frau nur die Frau schlechthin. In (64)(d) sah Pedro in der Spanierin nur die Frau schlechthin. Wie man an den abweichenden Texten (64)(b) und (c) sieht, muß die Präposition a vor einem Objekt wie "die Frau schlechthin" immer dann stehen, wenn das Objekt nicht vorerwähnt ist. Das erklärt die unterschiedliche Interpretation von (63)(a) und (63)(b): in (a) wird ausgesagt, daß Pedro die vorerwähnte Frau im nicht-generellen Sinne kannte, in (b) dagegen, daß Pedro die Frau schlechthin kannte. Beispiel (63)(c) ist zweideutig, es kann sowohl die Frau schlechthin als auch die vorerwähnte Frau im nicht-generellen Sinne gemeint sein. Dies wiederum erklärt gut die Tatsache, daß (63)(d) abweichend ist: mujer ist nicht vorerwähnt und wird genauso interpretiert wie in (63)(c); in (63)(d) hätte also in jedem Falle die Präposition stehen müssen.

Nehmen wir zur Illustration noch weitere Beispiele:

(65)(a) Un día Pedro habló a su hijo de tres españolas que había encontrado. Conocía a las mujeres.

(b)*Un día Pedro habló a su hijo de tres españolas que había encontrado. Conocía las mujeres.

(66)(a) Pedro sabía que hoy día las actrices llevan una vida muy ocupada. Conocía bien las actrices.

(b) Pedro sabía que hoy día las actrices llevan una vida muy ocupada. Conocía bien a las actrices.

(c) Pedro sabía que hoy día las actrices llevan una vida muy ocupada. Conocía bien a las mujeres.

(d)*Pedro sabía que hoy día las <u>actrices</u> llevan una vida muy
    ocupada. Conocía bien las <u>mujeres</u>.

Text (65)(b) ist abweichend, weil <u>mujeres</u> nicht vorerwähnt ist und
sein letzter Satz in dieser Form sowohl bei einer Interpretation mit
generellem Objekt als auch bei einer solchen mit partikulärem beziehungsweise nicht-generellem Objekt die Präposition verlangt. Demge-
genüber ist Text (61)(b) nicht abweichend, weil bei einem generellen
Objekt in dieser Form die Präposition nicht steht, wenn das Objekt
vorerwähnt ist.

Die Texte (66) zeigen, daß die soeben konstatierte Regularität auch
in denjenigen Fällen gilt, in denen die uns interessierende lexikalische Einheit im Vorgängersatz generell ist. In (66)(a) ist <u>actrices</u>
sowohl im Vorgängersatz als auch im letzten Satz generell. Im letzten
Satz wird ausgesagt, daß Pedro die Schauspielerinnen schlechthin gut
kannte. In (66)(c) besagt der letzte Satz, daß Pedro die Frauen
schlechthin, die Schauspielerinnen sind, gut kannte. Der Text (66)(b)
ist etwas ungewöhnlich und man ist im Zweifel, ob man ihn noch als
nicht-abweichend gelten lassen soll. Sein erster Satz wird auf Anhieb
so verstanden, als bezöge sich <u>actrices</u> auf alle Schauspielerinnen
schlechthin. Dann aber erwartet man normalerweise eine Fortsetzung
wie in (66)(a) ohne die Präposition im letzten Satz. In (66)(b) kann
<u>actrices</u> im letzten Satz nicht als generell interpretiert werden. Da
von bestimmten Schauspielerinnen noch nicht die Rede war, ist ihr Auftreten in einem Text in dieser Form etwas abrupt. Eine zweite Möglichkeit für (66)(b) bestünde darin, <u>las actrices</u> in beiden Sätzen als
partikulär zu interpretieren. In diesem Falle erwartet man jedoch normalerweise noch Vorgängersätze desselben Textes, in denen von bestimmten Schauspielerinnen bereits die Rede war.

Wir hatten festgestellt, daß die uns interessierende Regularität mit
dem Auftreten des bestimmten Artikels vor dem generellen menschlichen
Objekt zusammenhängt. Heidolph (1966) hat für das Deutsche angenommen,
daß der bestimmte Artikel im wesentlichen mit Hilfe eines Symbols "bekannt" beziehungsweise "+k" erklärt werden kann. Wir wollen nun annehmen, daß alle Nomina in der Tiefenstruktur hinsichtlich eines binären
Merkmals [+k(G)] beziehungsweise [-k(G)] subkategorisiert sind. Weiterhin nehmen wir an, daß Strukturen wie <u>la mujer</u> (por antonomasia)
("die Frau schlechthin") oder <u>las mujeres</u> (por antonomasia)("die
Frauen schlechthin"), die nicht auf Individuen, sondern auf eine ge-

nerelle Klasse als solche referieren, im Spanischen auf Tiefenstrukturen mit den Merkmalen [+g(G), +k(G)] zurückgehen, Strukturen wie una
mujer (por antonomasia)("eine Frau schlechthin") oder mujeres (por
antonomasia)("Frauen schlechthin"), in denen weder auf bestimmte Individuen noch auf die Klasse als solche, sondern ausschließlich auf
die Klassenzugehörigkeit referiert wird, dagegen auf Tiefenstrukturen
mit [+g(G), -k(G)] zurückzuführen sind. Die Kombination [+g(G), -k(G)]
stünde z.B. im komplexen Symbol von mujeres in Satz (58)(a), in dem
nicht ausgesagt wird, daß Pedro die Klasse der Frauen als solche sah,
sondern daß es Frauen gibt, die Pedro sah, d.h. daß es Individuen gibt,
die nicht bekannt sind und über die lediglich ausgesagt wird, daß sie
zur Klasse der Frauen gehören und daß Pedro sie sah. In diesem Sinne
ist die Klassenzugehörigkeit das Einzige, worauf mujeres in (58)(a)
referiert. Im Unterschied hierzu referiert una mujer im ersten Satz
von (64)(a) dagegen direkt auf ein Individuum und erhält deshalb die
Kombination [-g(G), -k(G)]. Ein komplexes Symbol, dessen lexikalische
Einheit auf ein im Text schon als bekannt geltendes Individuum referiert - wie la mujer im zweiten Satz von (63)(a) -, erhält die Kombination [-g(G), +k(G)] , ein komplexes Symbol, dessen lexikalische Einheit nicht auf Individuen, sondern auf eine generelle Klasse als solche referiert - wie z.B. las mujeres in (62)(a) -, die Kombination
[+g(G), +k(G)].

Wir wollen nun zur Erklärung der in diesem Kapitel beobachteten Fakten annehmen, daß die spanische Grammatik statt (R 4) die Regel (R 5)
enthält.

$$(R\ 5)$$

$$[\text{-PREP(G)}] \longrightarrow [\text{+PREP(G)}] \Big/ \begin{bmatrix} \text{+V(G)} \\ \text{-ADJ(G)} \\ \text{+TRANS(G)} \\ \underline{\qquad} \end{bmatrix} \text{(S)} \left\{ \begin{bmatrix} \begin{bmatrix} \text{-CONT(G)} \\ \text{+E(G)} \\ \left\{ \begin{matrix} \text{-ABSTR(G)} \\ \text{-PROC(G)} \end{matrix} \right\} \end{bmatrix} \\ \begin{bmatrix} \text{+HUMANO(G)} \\ \left\{ \begin{matrix} [\ \text{-g(G)}\ ] \\ \begin{bmatrix} \text{+g(G)} \\ \text{-m(G)} \\ \text{+k(G)} \end{bmatrix} \end{matrix} \right\} \end{bmatrix} \end{bmatrix} \right\}$$

(R 5) ist nun auch dann anwendbar, wenn ein Verb ein generelles
menschliches Objekt hat, das bekannt und nicht vorerwähnt ist.[63)]

4. SÄTZE MIT NICHT-MENSCHLICHEM OBJEKT

4.1. BEOBACHTUNGEN

Vergleichen wir zunächst die Texte (67) und (68):

(67)(a) En una exposición se encontraban un automóvil, una
motocicleta, un camión, un autobús y tres bicicletas.
Pedro, que visitaba la exposición, vio de repente a la
motocicleta y se decidió a comprarla.

(b)*En una exposición se encontraban un automóvil, una
motocicleta, un camión, un autobús y tres bicicletas.
Pedro, que visitaba la exposición, vio de repente la
motocicleta y se decidió a comprarla.

(68)(a) En una exposición se encontraba una motocicleta que
se ofrecía a bajo precio. Pedro, que visitaba la
exposición, vio de repente la motocicleta y se decidió a comprarla.

(b)*En una exposición se encontraba una motocicleta que
se ofrecía a bajo precio. Pedro, que visitaba la
exposición, vio de repente a la motocicleta y se decidió a comprarla.

Der Unterschied zwischen (67) und (68) ist mit unserem bisherigen
Regelmechanismus nicht erklärbar, da vor dem direkten Objekt la
motocicleta in (67)(a) die Präposition stehen muß, obwohl es sich
weder um ein menschliches Objekt noch um einen Emphasesatz handelt.
Zur Erklärung dieser Fakten sind also weitere Annahmen erforderlich.

Wir wollen eine lexikalische Einheit, die sich in der Position des
direkten Objekts so verhält wie la motocicleta im zweiten Satz des
Textes (67)(a), zunächst provisorisch kontrastiv nennen. Eine lexikalische Einheit wie la motocicleta im zweiten Satz von (68)(a) nennen wir nicht-kontrastiv. Bei einem Vergleich der Texte (67) und (68)
ergibt sich dann als ein Charakteristikum für eine kontrastive lexikalische Einheit, daß sie vorerwähnt und im voraufgehenden Teil desselben Textes koordinativ neben weiteren lexikalischen Einheiten
schon einmal aufgetreten ist. In (67)(a) ist motocicleta im zweiten
Satz vorerwähnt und tritt im voraufgehenden Teil desselben Textes
neben automóvil, camión, autobús und bicicletas auf, mit denen moto-

cicleta koordiniert ist. In Text (68)(a) ist motocicleta im zweiten
Satz zwar auch vorerwähnt, aber im voraufgehenden Teil desselben
Textes erscheint motocicleta nicht in Koordination neben anderen lexikalischen Einheiten. Unsere Beobachtung, daß Texte wie (67)(b) und
(68)(b) abweichend, Texte wie (67)(a) und (68)(a) dagegen wohlgeformt
sind, können wir dann folgendermaßen umschreiben: vor einem kontrastiven direkten Objekt steht die Präposition a.

Vergleichen wir nun die Texte (67) mit (69):

(69)(a) En una exposición se encontraban un automóvil, una motoci-
        cleta, un camión, un autobús y tres bicicletas. Pedro, que
        visitaba la exposición, vio de repente una motocicleta y
        se decidió a comprarla.
    (b)*En una exposición se encontraban un automóvil, una motoci-
        cleta, un camión, un autobús y tres bicicletas. Pedro, que
        visitaba la exposición, vio de repente a una motocicleta y
        se decidió a comprarla.

Im Unterschied zu (67)(a) darf in einem Text wie (69)(a) nicht die
Präposition vor dem zweiten Vorkommen von motocicleta gesetzt werden, denn Text (69)(b) ist abweichend. Sowohl in (67)(a) als auch
in (69)(a) ist aber im jeweils zweiten Satz motocicleta vorerwähnt,
und im voraufgehenden Teil desselben Textes tritt in beiden Fällen
motocicleta in Koordination neben anderen lexikalischen Einheiten
auf. Wenn wir nun unsere Formulierung aufrechterhalten wollen, daß
vor einem kontrastiven direkten Objekt die Präposition a steht, müssen wir also den Begriff "Kontrastivität" so definieren, daß die
Fälle wie motocicleta im zweiten Satz von (67)(a), nicht aber Fälle
wie motocicleta im zweiten Satz von (69)(a) als kontrastiv gelten.

Nun läßt sich beobachten, daß in (67)(a) sich la motocicleta im
zweiten Satz auf denselben Gegenstand bezieht, auf den motocicleta
im ersten Satz desselben Textes referiert. In (69)(a) dagegen referiert motocicleta im zweiten Satz nicht auf denselben Gegenstand wie
motocicleta im ersten Satz, sondern auf einen Gegenstand, der an dieser Stelle im Text zum ersten Male auftritt. Mit anderen Worten, während in Text (67)(a) ausgedrückt wird, daß das Motorrad, das Pedro
sah, identisch ist mit dem Motorrad, das sich in der Ausstellung befand, besagt Text (69)(a) nicht, daß das Motorrad, das Pedro sah,
mit dem im voraufgehenden Teil desselben Textes genannten Motorrad

identisch ist. Wir wollen aus diesen Gründen annehmen, daß eine notwendige Bedingung für kontrastive Nomina darin besteht, daß sie auf
einen im Text nicht-neuen Gegenstand referieren. Dadurch scheiden die
Fälle wie <u>motocicleta</u> im zweiten Satz von (69)(a) aus, da hier <u>moto-</u>
<u>cicleta</u> auf einen im Text neuen Gegenstand referiert.

Von den genannten Bedingungen ist jedoch die Vorerwähntheit des Nomens für dessen Kontrastivität nicht notwendig:

(70)(a) En el garaje de Pedro se encontraban dos <u>automóviles</u> y
      tres bicicletas. Un día llegó el amigo de Pedro, quien
      vio entre otras cosas a los <u>automóviles</u>.
  (b)*En el garaje de Pedro se encontraban dos <u>automóviles</u> y
      tres bicicletas. Un día llegó el amigo de Pedro, quien
      vio entre otras cosas los <u>automóviles</u>.

(71)(a) En el garaje de Pedro se encontraban dos <u>coches de turismo</u>
      y tres bicicletas. Un día llegó el amigo de Pedro, quien
      vio entre otras cosas a los <u>automóviles</u>.
  (b)*En el garaje de Pedro se encontraban dos <u>coches de turismo</u>
      y tres bicicletas. Un día llegó el amigo de Pedro, quien
      vio entre otras cosas los <u>automóviles</u>.

In (70)(a) ist <u>automóviles</u> im zweiten Satz vorerwähnt, in (71)(a)
dagegen ist <u>automóviles</u> nicht vorerwähnt. In beiden Fällen bezieht
sich aber <u>automóviles</u> auf einen im Text nicht-neuen Gegenstand. In
(71)(a) referiert <u>automóviles</u> auf denselben Gegenstand wie <u>coches de</u>
<u>turismo</u>, in (70)(a) referiert <u>automóviles</u> im zweiten Satz auf densel-
ben Gegenstand wie <u>automóviles</u> im ersten Satz desselben Textes. Da
(71)(b) abweichend ist, beziehungsweise da in einem Text wie (71)(a)
vor <u>los automóviles</u> die Präposition <u>a</u> stehen muß, ist es sinnvoll,
auch ein Nomen wie <u>automóviles</u> in (71)(a) als kontrastiv aufzufassen.

Wir betrachten nun ein Nomen N als kontrastiv, wenn N einen nicht-
neuen Gegenstand bezeichnet und es vor N im Text ein Nomen N' gibt,
das mit anderen Nomina koordiniert ist und auf denselben Gegenstand
referiert wie N.

Nehmen wir zur Illustration noch die Beispieltexte (72), (73) und
(74), in denen in dem soeben angegebenen Sinne die Nomina <u>animal</u>,
<u>pelota</u> beziehungsweise <u>botella</u> im jeweils letzten Satz kontrastiv
sind:

(72)(a) En una plaza cerca de la casa de Pedro se encontraban la
        tienda de un circo, un _elefante_ y cinco coches. De repente
        se aproximó un amigo de Pedro, quien vio allí al _animal_.
   (b)*En una plaza cerca de la casa de Pedro se encontraban la
        tienda de un circo, un _elefante_ y cinco coches. De repente
        se aproximó un amigo de Pedro, quien vio allí el _animal_.

(73)(a) En una sala, donde había mucha gente, se encontraban una
        pelota, una raqueta y una botella vacía. Pedro, quien
        también estaba presente, pisó de repente a la _pelota_.
   (b)*En una sala, donde había mucha gente, se encontraban
        una _pelota_, una raqueta y una botella vacía. Pedro, quien
        también estaba presente, pisó de repente la _pelota_.

(74)(a) Un día Pedro escondió en su cuarto una _botella_, dos libros
        y varios juguetes. Al poco rato entró el hijo de Pedro,
        quien descubrió de repente a la _botella_.
   (b)*Un día Pedro escondió en su cuarto una _botella_, dos libros
        y varios juguetes. Al poco rato entró el hijo de Pedro,
        quien descubrió de repente la _botella_.

Besonders illustrativ ist auch der Vergleich von Texten wie (75)(a)
und (75)(b):

(75)(a) Un día Pedro habló con su amigo sobre un _sustantivo_, un
        adjetivo y un verbo. Participó en la discusión también
        el hermano de Luis, quien estudió más tarde al _sustantivo_.
   (b) Un día Pedro habló con su amigo sobre un _sustantivo_, un
        adjetivo y un verbo. Participó en la discusión también
        el hermano de Luis, quien estudió más tarde el _sustantivo_.

In (75)(a) ist _sustantivo_ im letzten Satz kontrastiv. Der Text wird
so verstanden, daß der Bruder von Luis später dasselbe Substantiv
untersuchte, über das Pedro mit seinem Freund gesprochen hatte. In
(75)(b) dagegen referiert _sustantivo_ im letzten Satz auf einen neu-
en Gegenstand, nämlich auf die Kategorie "Substantiv" im allgemeinen. In diesem Falle ist _sustantivo_ infolgedessen nicht kontrastiv.
Das Auftreten der Präposition in (75)(a), nicht aber in (75)(b),
steht also auch hier in Einklang mit unseren bisherigen Beobachtungen.

Vergleichen wir nun die Texte (67) einerseits mit den Texten (76) andererseits, so ergibt sich ein neues Problem:

(76)(a) En una exposición se encontraban un automóvil, una
        motocicleta, un camión, un autobús y tres bicicletas.
        Llamaba la atención de los visitantes sobre todo la
        motocicleta, porque se ofrecía a bajo precio. Pedro, que
        visitaba la exposición, vio de repente la motocicleta y
        se decidió a comprarla.
   (b)*En una exposición se encontraban un automóvil, una
        motocicleta, un camión, un autobús y tres bicicletas.
        Llamaba la atención de los visitantes sobre todo la
        motocicleta, porque se ofrecía a bajo precio. Pedro,
        que visitaba la exposición, vio de repente a la moto-
        cicleta y se decidió a comprarla.

Nach unseren bisherigen Formulierungen ist motocicleta im letzten Satz von (76)(a) kontrastiv, denn es gibt ein Nomen - nämlich moto-cicleta im ersten Satz -, das auf denselben Gegenstand referiert und mit anderen Nomina koordiniert ist, wobei es gleichzeitig die Bedingung erfüllt, vor dem uns interessierenden Nomen aufzutreten. Wie die Bewertung von (76)(b) zeigt, darf aber in einem Text wie (76)(a) vor motocicleta im letzten Satz nicht die Präposition ste-hen. Wenn wir nun unsere Annahme aufrechterhalten wollen, nach der vor kontrastiven direkten Objekten die Präposition a stehen muß, müssen wir also den Begriff "Kontrastivität" in der Weise präzisie-ren, daß Fälle wie motocicleta im letzten Satz von (76)(a) nicht als kontrastiv gelten. Da im Unterschied zu (67)(a) in Text (76)(a) zwi-schen dem letzten und ersten Vorkommen von motocicleta noch ein wei-teres Nomen - nämlich motocicleta im mittleren Satz - existiert, das auf denselben Gegenstand referiert und nicht koordiniert ist, können wir dies durch die Annahme erreichen, daß zwischen dem als kontra-stiv geltenden Nomen und dem voraufgehenden auf denselben Gegenstand referierenden koordinierten Nomen kein nicht-koordiniertes Nomen auftreten darf, das ebenfalls auf denselben Gegenstand referiert.

Wir können nun - entsprechend unseren bisherigen Beobachtungen - den Begriff "Kontrastivität" folgendermaßen provisorisch umschreiben:[64]

(77) Ein Nomen N ist kontrastiv, wenn es auf einen nicht-neuen Ge-
     genstand referiert, so daß folgende Bedingungen erfüllt sind:

   (a) Es gibt vor N im gleichen Text ein Nomen N', das auf den-
       selben Gegenstand referiert wie N,
   (b) N' ist mit mindestens einem weiteren Nomen koordiniert und
   (c) es gibt kein Nomen N'', das auf denselben Gegenstand re-
       feriert wie N, nicht koordiniert ist und im gleichen Text
       zwischen N und N' steht.

Wenn in der Position des direkten Objekts ein kontrastives Nomen
steht, das ein Abstraktum ist und einen Prozeß bezeichnet, darf
trotz Kontrastivität nicht die Präposition stehen:

(78)(a) En una calle cerca de la casa de Pedro hubo un día un
       <u>accidente</u> y un incendio. Pedro, que casualmente se en-
       contraba en esta calle, vio sólo el <u>accidente</u>.
   (b)*En una calle cerca de la casa de Pedro hubo un día un
       <u>accidente</u> y un incendio. Pedro, que casualmente se en-
       contraba en esta calle, vio sólo al <u>accidente</u>.

Auch vor Kontinuativa steht trotz Kontrastivität nicht die Präposition:

(79)(a) En un armario en la cocina de Pedro había <u>leche</u>, café,
       azúcar, platos y tazas. De repente llegó el amigo de
       Pedro, quien vio allí la <u>leche</u>.
   (b)*En un armario en la cocina de Pedro había <u>leche</u>, café,
       azúcar, platos y tazas. De repente llegó el amigo de
       Pedro, quien vio allí a la <u>leche</u>.

Die Tatsache, daß vor einem kontrastiven Kontinuativum wie <u>leche</u>
im letzten Satz von (79)(a) nicht die Präposition stehen darf, weist
darauf hin, daß die Präposition nur vor Diskontinuativa auftritt.
In den zitierten Texten traten in der Position des kontrastiven präpositionalen direkten Objekts die Nomina <u>motocicleta</u>, <u>automóviles</u>,
<u>animal</u>, <u>pelota</u>, <u>botella</u> und <u>sustantivo</u> auf, die ausnahmslos Diskon-
tinuativa sind.

Vor denjenigen Substantiven, die sowohl konkrete Diskontinuativa als
auch Abstrakta, die einen Vorgang beziehungsweise eine Handlung bezeichnen, sein können, tritt, falls sie kontrastiv sind und in der
Position des direkten Objekts stehen, nur dann die Präposition auf,
wenn sie als konkrete Diskontinuativa interpretiert werden:

(80)(a) En un cine cerca de la casa de Pèdro ofrecieron un día
        una película y una pieza teatral. Frente a la casa de
        Pedro vivía un hombre, quien vio en el cine la película.
   (b)*En un cine cerca de la casa de Pedro ofrecieron un día
        una película y una pieza teatral. Frente a la casa de
        Pedro vivía un hombre, quien vio en el cine a la película.

(81)(a) En un cine cerca de la casa de Pedro alguien había perdi-
        do una película y una bolsa. Frente a la casa de Pedro
        vivía un hombre, quien vio en el cine a la película.
   (b)*En un cine cerca de la casa de Pedro alguien había per-
        dido una película y una bolsa. Frente a la casa de
        Pedro vivía un hombre, quien vio en el cine la película.

Sowohl in (80) als auch in (81) ist película im jeweils letzten Satz
kontrastiv. In (81)(a), wo película als konkretes Diskontinuativum
interpretiert wird, muß die Präposition stehen. In (80)(a) dagegen
ist película ein Abstraktum, das eine Handlung bezeichnet, und die
Präposition darf an der entsprechenden Stelle nicht gesetzt werden.
Hier verhält sich also película genauso wie accidente in Text (78)(a),
das ebenfalls ein Vorgangsabstraktum ist. Andererseits ist in Text
(75)(a) sustantivo ein diskontinuatives Abstraktum, das keinen Vorgang bezeichnet und folglich als kontrastives direktes Objekt die
Präposition vor sich hat.

Wir wollen nun unsere Beobachtungen folgendermaßen provisorisch umschreiben:[65]

(82) Steht in der Position des direkten Objekts ein kontrastives
     Diskontinuativum, das entweder nicht-abstrakt ist oder abstrakt
     ist und keinen Vorgang bezeichnet, so wird vor das direkte Ob-
     jekt die Präposition a gesetzt.

4.2. REGELN ZU REFERENZEIGENSCHAFTEN

Um die in (77) und (82) umschriebenen Beobachtungen zu erklären,
müssen wir in unsere Grammatik Annahmen zu den Referenzeigenschaften natürlicher Sprachen inkorporieren. Es versteht sich von selbst,
daß wir im Rahmen unserer Arbeit keine umfassende Theorie der Referenz entwickeln können. Wir beschränken uns im folgenden auf diejenigen Fakten, die wir im voraufgehenden Kapitel anhand der zitierten
Beispieltexte diskutiert haben.

Eine der genannten Beobachtungen besagt, daß ein in einem Text auf-
tretendes Nomen entweder einen neuen Gegenstand bezeichnet oder sich
auf einen nicht-neuen Gegenstand bezieht, auf den im voraufgegange-
nen Teil desselben Textes bereits in irgendeiner Weise referiert worden ist. Wir wollen nun annehmen, daß die Nomina in der Tiefenstruktur subkategorisiert sind in bezug auf ein binäres Merkmal "neuer
Gegenstand" beziehungsweise "nicht-neuer Gegenstand" respektive
[+n(G)] beziehungsweise [-n(G)]. Es ist dann erforderlich, die Stellen zu markieren, die die "gleiche Referenz" tragen. Wir wollen zu
diesem Zwecke annehmen, daß im komplexen Symbol eines jeden Nomens
ein allgemeines Referenzmerkmal [+r(G)] beziehungsweise "referen-
tiell" enthalten ist. Hinter dieses allgemeine Referenzmerkmal wird
eine ganze natürliche Zahl geschrieben, die wir Referenzzahl nennen
wollen, und die Grammatik wird dann so eingerichtet, daß alle Nomina eines Textes, die sich auf den gleichen Gegenstand beziehen, durch
die gleiche Referenzzahl gekennzeichnet sind. In Text (71)(a) müßte
beispielsweise automóviles im letzten Satz die gleiche Referenzzahl
bekommen wie coches im ersten Satz desselben Textes. In Text (75)(b)
dagegen wird sustantivo im letzten Satz eine andere Referenzzahl erhalten wie sustantivo im ersten Satz.[66)]

Die Grammatik muß nun einen Mechanismus enthalten, der identische
Referenzzahlen nur an den "korrekten" Stellen duldet, um beispielsweise den Fall auszuschließen, daß in einem Text wie (75)(a) sustantivo die gleiche Referenzzahl wie Pedro bekommt. Es wäre denkbar,
daß ein solcher Mechanismus so aufgebaut ist, daß er die Referenzzahlen direkt an den Stellen einführt, an denen sie in der gewünschten Weise in einem "korrekten" Text auftreten müssen. Wir wollen jedoch im folgenden aus verschiedenen Gründen eine andere Lösung vor-
schlagen.[67)]

Bevor wir eine entsprechende Regel formulieren, wollen wir noch einige Vorüberlegungen anstellen. Wir hatten bisher stillschweigend angenommen, daß eine lexikalische Einheit, die einen im Text nicht-neu-
en Gegenstand bezeichnet, stets eine weitere lexikalische Einheit im
Text vor sich haben muß, die auf denselben Gegenstand referiert. Dies
gilt jedoch nicht für alle Fälle. Es gibt in bestimmten Texten lexikalische Einheiten, die keinen neuen Gegenstand bezeichnen, obwohl

es im voraufgehenden Teil desselben Textes kein Nomen gibt, das sich
auf einen Gegenstand bezieht, der mit dem betreffenden nicht-neuen
Gegenstand identisch ist.

Vergleichen wir als Beispiel folgende Texte:

(83)(a) Ayer me visitaron Pedro y Juan. Los hombres eran muy
amables.
  (b) Ayer me visitaron varios profesores. Uno de los hombres
  me conocía desde hace mucho tiempo.

In Text (83)(a) bezieht sich hombres auf einen nicht-neuen Gegenstand.
Die Referenz von hombres ist aber nicht identisch mit der Referenz
eines im voraufgehenden Teil des Textes stehenden Nomens. Sie ist weder identisch mit der von Pedro noch mit der von Juan. Das Nomen
hombres bezieht sich vielmehr auf die Individuen "Pedro" und "Juan"
zusammengenommen. In Text (83)(b) ist zwar die Referenz von hombres
identisch mit der Referenz von profesores, uno hat jedoch keine identische Referenz mit einer voraufgehenden lexikalischen Einheit. Sowohl im Falle von uno in (83)(b) als auch im Falle von hombres in
(83)(a) ist es aber sinnvoll, von einem im Text nicht-neuen Gegenstand zu sprechen.

Wir wollen nun annehmen, daß Nomina, die einen nicht-neuen Gegenstand
bezeichnen, der identisch ist mit dem Gegenstand, auf den eine im
voraufgehenden Teil desselben Textes stehende lexikalische Einheit
referiert, ein Referenzmerkmal "identisch" beziehungsweise $[+id(G)]$
bekommen. Nomina, deren Referenz nicht identisch ist mit der Referenz
einer im voraufgehenden Teil desselben Textes stehenden lexikalischen
Einheit, erhalten das Merkmal "nicht-identisch" bzw. $[-id(G)]$. Dann
erhielte beispielsweise hombres in (83)(a) $[-id(G)]$, in (83)(b) dagegen bekäme hombres das Merkmal $[+id(G)]$. Da hombres in beiden
Fällen auf einen nicht-neuen Gegenstand referiert, bekommt es sowohl
in (83)(a) als auch in (83)(b) auch das Merkmal $[-n(G)]$.

Wir nehmen nun an, daß es ein binäres Merkmal $[+c(G)]$ für "kontrastiv" beziehungsweise $[-c(G)]$ für "nicht-kontrastiv" gibt. Im Unterschied zu dem allgemeinen Referenzmerkmal $[+r(G)]$, das die Referenzzahl hinter sich bekommen soll, wollen wir Merkmale wie $[+c(G)]$,
$[-c(G)]$, $[+n(G)]$, $[-n(G)]$, $[+id(G)]$, $[-id(G)]$, $[+k(G)]$, $[-k(G)]$,
$[+g(G)]$ und $[-g(G)]$ spezielle Referenzmerkmale nennen.

Die Regel (84) wird in den Basisteil der Grammatik aufgenommen. Sie
spezifiziert alle komplexen Symbole weiter, die bereits das Merkmal
[-n(G)] enthalten.

(84)

$$[-n(G)] \longrightarrow \begin{bmatrix} \left\{ \begin{array}{c} +id(G) \\ -id(G) \end{array} \right\} \\ \left\{ \begin{array}{c} +c(G) \\ -c(G) \end{array} \right\} \end{bmatrix}$$

Während wir hinsichtlich der Merkmale für neue oder nicht-neue Gegenstände angenommen hatten, daß alle Nomina bereits in der Tiefenstruktur entweder [+n(G)] oder [-n(G)] enthalten, besagt die Regel
(84), daß die Merkmale für "Identität" und "Kontrastivität" nur in
die komplexen Symbole eingeführt werden, die bereits das Merkmal
[-n(G)] enthalten. Eine Kombination wie z.B. [+n(G), +c(G)] wird es
in Tiefenstrukturen infolgedessen nicht geben.

Folgende Regel wird nach vollendeter Ableitung eines Textmarkers
der Tiefenstruktur auf alle komplexen Symbole von links nach rechts
im Textmarker angewendet.

$$(85) \; [+r(G)] \longrightarrow [+r(G)Z] \; / \; ([+r(G)P]) \; X \; \begin{bmatrix} \left\{ \begin{array}{c} \overline{+n(G)} \\ -id(G) \end{array} \right\} \end{bmatrix}$$

wobei:
1) X ist eine (leere oder nicht-leere) Kette von
   Symbolen und enthält kein komplexes Symbol mit
   einer Referenzzahl.
2) Z und P sind Referenzzahlen, wobei Z = 1, falls
   gilt: das komplexe Symbol enthält [+n(G)] und
   es gibt vor X kein komplexes Symbol mit Referenzzahl; Z = P + 1 sonst.

Die runden Klammern - außer bei dem Zeichen "(G)" für "grammatisches
Merkmal" - bedeuten fakultative Anwesenheit. Die Regel (85) schreibt
hinter das allgemeine Referenzmerkmal eines jeden komplexen Symbols,
das entweder das spezielle Referenzmerkmal [+n(G)] oder das Merkmal
[-id(G)] enthält - bei [-id(G)] jedoch nur, wenn ein Nomen mit Referenzzahl vorausgeht -, eine ganze Zahl als Referenzzahl. Komplexe
Symbole, die das Merkmal [+id(G)] enthalten, bleiben hierbei ohne
Referenzzahl. Ist Regel (85) auf alle komplexen Symbole, auf die sie
anwendbar ist, angewendet worden, dann wird auf alle komplexen Symbole, die durch (85) keine Referenzzahl bekommen haben, die Regel (86)

angewendet.

(86)   [+r(G)] ⟶ [+r(G)U] / [+r(G)U] X [———]

       wobei:
               1) X ist eine beliebige (leere oder nicht-leere)
                  Kette von Symbolen.
               2) U ist eine beliebige Referenzzahl.

Regel (86) wird ebenfalls nacheinander auf die komplexen Symbole von
links nach rechts im Textmarker angewendet. Da (86) erst angewendet
wird, nachdem die Anwendung von (85) auf den gesamten Textmarker bereits abgeschlossen ist, ist gemäß (85) garantiert, daß der Textmarker kein komplexes Symbol mit [+n(G)] mehr enthält, das ohne Referenzzahl ist. Regel (86) schreibt dann hinter das allgemeine Referenzmerkmal eines jeden Nomens, das noch keine Referenzzahl enthält - falls ihm mindestens ein komplexes Symbol mit Referenzzahl
vorausgeht -, eine Referenzzahl, die identisch ist mit der Referenzzahl eines beliebigen dem Nomen vorausgehenden komplexen Symbols. Da
gemäß (85) die Nomina mit [-id(G)] nur dann ohne Referenzzahl bleiben, wenn ihnen kein Nomen mit Referenzzahl vorausgeht, ist infolge
der Reihenfolge bei der Anwendung der Regeln garantiert, daß durch
(86) nur komplexe Symbole mit dem speziellen Referenzmerkmal
[+id(G)] eine Referenzzahl bekommen.

Nun erzeugt unsere Grammatik auch Basistextmarker, die mit einem oder
mehreren komplexen Symbolen mit [+id(G)] beginnen, die kein komplexes
Symbol mit Referenzzahl vor sich haben. Auf solche komplexen Symbole
ist weder (85) noch (86) anwendbar, so daß sie ohne Referenzzahl
bleiben, d.h. sie haben keine spezifizierte Referenz. Die Annahme,
daß es Texte gibt, die mit Nomina ohne spezifizierte Referenz beginnen, ergibt auch empirisch einen guten Sinn. So ist beispielsweise
ein Text wie (87), der als isolierter Satz verstanden korrekt gebildet ist, dennoch nicht normal interpretierbar.

(87) El llegó ayer.

Der Text (87) ist deshalb nicht in jeder Hinsicht normal, weil unklar bleibt, worauf das Subjekt referiert. Man kann dem Text nicht
entnehmen, wer gestern gekommen ist. Die Art der Abweichung solcher
Texte wie (87) ist erklärbar, wenn man annimmt, daß die Subjektspro-
nomina der dritten Person Singular wie él, ella usw. Strukturen mit
[-n(G), +id(G)] voraussetzen und die Grammatik einen Mechanismus ent-

hält, der in Texten wie (87) eine mit diesen Merkmalen verbundene
"Verletzung" definiert.

Nach unseren bisherigen Annahmen enthält jetzt das Pronomen él in
einem Text wie (87) im komplexen Symbol die speziellen Referenzmerkmale [-n(G), +id(G)] und ist gemäß (85) und (86) nur ohne Referenzzahl erzeugbar. Außer den Texten, die Nomina ohne spezifizierte Referenz enthalten, müssen jedoch auch die Texte als anormal gekennzeichnet werden, in denen Nomina mit inkorrekter Referenz auftreten.
So muß beispielsweise ein Text wie (88)(a) als wohlgeformt, ein Text
wie (88)(b) dagegen als abweichend angesehen und entsprechend markiert werden.

(88)(a) En un garaje estaba un automóvil. El coche era muy moderno.
     (b)*En un garaje estaba una bicicleta. El coche era muy moder-
        no.

Die Fakten in (88)(a) hinsichtlich der Referenz lassen sich erklären, wenn man annimmt, daß coche in diesem Text die gleiche Referenzzahl enthält wie automóvil. Hier referiert coche auf denselben Gegenstand wie automóvil. Ferner wird der Text so verstanden, daß er
die Aussagen "El automóvil es un coche" und "El coche es idéntico
al automóvil" impliziert. Mit anderen Worten, das im Text (88)(a)
mit automóvil bezeichnete Individuum gehört zur Klasse der "coches",
und das Individuum, auf das coche referiert, ist identisch mit dem
im voraufgehenden Teil des gleichen Textes mit automóvil bezeichneten Individuum. Für den Text (88)(b) gelten dagegen nicht die entsprechenden Aussagen "La bicicleta es un coche" und "El coche es
idéntico a la bicicleta", denn ein Individuum, das ein Fahrrad ist,
kann nicht zur Klasse der Wagen gehören, und es kann folglich auch
nicht mit einem Individuum, das ein Wagen ist, identisch sein. Eine
mögliche, aber inkorrekte Analyse dieses abweichenden Textes würde
besagen, daß in ihm die genannten falschen Aussagen behauptet werden. Für diesen Fall bekäme coche in (88)(b) das spezielle Referenzmerkmal [+id(G)] sowie dieselbe Referenzzahl wie bicicleta. Die Grammatik muß dann einen Mechanismus enthalten, der konstatiert, daß in
solchen Fällen die gleiche Referenz inkorrekt ist.[68]

Wir wollen annehmen, daß es eine Textregel gibt, die vom Nomen regiert wird und die jeden Satz eines Textmarkers eliminiert, falls
der Satz ein Nomen mit [+id(G)] enthält, für das der voraufgehende

Teil desselben Textes nicht die erforderlichen Bedingungen erfüllt.
Ferner nehmen wir an, daß die semantische Komponente der Grammatik
in der Lage ist, aus dem Vorkommen der gleichen Referenzzahl die
"Identität der Referenz" abzuleiten. Die betreffende Textregel wollen wir (EL-S/+id) nennen. Wir können sie provisorisch und in grober Annäherung folgendermaßen skizzieren:

(EL-S/+id) Jeder Satz eines Textmarkers - d.h. jedes direkt
              von TEXT dominierte S - wird eliminiert, falls
              folgende Bedingungen erfüllt sind:
              1) S enthält ein Nomen N mit [+id(G)] und [+r(G)Z],
                 wobei Z eine Referenzzahl.
              2) Es gibt kein Nomen N' im Textmarker, für das gilt:
                 a) N' steht vor N und
                 b) N' enthält [+r(G)Z] und
                 c) es gelten zwischen den Nomina N und N'
                    die "semantischen Beziehungen" ⟨ N' ist ein N ⟩
                    bzw. ⟨ N' sind N ⟩ .

Eine genaue Explikation dessen, was wir hier "semantische Beziehungen" genannt haben, müßte angeben, wann zwei Nomina ein identisches
Individuum oder eine identische Individuenmenge bezeichnen können.
Die hierfür erforderlichen Annahmen müssen in der Theorie der Seman-
tik entwickelt werden. Für die Textregel (EL-S/+id) können dann diese Annahmen mit berücksichtigt werden, wobei wir annehmen wollen,
daß die für das Erkennen der genannten "semantischen Beziehungen"
notwendige Information bei Anwendung von (EL-S/+id) in den komplexen
Symbolen enthalten ist. Nach den generellen Konventionen für die
DS- und R-Merkmale enthält dann das betreffende Nomen, das die Bedingungen von (EL-S/+id) erfüllt, immer dann, wenn (EL-S/+id) nicht
angewendet worden ist, in seinem komplexen Symbol die Kombination
[+DS(EL-S/+id)(T), -R(EL-S/+id)(T)], die nach unseren in § 2.5.4.
formulierten Annahmen eine Verletzung der Textregel (EL-S/+id) definiert. Eine solche Kombination wäre zum Beispiel in einer der inkorrekten Analysen des Textes (88)(b) im komplexen Symbol von coche enthalten. In der korrekten Analyse des Textes (88)(a) stünde dagegen
im komplexen Symbol von coche die Kombination [-DS(EL-S/+id)(T),
-R(EL-S/+id)(T)], die keine Verletzung definiert.

Nun ist jedoch (EL-S/+id) nicht anwendbar, wenn das betreffende Nomen keine Referenzzahl enthält. Zur Erklärung der Fälle, in denen

Nomina ohne spezifizierte Referenz auftreten, wollen wir deshalb
folgende Textregel annehmen:

(EL-S/+r) Jedes direkt von TEXT dominierte S wird eliminiert,
          falls S ein Nomen enthält, in dessen komplexem Sym-
          bol keine Referenzzahl steht.

Da wir angenommen hatten, daß in einem Text wie (87) das Personal-
pronomen der dritten Person Singular él nur ohne Referenzzahl erzeugbar ist - da es eine Struktur mit [+id(G)] voraussetzt, auf
die in einem solchen Text Regel (86) nicht anwendbar ist - wird in
diesem Fall im komplexen Symbol von él die Kombination [+DS(EL-S/+r)
(T), -R(EL-S/+r)(T)] enthalten sein, die eine Verletzung der Textregel (EL-S/+r) definiert. Gleichzeitig nehmen wir an, daß die Regel (EL-S/+r) vom Nomen regiert wird. Die genannte Kombination wird
nach vollendeter transformationeller Ableitung einer Oberflächenstruktur im komplexen Symbol eines jeden Nomens enthalten sein, das
keine Referenzzahl besitzt. Wird die Textregel (EL-S/+r) auf alle
Sätze eines Textmarkers angewendet, die die strukturelle Beschreibung von (EL-S/+r) erfüllen, dann bleiben nur noch Sätze übrig, die
kein Nomen ohne Referenzzahl enthalten. Gleichzeitig garantiert diese Regel, daß nur solche Texte ohne Verletzungen der Textregel
(EL-S/+r) bleiben, in denen im ersten Nomen des ersten Satzes - des
Anfangssatzes des Textes - das spezielle Referenzmerkmal [+n(G)]
steht, denn die Regel (85) schreibt erst dann die erste Referenzzahl,
wenn bei schrittweiser Anwendung von (85) von links nach rechts im
Textmarker ein Nomen mit [+n(G)] auftritt. Nomina mit [-id(G)] und
solche mit [+id(G)] - und das sind gemäß Regel (84) alle Nomina mit
[-n(G)] - haben nur dann eine Referenzzahl bekommen, wenn ihnen mindestens ein komplexes Symbol mit Referenzzahl vorausgeht. Auf diese
Weise konstatiert die Grammatik die empirische Tatsache, daß ein
korrekter Text mit einem neuen Gegenstand beginnen muß.

Die speziellen Referenzmerkmale [+n(G)] und [-n(G)] werden für die
Regeln der Grammatik auch unabhängig von unserem Problem des präpositionalen direkten Objekts benötigt. So können beispielsweise nicht-
generelle Appellativa, die keine Unika sind, im Spanischen meistens
keinen bestimmten Artikel vor sich haben, wenn sie einen neuen Gegenstand bezeichnen. So wird zum Beispiel ein Text wie (89)(a), der
nur nicht-generelle Nomina mit bestimmtem Artikel enthält, als abweichend empfunden. Ein Text wie (89)(b) ist dagegen nicht als ab-

weichend zu bewerten.

(89)(a)*El hombre vio la mesa. La jarra se rompió.
   (b) Un hombre entró un día en un cuarto donde se encontraba
       una mesa redonda. Delante del mueble veía una jarra. ...

Wenn die Regel, die den bestimmten Artikel einführt, so aufgebaut
wird, daß in Texten wie (89)(a) die betreffenden Nomina nur bei Anwesenheit des speziellen Referenzmerkmals [-n(G)] den bestimmten Artikel bekommen können, dann wäre gleichzeitig nach unseren bisherigen Annahmen garantiert, daß diese Nomina keine Referenzzahl enthalten, denn Regel (85) schreibt erst dann die erste Referenzzahl, wenn
ein Nomen mit ⌈+n(G)⌉ auftritt. Die Sätze eines Textes wie (89)(a)
werden dann entweder durch die Textregel (EL-S/+r) eliminiert, oder
die betreffenden Nomina enthalten die Kombination [+DS(EL-S/+r)(T)
und -R(EL-S/+r)(T)], die eine Verletzung der Textregel (EL-S/+r) definiert. Dies entspräche auch gut der Tatsache, daß ein Text wie
(89)(a) intuitiv überhaupt nicht als Text, sondern als bloße Aneinan-
derreihung isolierter Satzexemplare aufgefaßt wird, und daß bei einem Versuch, ihn dennoch als Text zu interpretieren, die Referenz
offen bleibt.

Zur Erklärung von Fällen wie _hombres_ in Text (83)(a) und _uno_ in (83)
(b) hatten wir das Merkmal [-id(G)] eingeführt, das immer dann in
einem komplexen Symbol auftreten soll, wenn es einen im Text nicht-
neuen Gegenstand bezeichnet, der mit keinem im vorausgehenden Teil
desselben Textes auftretenden Gegenstand identisch ist. Wir wollen
annehmen, daß es hinsichtlich des Merkmals [-id(G)] eine Textregel
gibt, die wir (EL-S/-id) nennen wollen. Diese Regel müßte jeden Satz
eines Textmarkers eliminieren, der ein Nomen mit [-id(G)] enthält,
das nicht solche Bedingungen erfüllt wie _hombres_ oder _uno_ in den Texten (83). Da wir aus bestimmten Gründen in § 6. ausführlicher auf die
hiermit verbundenen Probleme eingehen werden, wollen wir hier zunächst
die Fälle mit [-id(G)] vernachlässigen.

Wir können nun eine Textregel formulieren, die jeden Satz eines Textmarkers eliminiert, der ein Nomen mit [+c(G)] enthält, für das der
voraufgehende Teil desselben Textes nicht die in unserer Beobachtung
(77) umschriebene Bedingung für kontrastive Nomina erfüllt. Wir wollen diese Textregel (EL-S/+c) nennen.

(EL-S/+c) Jedes direkt von TEXT dominierte S im Textmarker wird eliminiert, falls folgende Bedingungen erfüllt sind:
1) S enthält ein Nomen N_1 mit [+c(G)] und [+r(G)Z],
wobei Z eine Referenzzahl.
2) Es gibt kein Nomen N_2, für das gilt:
   a) N_2 enthält [+r(G)Z] und steht vor N_1 im Textmarker,
   b) es gibt vor N_1 im Textmarker mindestens ein Nomen
N_3, das [+r(G)U] mit U = Z enthält und die folgende
Bedingung erfüllt: $\langle$ N_3 steht koordinativ neben N_2
(d.h. N_3 und N_2 werden je von einer Nominalphrase
direkt dominiert, und beide NP sind miteinander
koordiniert.) $\rangle$
   c) es gibt zwischen N_1 und N_2 kein N_4 mit [+r(G)Z].

Für die Fälle, in denen ein Nomen das spezielle Referenzmerkmal
[-c(G)] enthält und dennoch die Textbedingungen für Kontrastivität
erfüllt, wollen wir eine entsprechende Textregel (EL-S/-c) annehmen.
Bis auf das durch [-c(G)] zu ersetzende [+c(G)] und die Zeile "Es
gibt kein N_2, für das gilt", die durch die Zeile "Es gibt ein N_2,
für das gilt" ersetzt werden muß, wäre die unformale Formulierung
von (EL-S/-c) gleichlautend mit der von (EL-S/+c).

An dieser Stelle zeigt sich, daß die in § 2.5.2. angenommene Konvention hinsichtlich der Anwendung von Textregeln für die soeben skizzierten Fälle sinnvoll ist. Danach werden Textregeln von links nach
rechts im Textmarker angewendet. Dies geschieht in der Weise, daß zunächst sämtliche Textregeln auf die unter dem am weitestens links stehenden S enthaltene Struktur angewendet werden. Danach wird zur Struktur unter dem nächst rechts stehenden direkt von TEXT dominierten S
übergegangen usw., bis der am weitesten rechts stehende P-Marker im
Textmarker abgearbeitet ist. Würden die Textregeln von rechts nach
links im Textmarker angewendet, dann behielte nach vollendeter transformationeller Ableitung eines Textes beispielsweise ein Nomen mit
[+c(G)], für das zum Zeitpunkt der Anwendung von (EL-S/+c) der voraufgehende Teil desselben Textes unter einem direkt von TEXT dominierten S die erforderlichen Bedingungen für die Kontrastivität enthält,
auch dann noch die Kombination [-DS(EL-S/+c)(T), -R(EL-S/+c)(T)].
die keine Verletzung definiert, wenn später das betreffende S eliminiert worden ist. Hierbei wollen wir voraussetzen, daß das Vorzei-

chen des genannten Merkmals [-DS(EL-S/+c)(T)] auch tatsächlich erhalten bleibt, wie es hier implizite angenommen wurde. Das aber würde bedeuten, daß die Annahme von Lakoff (1965), nach der das DS-Merkmal das Vorzeichen "+" bekommt, "sobald im Laufe der transformationellen Ableitung eines Satzes die strukturelle Beschreibung einer
Transformationsregel erfüllt ist", in dieser Form zu allgemein formuliert ist, denn in unserem Beispiel wird nach Eliminierung des
betreffenden S die strukturelle Beschreibung von (EL-S/+c) in dem angenommenen weiter rechts stehenden Satz "nachträglich" erfüllt.
Aus verschiedenen Gründen muß aber angenommen werden, daß das Vorzeichen von DS-Merkmalen nicht "nachträglich" noch verändert werden
darf, insbesondere deshalb, weil sonst am Schluß die Metaregeln zur
Interpretation der lexikalischen DS- und R-Merkmale nicht korrekt
funktionieren würden.

Wir wollen hier annehmen, daß das Vorzeichen "-" der DS-Merkmale immer genau dann in "+" verwandelt wird, wenn der "Zeitpunkt" der Anwendung der betreffenden Regel erreicht ist und die betreffende
Struktur, die "Anwärter" auf die strukturelle Veränderung ist, zu
genau diesem "Zeitpunkt" die strukturelle Beschreibung der Regel
erfüllt. Unabhängig davon, ob die Regel dann angewendet wird oder
nicht, darf das Vorzeichen danach nicht mehr verändert werden.

Wenn wir diese Annahmen voraussetzen, bleibt unsere obige Argumentation korrekt, nach der im Falle der Anwendung der Textregel (EL-S/+c)
von rechts nach links im Textmarker die Kombination [-DS(EL-S/+c)(T),
-R(EL-S/+c)(T)] in einem komplexen Symbol unter N in all denjenigen
Fällen erhalten bliebe, in denen die strukturelle Beschreibung von
(EL-S/+c) erst nachträglich durch folgende Eliminierung der den Kon-
trast rechtfertigenden Struktur in dem links von dem betreffenden N
stehenden Teil des Textes erfüllt wird. Werden die Textregeln dagegen von links nach rechts im Textmarker angewendet, so kann dieser
Fall nicht auftreten, da keine Eliminierungen von links gelegenen
Sätzen mehr stattfinden, wenn die Textregeln auf einen Satz angewendet werden.

4.3. KONTRASTIVE DIREKTE OBJEKTE

Wir wollen nun das Auftreten der Präposition a vor kontrastiven direkten Objekten mit Hilfe unseres Regelmechanismus erklären. Hierzu

ist es erforderlich, die Regel (R 5), die die Präpositionalität der
Verben verändert, so umzuformulieren, daß sie auch auf kontrastive
Objekte gemäß Beobachtung (82) anwendbar wird. Die entsprechend mo-
difizierte Regel hat dann folgende Form:

(R 6)

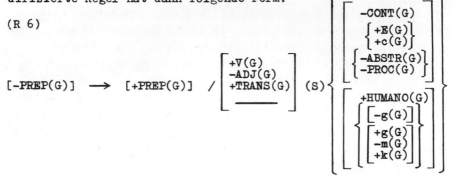

$$[-PREP(G)] \longrightarrow [+PREP(G)] \ / \begin{bmatrix} +V(G) \\ -ADJ(G) \\ +TRANS(G) \\ \underline{\quad\quad} \end{bmatrix} (S) \left\{ \begin{matrix} \begin{bmatrix} -CONT(G) \\ \left\{ \begin{matrix} +E(G) \\ +c(G) \end{matrix} \right\} \\ \left\{ \begin{matrix} -ABSTR(G) \\ -PROC(G) \end{matrix} \right\} \end{bmatrix} \\ \begin{bmatrix} +HUMANO(G) \\ [-g(G)] \\ \begin{bmatrix} +g(G) \\ -m(G) \\ +k(G) \end{bmatrix} \end{bmatrix} \end{matrix} \right\}$$

Durch (R 6) werden kontrastive direkte Objekte, die ein Diskontinuativum mit [-ABSTR(G)] oder [-PROC(G)] enthalten, von der Grammatik
entweder mit der Präposition vor sich oder mit entsprechenden Verletzungen erzeugt. Hierbei ergeben sich dann u.a. folgende Möglichkeiten: (a) Das Diskontinuativum im direkten Objekt enthält das Merkmal [+c(G)], und der voraufgehende Teil des Textes erfüllt die Bedingungen für Kontrastivität. Sind (R 6) und (TA) angewendet worden,
dann hat das Objekt die Präposition vor sich, und im komplexen Symbol in der Position des direkten Objekts wird keine Verletzung definiert. Ist (R 6) nicht angewendet worden, kann auch (TA) nicht angewendet werden, weil deren DS nicht erfüllt wird, und im komplexen
Symbol unter VERB, das die G-Regel (R 6) regiert, wird im Falle aller
Verben, die (R 6) durchlaufen dürfen, eine Verletzung der G-Regel
(R 6) definiert. (b) Das Diskontinuativum im direkten Objekt enthält
das Merkmal [+c(G)], und der voraufgehende Teil des Textes erfüllt
nicht die Bedingungen für die Kontrastivität des Diskontinuativums.
In diesem Falle wird entweder durch (EL-S/+c) der Satz eliminiert.
oder das Objekt enthält im komplexen Symbol die Kombination [+DS(EL-S/
+c)(T), -R(EL-S/+c)(T)], die eine Verletzung der Textregel (EL-S/+c)
definiert. (c) Das Diskontinuativum im direkten Objekt enthält das
Merkmal [-c(G)], und der voraufgehende Teil des Textes erfüllt nicht
die Bedingungen für Kontrastivität. In diesem Falle ist (R 6) - falls
nicht Emphase oder ein menschliches Objekt vorliegt - nicht anwendbar,
und es kann auch nicht durch (TA) die Präposition vor das Objekt gebracht werden. Verletzungen der Textregeln (EL-S/+c) und (EL-S/-c)
können ebenfalls nicht definiert werden, weil keine der strukturel-

len Beschreibungen der beiden Regeln erfüllt wird. (d) Das Diskontinuativum im direkten Objekt enthält das Merkmal [-c(G)], und der voraufgehende Teil des Textes erfüllt die Bedingungen für Kontrastivität. In diesem Falle wird entweder der Satz durch die Textregel
(EL-S/-c) eliminiert, oder das komplexe Symbol des Nomens im Objekt
erhält die Kombination [+DS(EL-S/-c)(T), -R(EL-S/-c)(T)], die eine
Verletzung der Textregel (EL-S/-c) definiert.

Unsere Regel (R 6) macht keinen Unterschied zwischen generellen und
nicht-generellen kontrastiven Objekten. Folgende Beispiele zeigen,
daß auch generelle kontrastive Objekte die Präposition vor sich haben. Dies erklärt die unterschiedliche Interpretation von Texten wie
(90)(a) einerseits und (90)(b) andererseits:

(90)(a) Pedro sabía que los trenes, los <u>coches de turismo</u> y
        los aviones son hoy día medios de transporte igual-
        mente imprescindibles. Sin embargo, en sus estudios
        académicos, sólo estudiaba a los <u>automóviles</u>, porque
        de otra manera su trabajo sería demasiado amplio.
    (b) Pedro sabía que los trenes, los <u>coches de turismo</u> y
        los aviones son hoy día medios de transporte igual-
        mente imprescindibles. Sin embargo, en sus estudios
        académicos, sólo estudiaba los <u>automóviles</u>, porque
        de otra manera su trabajo sería demasiado amplio.

In beiden Texten wird <u>automóviles</u> im generellen Sinne verstanden.
In (90)(a) bezieht es sich auf denselben Gegenstand wie <u>coches de
turismo</u> und ist dementsprechend kontrastiv. In Text (90)(b) dagegen
bezieht sich <u>automóviles</u> nicht auf <u>coches de turismo</u>, sondern auf
alle Autos schlechthin und nicht nur auf Autos des Typus "coche de
turismo", das heißt es referiert auf einen im Text neuen Gegenstand.
Hier ist <u>automóviles</u> nicht kontrastiv und bekommt infolgedessen auch
nicht die Präposition vor sich.

Text (91)(b) wird normalerweise genauso interpretiert wie (91)(a).
Dies erklärt, weshalb (91)(b) als eigenartig und leicht abweichend
empfunden wird, denn in (91)(a) ist <u>automóviles</u> im zweiten Vorkommen kontrastiv, und man erwartet demzufolge auch in (91)(b) an der
Stelle vor <u>automóviles</u> die Präposition.

(91)(a) Pedro sabía que los trenes, los <u>automóviles</u> y los
aviones son hoy día medios de transporte igualmente
imprescindibles. Sin embargo, en sus estudios aca-
démicos, sólo estudiaba a los <u>automóviles</u>, porque
de otra manera su trabajo sería demasiado amplio.
  (b)*Pedro sabía que los trenes, los <u>automóviles</u> y los
aviones son hoy día medios de transporte igualmente
imprescindibles. Sin embargo, en sus estudios aca-
démicos, sólo estudiaba los <u>automóviles</u>, porque de
otra manera su trabajo sería demasiado amplio.

Texte wie (91)(b) sind von unserer Grammatik ohne Verletzungen von
G-Regeln erzeugbar, und zwar indem <u>automóviles</u> im zweiten Vorkommen
[-c(G)] und damit eine Struktur bekommt, auf die (R 6) nicht anwendbar ist. Der Text erhielte dann lediglich im komplexen Symbol
von <u>automóviles</u> eine Verletzung der Textregel (EL-S/-c), da <u>auto-
móviles</u> die Bedingungen für Kontrastivität erfüllt. Das Fehlen der
Präposition in (91)(b) ist dann nicht auf eine Verletzung der G-Regel (R 6) und auch nicht auf eine Basisverletzung zurückzuführen,
sondern es ist eine Konsequenz einer inkorrekten Textanalyse, die
durch eine Verletzung einer Textregel erklärt wird.

Vergleichen wir nun die Texte (91) einerseits mit den Texten (92)
andererseits, in denen <u>mujer</u> im zweiten Vorkommen kontrastiv ist:

(92)(a) En una sala se encontraban una <u>mujer</u> y una niña.
De repente se aproximó un hombre, quien vio a la
<u>mujer</u>.
  (b)*En una sala se encontraban una <u>mujer</u> y una niña.
De repente se aproximó un hombre, quien vio la
<u>mujer</u>.

Da <u>mujer</u> ein konkretes Diskontinuativum ist, muß es, falls es im
Objekt steht und kontrastiv ist, die Präposition <u>a</u> vor sich haben.
Im Unterschied zu <u>automóviles</u> in (91)(b) enthält jedoch das komplexe Symbol von <u>mujer</u> im zweiten Vorkommen in (92)(b) die Merkmale
[+HUMANO(G), -g(G)], das heißt eine Struktur, auf die (R 6) stets
anwendbar ist. Infolgedessen ist ein Text wie (92)(b) nicht ohne
Verletzung der G-Regel (R 6) erzeugbar, denn (R 6) muß auch dann
angewendet werden, wenn <u>mujer</u> das spezielle Referenzmerkmal [-c(G)]
enthält. Nun wird ein Text wie (92)(b) als schwer abweichend, ein

Text wie (91)(b) dagegen als nur sehr leicht abweichend empfunden. Dem theoretischen Unterschied zwischen Verletzung einer G-Regel und Verletzung einer Textregel entspricht hier also ein empirischer Unterschied zwischen "schwerer" und "leichter" Abweichung.[69)

5. TIERE UND EIGENNAMEN IM OBJEKT

Wenn Eigennamen, die keine Personennamen sind, im direkten Objekt stehen und einen im Text neuen Gegenstand bezeichnen, dann steht vor dem Objekt nicht die Präposition. Dies zeigen die Beispiele (93)(a) und (b), von denen (93)(b) als abweichend empfunden wird.

(93)(a) A Pedro siempre le gustaba mucho viajar. Una vez fue
        a Europa, donde vio Berlín, la capital de la R.D.A.
   (b)*A Pedro siempre le gustaba mucho viajar. Una vez fue
        a Europa, donde vio a Berlín, la capital de la R.D.A.

Referieren solche Eigennamen auf einen im Text nicht-neuen Gegenstand, dann steht die Präposition a vor dem Objekt:

(94)(a) Pedro tenía siempre el deseo de conocer Cartagena.
        Un día, cuando vio a Cartagena, se dio cuenta de que
        es una ciudad muy vieja.
   (b)*Pedro tenía siempre el deseo de conocer Cartagena.
        Un día, cuando vio Cartagena, se dio cuenta de que
        es una ciudad muy vieja.

Dieselbe Regularität äußert sich in der modernen Form zweier bekannter spanischer Sprichwörter:

(95)(a) Quien no ha visto Sevilla, no ha visto maravilla.
   (b) De Madrid al cielo, y en el cielo un ventanillo para
       ver a Madrid.

Im einen Sprichwort ist Sevilla ein neuer Gegenstand, im anderen referiert Madrid im zweiten Vorkommen auf einen im Text nicht-neuen Gegenstand.

Die Präposition steht auch dann vor dem direkten Objekt, wenn der betreffende Eigenname, der auf einen nicht-neuen Gegenstand referiert, nicht vorerwähnt ist. In (96)(a) ist Madrid nicht vorerwähnt, referiert aber auf denselben Gegenstand wie capital im voraufgehenden Teil desselben Textes:

(96)(a) Pedro sabía que la capital de España es una ciudad
        muy grande. Un día, cuando vio a Madrid, se dio cuenta
        de que era mucho más grande de lo que él se había
        imaginado.

(b)*Pedro sabía que la capital de España es una ciudad muy
grande. Un día, cuando vio Madrid, se dio cuenta de
que era mucho más grande de lo que él se había imaginado.

Umgekehrt steht die Präposition trotz Vorerwähnung der lexikalischen
Einheit nicht, wenn diese einen neuen Gegenstand bezeichnet:

(97)(a) Pedro vivía mucho tiempo en <u>Cartagena</u>, una de las ciudades
más conocidas de Colombia. Un día, cuando vio <u>Cartagena</u>,
el famoso puerto español, se dio cuenta de que es mucho
más vieja que la ciudad colombiana del mismo nombre.

(b)*Pedro vivía mucho tiempo en <u>Cartagena</u>, una de las ciudades más conocidas de Colombia. Un día, cuando vio a <u>Car-
tagena</u>, el famoso puerto español, se dio cuenta de que
es mucho más vieja que la ciudad colombiana del mismo
nombre.

Stehen im direkten Objekt Eigennamen von Menschen oder Tieren, dann
wird selbst dann die Präposition gesetzt, wenn die betreffenden Eigennamen auf einen im Text neuen Gegenstand referieren. Dies erklärt,
weshalb Texte wie (98)(b) und (99)(b) als stark abweichend empfunden werden.

(98)(a) Un día Pedro estaba charlando con su amigo, cuando de
repente vio a <u>Sultán</u>, uno de sus perros.

(b)*Un día Pedro estaba charlando con su amigo, cuando de
repente vio <u>Sultán</u>, uno de sus perros.

(99)(a) Un día Pedro estaba charlando con su amigo, cuando de
repente vio a <u>Luis</u>, uno de sus hermanos.

(b)*Un día Pedro estaba charlando con su amigo, cuando de
repente vio <u>Luis</u>, uno de sus hermanos.

Wenn im direkten Objekt Appellativa stehen, die Tiere bezeichnen und
auf einen im Text neuen Gegenstand referieren, wird keine Präposition gesetzt. In Text (100)(a) referiert <u>gato</u> auf einen neuen Gegenstand, Text (100)(b) ist abweichend.

(100)(a) Un día Pedro estaba charlando con su amigo. De repente
vio un <u>gato</u>.

(b)*Un día Pedro estaba charlando con su amigo. De repente
vio a un <u>gato</u>.

Diese Regularität zeigt sich besonders deutlich an denjenigen lexikalischen Einheiten, die sowohl Tiere als auch Menschen bezeichnen
können. Wenn solche lexikalische Einheiten im direkten Objekt stehen
und einen neuen Gegenstand bezeichnen, werden sie als Bezeichnungen
für Menschen interpretiert, wenn die Präposition a vor dem Objekt
steht. Vergleichen wir z.B. folgende Texte:

(101)(a) Un día Pedro estaba en una granja, charlando con su
         amigo. De repente vio un rocín.
     (b) Un día Pedro estaba en una granja, charlando con su
         amigo. De repente vio a un rocín.

In Text (101)(a) wird rocín als Pferd mit bestimmten Eigenschaften
- als Arbeitspferd, Schindmähre oder dergleichen - interpretiert. In
(101)(b) dagegen bezeichnet rocín einen Menschen im pejorativen Sinne, einen Tölpel; jedenfalls wird rocín hier nicht als Tier interpretiert.

Wiederum anders verhalten sich Texte, in denen im direkten Objekt
eines Satzes eine Tierbezeichnung steht, die auf einen nicht-neuen
Gegenstand referiert. Vergleichen wir hierzu die Texte (102):

(102)(a) Un día Pedro estaba caminando en una playa, cuando
         llegó a un lugar donde se encontraba un gato. Pedro
         estaba charlando con su amigo sin fijarse en el
         camino. De repente vio al animal.
     (b)*Un día Pedro estaba caminando en una playa, cuando
         llegó a un lugar donde se encontraba un gato. Pedro
         estaba charlando con su amigo sin fijarse en el camino.
         De repente vio el animal.

In Text (102)(a) referiert animal auf einen nicht-neuen Gegenstand,
der identisch ist mit dem Gegenstand, auf den gato referiert. Die
Tatsache, daß ein Text wie (102)(b), der sich nur durch das Fehlen
der Präposition a vor animal vom Text (102)(a) unterscheidet, als
abweichend empfunden wird, weist darauf hin, daß vor einem direkten
Objekt mit einer Tierbezeichnung, die auf einen nicht-neuen Gegenstand referiert, die Präposition a stehen muß.

Besonders illustrativ sind die Texte (103) und (104), die das unterschiedliche Verhalten von Objekten mit Sachbezeichnungen und Objekten mit Tierbezeichnungen zeigen:

(103)(a) Un día Pedro estaba caminando en una playa, cuando
llegó a un lugar donde se encontraba una esponja.
Pedro estaba charlando con su amigo sin fijarse en
el camino. De repente vio a la esponja.

    (b)*Un día Pedro estaba caminando en una playa, cuando
llegó a un lugar donde se encontraba una esponja.
Pedro estaba charlando con su amigo sin fijarse en
el camino. De repente vio la esponja.

(104)(a) Un día Pedro estaba caminando en una playa, cuando
llegó a un lugar donde se encontraba una esponja
que alguien había perdido. Pedro estaba charlando
con su amigo sin fijarse en el camino. De repente
vio la esponja.

    (b)*Un día Pedro estaba caminando en una playa, cuando
llegó a un lugar donde se encontraba una esponja
que alguien había perdido. Pedro estaba charlando
con su amigo sin fijarse en el camino. De repente
vio a la esponja.

Die Bewertung, die wir für die Texte (103) und (104) angegeben haben, gilt nicht absolut, sondern ist abhängig von der Interpretation von esponja. Wird in den Texten (103) esponja als eine Bezeichnung für ein Tier interpretiert, dann ist (103)(a) wohlgeformt und
(103)(b) abweichend. Wenn dieselbe lexikalische Einheit als Bezeichnung für einen unbelebten Gegenstand - als Schwamm zum Abwischen von
Tafeln oder dergleichen - aufgefaßt wird, ist die Bewertung umgekehrt: (103)(b) ist wohlgeformt und (103)(a) ist abweichend. Entsprechend wird Text (104)(a) als wohlgeformt empfunden und (104)(b)
als abweichend, wenn esponja einen unbelebten Gegenstand bezeichnet; die Bewertung ist umgekehrt, sobald esponja als Tier interpretiert wird. Allen diesen Texten ist gemeinsam, daß esponja im jeweils zweiten Vorkommen als nicht-neuer Gegenstand aufgefaßt wird.
Aber nur dann, wenn es als Tierbezeichnung interpretiert wird, muß
die Präposition a vor dem Objekt stehen.

Wiederum anders verhalten sich direkte Objekte mit Tierbezeichnungen
im generellen Sinne. Vergleichen wir hierzu die Texte (105):

(105)(a) Un día Pedro sostuvo una larga discusión con su amigo
sobre la agricultura. El amigo, quien conocía bien a

los <u>caballos</u>, opinó que hoy día estos animales ya no
son tan importantes.

(b)*Un día Pedro sostuvo una larga discusión con su amigo
sobre la agricultura. El amigo, quien conocía bien los
<u>caballos</u>, opinó que hoy día estos animales ya no son
tan importantes.

In Text (105)(a) referiert <u>caballos</u> auf einen neuen Gegenstand im
generellen Sinne. In (105)(b) wird <u>caballos</u> dagegen nicht im generellen Sinne verstanden, sondern es referiert direkt auf bestimmte
Individuen. Dieser Text wird als leicht abweichend empfunden, denn
man erwartet hier noch eine nähere Bestimmung zu <u>caballos</u>, etwa in
der Form <u>los caballos de Pedro</u>. Auf keinen Fall wird jedoch <u>caballos</u>
in (105)(b) genauso wie <u>caballos</u> in (105)(a) interpretiert. Wie Text
(105)(a) zeigt, muß vor Tierbezeichnungen im generellen Sinne, die
auf eine bekannte Klasse referieren, auch dann die Präposition <u>a</u>
stehen, wenn sie einen neuen Gegenstand bezeichnen.

Folgende Beispiele zeigen, daß auch bei Vorerwähnung der generellen
Tierbezeichnung die Präposition steht:

(106)(a) Un día Pedro sostuvo una larga discusión con su amigo
sobre los <u>caballos</u> con respecto a su importancia actual.
El amigo, quien conocía bien a los <u>caballos</u>, opinó que
hoy día ya serían mucho más importantes los tractores.
(b)*Un día Pedro sostuvo una larga discusión con su amigo
sobre los <u>caballos</u> con respecto a su importancia actual.
El amigo, quien conocía bien los <u>caballos</u>, opinó que
hoy día ya serían mucho más importantes los tractores.

In (106)(a) referiert <u>caballos</u> im zweiten Vorkommen auf denselben
Gegenstand wie <u>caballos</u> im ersten Vorkommen. In Text (106)(b) wird
<u>caballos</u> im zweiten Vorkommen als ein neuer Gegenstand aufgefaßt
und, ähnlich wie <u>caballos</u> in (105)(b), im nicht-generellen Sinne
verstanden. Der Text (106)(b) wird aus ähnlichen Gründen wie im Falle von (105)(b) als leicht abweichend empfunden.

Während aus den in § 3. zitierten Beispielen hervorgeht, daß bei
vorerwähnten generellen menschlichen Objekten unabhängig davon, ob
sie einen neuen oder nicht-neuen Gegenstand bezeichnen, die Präposition fehlt, wenn sie nicht kontrastiv sind, zeigt der Text (106)(a),

daß bei Tierbezeichnungen im generellen Sinne die Vorerwähnung in
solchen Fällen keine Rolle spielt. Wir wollen das unterschiedliche
Verhalten von generellen menschlichen Objekten und Objekten mit generellen Tierbezeichnungen noch an folgenden Beispielen illustrieren:

(107)(a) Pedro sabía que hoy día las actrices llevan una vida
muy ocupada. Conocía bien las actrices.
   (b)*Pedro sabía que hoy día las actrices llevan una vida
muy ocupada. Conocía bien a las actrices.

(108)(a) Pedro sabía que hoy día los caballos ya no son tan
importantes. Conocía bien a los caballos.
   (b)*Pedro sabía que hoy día los caballos ya no son tan
importantes. Conocía bien los caballos.

Actrices im zweiten Vorkommen in (107)(a) und caballos im zweiten
Vorkommen in (108)(a) sind vorerwähnt, das heißt ihre phonologische
Matrix ist im voraufgehenden Teil des jeweiligen Textes schon einmal
aufgetreten. Beide haben die gleichen Referenzeigenschaften. Sie sind
generell und referieren auf einen nicht-neuen Gegenstand. Der Unterschied zwischen den letzten Sätzen von (107)(a) und (108)(a) besteht
lediglich darin, daß actrices zur Klasse der Menschen und caballos
zur Klasse der Tiere gehört.[70)]

Wir wollen nun unsere Beobachtungen folgendermaßen zusammenfassen:

Steht im direkten Objekt ein Eigenname, der auf einen nicht-neuen
Gegenstand referiert oder eine Bezeichnung für ein Tier oder einen
Menschen ist, dann steht die Präposition a vor dem Objekt. Die Präposition steht auch dann, wenn im Objekt ein Appellativum auftritt,
das eine Tierbezeichnung ist, die auf einen nicht-neuen Gegenstand
referiert oder generell und bekannt ist.

Die Bekanntheit der Generalia wird hier in demselben Sinne wie in
§ 3. verstanden und soll durch das Symbol [+k(G)] gekennzeichnet werden. Sie ist erforderlich, da nicht-bekannte generelle Tierbezeichnungen nicht die Präposition vor sich haben: *Pedro vio a caballos ist
abweichend.

Wir wollen entsprechend den in § 2.4.1. formulierten Basisregeln annehmen, daß Eigennamen durch das Merkmal [+PROPIO(G)], menschliche
Nomina durch die Kombination [+ANIMADO(G), +HUMANO(G)] und Tierbe-

zeichnungen durch die Kombination [+ANIMADO(G), -HUMANO(G)] gekennzeichnet sind. Unter diesen Voraussetzungen können wir nun unsere
Regel (R 6) so umformulieren, daß sie die in diesem Kapitel beobachteten Fakten mit erklärt.

(R 7)

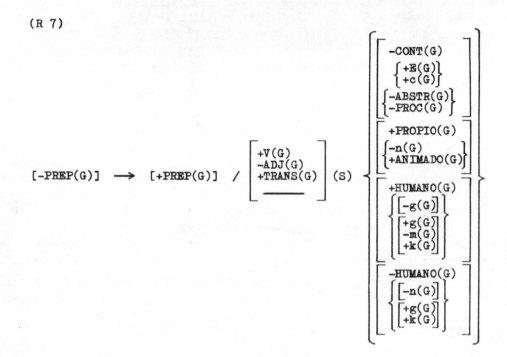

6. EINFACHE OBJEKTE MIT ZWEI NOMINA

6.1. ZUR STRUKTUR DER NOMINALPHRASE

Direkte Objekte mit zwei Nomina zeigen hinsichtlich der Setzung der
Präposition ein anderes Verhalten als Objekte mit einem Nomen. Dies
ist zum Beispiel der Fall bei Emphasesätzen:

(109)(a) Pedro vio ayer a una niña. - No. Pedro vio ayer a una
         me̲s̲a̲.
     (b)*Pedro vio ayer a una niña. - No. Pedro vio ayer una
         me̲s̲a̲.
     (c)*Pedro vio ayer a una hija de Luis. - No. Pedro vio
         ayer a una me̲s̲a̲ de Luis.
     (d) Pedro vio ayer a una hija de Luis. - No. Pedro vio
         ayer una me̲s̲a̲ de Luis.

In den Emphasesätzen dieser Texte trägt jeweils me̲s̲a̲ den einzigen
stark hervortretenden Satzakzent. Obwohl in den jeweiligen quasi-
identischen Vorgängersätzen die Präposition steht, darf in Texten
wie (d) im Emphasesatz nicht die Präposition auftreten. Im Unterschied zu (a) enthält das betreffende Objekt in (d) zwei Nomina. In
einigen Fällen jedoch tritt in der Oberflächenstruktur das zweite
Nomen nicht mehr in Erscheinung:

(110)(a) Pedro vio a una niña. - No. Pedro vio una ma̲n̲o̲.
     (b) Pedro vio a una niña. - No. Pedro vio a una ma̲n̲o̲.

Die Texte (110) werden unterschiedlich interpretiert. In (110)(a)
wird ma̲n̲o̲ als Teil eines Armes beziehungsweise als Teil eines Kör-
pers, in (110)(b) dagegen als lose Hand, die nicht Teil von etwas
ist, verstanden. Dieselbe Interpretation wie in (110)(a) erhält ma̲n̲o̲
in Texten wie (111):

(111)(a) Pedro vio ayer a una hija de Luis. - No. Pedro vio
         ayer una ma̲n̲o̲ de Luis.
     (b)*Pedro vio ayer a una hija de Luis. - No. Pedro vio
         ayer a una ma̲n̲o̲ de Luis.

Die Tatsache, daß ein Text wie (111)(b) abweichend ist, zeigt, daß
sich ma̲n̲o̲ als erstes von zwei Nomina im direkten Objekt eines Emphasesatzes wie in (111) sowohl hinsichtlich der Setzung der Präposition als auch hinsichtlich der Interpretation genauso verhält wie im

Emphasesatz von (110)(a). Wir wollen deshalb annehmen, daß Texten
wie (110)(a) Tiefenstrukturen zugrundeliegen, in denen einem Nomen
wie mano ein weiteres Nomen folgt. Ferner nehmen wir an, daß zwischen diesen Nomina die Relation "Teil-von" definiert wird. So gilt
beispielsweise in (111)(a) für die Struktur mano de Luis, daß mano
"Teil-von-Luis" ist.

Unter diesen Voraussetzungen kann die dem Emphasesatz von (110)(a)
zugrundeliegende Struktur von der Grammatik in der gleichen Weise
behandelt werden wie die Struktur des Emphasesatzes von (111)(a). Es
wird dann eine späte Regel erforderlich, die in Fällen wie (110)(a)
das zweite von zwei Nomina einer Nominalphrase eliminiert.

Für mano in einem Text wie (110)(b) wollen wir annehmen, daß eine
Tiefenstruktur ohne folgendes Nomen zugrundeliegt, so daß einerseits
die Relation "Teil-von" nicht definiert wird und andererseits eine
Bedingung geschaffen wird, unter der Emphasesätze wie der von (110)
(b) von der Grammatik in derselben Weise behandelt werden können wie
beispielsweise der Emphasesatz in (109)(a).

Vergleichen wir nun die soeben zitierten Texte mit (112):

(112)(a) Pedro vio ayer a tres de cinco niñas. - No. Pedro
         vio ayer a tres de cinco mesas.
    (b)*Pedro vio ayer a tres de cinco niñas. - No. Pedro
         vio ayer tres de cinco mesas.

Aus Gründen, die in diesem Zusammenhang nicht interessieren, wollen
wir annehmen, daß Strukturen wie tres de cinco mesas auf Strukturen
mit zwei Nomina zurückgehen, d.h. in diesem Falle auf tres mesas de
cinco mesas. Dann ergibt sich zweierlei. Erstens zeigt sich, daß
unser bisheriger Regelmechanismus die in den Texten (109), (110) und
(111) gegebenen Fakten nicht erklären kann, da die jeweils letzten
Sätze dieser Texte Diskontinuativa im Objekt enthalten und alle diejenigen in § 2.5. angeführten Textbedingungen erfüllen, unter denen
in einem Emphasesatz die Präposition prädiziert wird, während die
empirischen Fakten besagen, daß in Emphasesätzen mit zwei Nomina im
direkten Objekt wie in (109)(d), (110)(a) und (111)(a) die Präposition nicht stehen darf. Zweitens ist es zur Erklärung der Präpositionalität von Emphasesätzen mit zwei Nomina im direkten Objekt erforderlich, verschiedene Arten von "Beziehungen" zu unterscheiden,

die zwischen zwei Nomina einer Nominalphrase auftreten können, da im Falle von Strukturen wie <u>tres de cinco mesas</u> in (112)(a) im Unterschied zu <u>una mano de Luis</u>, <u>una mesa de Luis</u> die Präposition nicht fehlen darf.

Wir wollen zu diesem Zweck annehmen, daß es für Nomina, die in der Nominalphrase vor einem zweiten Nomen stehen, Relationsmerkmale gibt. Die Grammatik enthält dann im Basisteil Regeln folgender Art:

$$(113) \quad [+\underline{\quad}N(G)] \longrightarrow \begin{bmatrix} \left\{ \begin{array}{l} +ELEM(X)(G) \\ -ELEM(X)(G) \end{array} \right\} \\ \left\{ \begin{array}{l} +PERT(X)(G) \\ -PERT(X)(G) \end{array} \right\} \end{bmatrix}$$

$$[+PERT(X)(G)] \longrightarrow \left\{ \begin{array}{l} [+PARS(X)(G)] \\ [-PARS(X)(G)] \end{array} \right\}$$

$$[-PARS(X)(G)] \longrightarrow \left\{ \begin{array}{l} [+POSS(X)(G)] \\ [-POSS(X)(G)] \end{array} \right\}$$

Die Regeln (113) führen in die komplexen Symbole, die das strikte Subkategorisierungsmerkmal $[+\underline{\quad}N(G)]$ enthalten, Relationsmerkmale ein. Hierbei stehen $[+ELEM(X)(G)]$ für "Element-von-Relation", $[+PERT(X)(G)]$ für "Pertinenz-zu-Relation", $[+PARS(X)(G)]$ für "Teil-von-Relation" und $[+POSS(X)(G)]$ für "Besitz-von-Relation". Das Symbol "(X)" in den Merkmalen ist ein Zeichen für "Relationsmerkmal".[71]

Nach den Regeln (113) ergeben sich dann die folgenden Kombinationen von Relationsmerkmalen in den komplexen Symbolen des jeweils ersten Nomens von zwei Nomina einer Nominalphrase:

$[+ELEM(X)(G), -PERT(X)(G)]$: tres (hombres) de los hombres, una (mesa) de las mesas, ...

$[+ELEM(X)(G), +PERT(X)(G)]$: un miembro del grupo, tres elementos de un conjunto, los cuadros del partido, ...

$[-ELEM(X)(G), +PERT(X)(G)]$: las manos de Pedro, los habitantes de Moscú, ...

$[-ELEM(X)(G), -PERT(X)(G)]$: dos litros de leche, un grupo de soldados, cinco quintales de carbones, ...

[+PERT(X)(G), +PARS(X)(G)]: la cabeza de Pedro, las ruedas de
           un carro, las ramas de un árbol, ...

[+PERT(X)(G), +POSS(X)(G)]: una mesa de Luis, el automóvil del
           jefe, ...

[+PERT(X)(G), -POSS(X)(G)]: los habitantes de Berlín, la madre
           de Pedro, los abogados de Luis, los
           colaboradores del instituto, el
           botiquín del automóvil, el manzano
           de la huerta, el color de la mesa, ...

Wir wollen annehmen, daß eine Struktur wie una mano in Text (110)(b)
auf eine Tiefenstruktur folgender Art zurückzuführen ist:

(114)

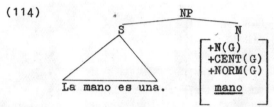

Für Strukturen wie una mano de Luis in Text (111)(a) wollen wir Tiefenstrukturen mit folgenden Eigenschaften annehmen:

(115)

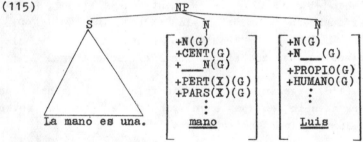

Unsere bisherige Beobachtung besagt, daß die in § 2.5. konstatierte
Regularität für Emphasesätze hinsichtlich der Setzung der Präposition immer dann gilt, wenn das Nomen das einzige Nomen der Nominalphrase in der Position des direkten Objekts ist, das heißt wenn eine
Struktur wie (114) im Objekt steht, in der das Nomen das Merkmal
[+NORM(G)] für "Normalnomen" enthält, welches nach den in § 2.4.1.
formulierten Basisregeln besagt, daß dem Nomen in der Tiefenstruktur
kein zweites von derselben Nominalphrase direkt dominiertes Nomen
folgt.

Steht dagegen eine Struktur wie (115) im direkten Objekt eines Emphasesatzes, dann fehlt die Präposition vor dem Objekt. Dies gilt in
Fällen wie una mesa de Luis in (109)(d), una mano de Luis in (111)
(a) und der zugrundeliegenden Tiefenstruktur von una mano in (110)
(a), in denen jeweils im ersten von zwei Nomina der Nominalphrase
im direkten Objekt das Relationsmerkmal [+PERT(X)(G)] enthalten ist.

Die Präposition fehlt aber auch in denjenigen Fällen, in denen im
ersten Nomen von zwei Nomina des Objekts eines Emphasesatzes nicht
das Merkmal [+PERT(X)(G)] enthalten ist:

(116)(a)*Pedro vio ayer a un conjunto de músicos. - No. Pedro
         vio ayer a un conjunto de mesas.
     (b) Pedro vio ayer a un conjunto de músicos. - No. Pedro
         vio ayer un conjunto de mesas.

Text (116)(a) ist abweichend. Der Emphasesatz "Pedro vio ayer a un
conjunto de mesas" wird hierbei in unnormaler Weise interpretiert,
und zwar in der Weise, als handele es sich bei mesas nicht um Tische,
sondern um Menschen oder gar Musiker. In (116)(b) dagegen wird mesas
mit der normalen Interpretation in der Bedeutung "Tische" verstanden.

Wir wollen annehmen, daß das komplexe Symbol des ersten Nomens der
Struktur un conjunto de mesas in (116)(b) die Kombination [-ELEM(X)
(G), -PERT(X)(G)] enthält. Da wir zur Erklärung von Fällen wie (116)
annehmen wollen, daß beim Auftreten einer solchen Kombination im ersten Nomen des Objekts eines Emphasesatzes nicht die Präposition stehen darf, und da wir angenommen hatten, daß auch vor Objekten mit dem
Relationsmerkmal [+PERT(X)(G)] im ersten Nomen die Präposition nicht
stehen darf, bleiben nun gemäß Regel (113) als Anwärter auf eine mögliche Setzung der Präposition in Emphasesätzen mit zwei Nomina im Objekt nur noch die Fälle übrig, in denen im ersten Nomen des Objekts
die Kombination [+ELEM(X)(G), -PERT(X)(G)] enthalten ist. Diese Kombination aber hatten wir für Fälle wie tres hombres de los hombres
angenommen, in denen das erste Nomen durch eine späte Regel zu eliminieren ist. Demnach ist diese Kombination ebenfalls in der Struktur
enthalten, auf die tres de cinco mesas in Text (112)(a) zurückgeht,
d.h. in tres mesas de cinco mesas. Wie die Bewertung der Emphasetexte
(112) zeigt, muß in diesen Fällen die Präposition im Emphasesatz stehen.

Wir fassen nun unsere Feststellungen folgendermaßen zusammen: Die
in § 2.5. konstatierte Regularität hinsichtlich der Setzung der Präposition a in Emphasesätzen gilt nur dann, wenn das direkte Objekt
des Emphasesatzes ein Normalnomen oder im ersten von zwei Nomina die
Kombination [+ELEM(X)(G), -PERT(X)(G)] enthält.

Eine Ausnahme von dieser Feststellung bilden die belebten direkten
Objekte, die unter den in § 2.5. angegebenen Bedingungen stets die
Präposition vor sich haben:

(117)(a) Pedro vio ayer a la hija de Luis. - No. Pedro vio ayer
          a la _madre_ de Luis.
    (b)*Pedro vio ayer a la hija de Luis. - No. Pedro vio ayer
          la _madre_ de Luis.
    (c) Pedro vio ayer a la hija de Luis. - No. Pedro vio ayer
          al _perro_ de Luis.
    (d)*Pedro vio ayer a la hija de Luis. - No. Pedro vio ayer
          el _perro_ de Luis.
    (e) Pedro vio ayer a una hija de Luis. - No. Pedro vio
          ayer a un _perro_ de Luis.
    (f)*Pedro vio ayer a una hija de Luis. - No. Pedro vio
          ayer un _perro_ de Luis.
    (g) Pedro vio ayer a un grupo de turistas. - No. Pedro
          vio ayer a un grupo de _artistas_.
    (h)*Pedro vio ayer a un grupo de turistas. - No. Pedro
          vio ayer un grupo de _artistas_.

Um die Beobachtungen dieses Kapitels zu erklären, muß die Regel (R 7)
so verändert werden, daß sie für Emphasesätze nur dann anwendbar ist,
wenn das direkte Objekt des Emphasesatzes die in (118) charakterisierten Eigenschaften aufweist.

(118)   VERB (S)
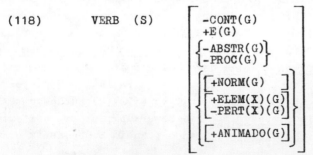

$$\begin{bmatrix} -CONT(G) \\ +E(G) \\ \left\{ \begin{matrix} -ABSTR(G) \\ -PROC(G) \end{matrix} \right\} \\ \left\{ \begin{matrix} [+NORM(G)] \\ \left[\begin{matrix} +ELEM(X)(G) \\ -PERT(X)(G) \end{matrix} \right] \\ [+ANIMADO(G)] \end{matrix} \right\} \end{bmatrix}$$

Bevor wir unsere Regel (R 7) so umformulieren, daß sie die in der

Umgebungscharakterisierung (118) erfaßten Fakten mit erklärt, wollen
wir noch untersuchen, wie sich die Objekte mit zwei Nomina in nicht-
emphatischen Sätzen verhalten.

6.2. Exkurs: REPETITIONSNOMEN UND EINFÜHRUNG VON REFERENZZAHLEN

In diesem Kapitel wollen wir ein Randproblem behandeln, das zwar zunächst nicht unmittelbar mit unserem Thema in Beziehung steht, das
aber dennoch für einige der von uns betrachteten Strukturen von Bedeutung ist. Wir werfen das Problem an dieser Stelle auf, weil es
Strukturen wie (114) betrifft, deren Existenz wir soeben in § 6.1.
angenommen haben.

Betrachten wir als Ausgangspunkt einen Text wie <u>Un hombre vio tres
máquinas que se encontraban en una fábrica</u>, für den wir eine Tiefenstruktur mit den Eigenschaften (119) annehmen wollen.

(119)

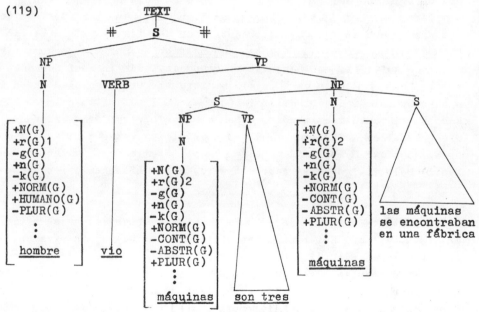

Aus verschiedenen Gründen ist es sinnvoll anzunehmen, daß in einer
Struktur wie (119) das Nomen <u>máquinas</u> im direkten Objekt, d.h. unter
dem N in der Kette VERB S N, in seinem komplexen Symbol dieselbe Referenzzahl enthält wie das vorausgehende Nomen <u>máquinas</u>, das von dem
S der Kette VERB S N dominiert wird. Wir haben deshalb in (119) für
diese Nomina die gleiche Referenzzahl, nämlich 2, hinter dem allge-

meinen Referenzmerkmal [+r(G)] angenommen.

Nun sind jedoch die in § 4.2. aufgeführten Regeln (85) und (86), die
die Referenzzahlen einführen, nicht in der Lage, in einem Textmarker
wie (119) in den beiden komplexen Symbolen mit máquinas die gleiche
Referenzzahl einzutragen, da beide Nomina das spezielle Referenzmerkmal [+n(G)] enthalten und Regel (85) infolgedessen im komplexen Symbol des zweiten Vorkommens von máquinas eine Referenzzahl einsetzen
würde, die um eins größer ist als die Referenzzahl des nächst links
stehenden referenzzahlhaltigen Nomens. Mit anderen Worten, Regel (85)
hätte im zweiten Vorkommen von máquinas in (119) die Referenzzahl 3
eingetragen.

Um diesem Umstand abzuhelfen, wäre es möglich, beim zweiten Vorkommen
von máquinas in (119) statt [+n(G)] die speziellen Referenzmerkmale
[-n(G), +id(G)] anzusetzen, so daß hierauf Regel (86) anwendbar wird
und die gleiche Referenzzahl eintragen kann, die durch (85) in das
komplexe Symbol des ersten Vorkommens von máquinas eingeführt worden
ist. Da jedoch in der Oberflächenstruktur des Textes Un hombre vio
tres máquinas que se encontraban en una fábrica nur ein Vorkommen von
máquinas auftritt, muß bei dieser Lösung entweder in Kauf genommen
werden, daß in dem in der Oberflächenstruktur erhalten bleibenden komplexen Symbol die Kombination [-n(G), +id(G)] auftritt, oder es muß
eine Regel postuliert werden, deren einziger Zweck darin bestünde,
die speziellen Referenzmerkmale zu korrigieren, etwa derart, daß das
erste komplexe Symbol mit máquinas an die Stelle des zweiten komplexen Symbols mit máquinas gebracht wird. Beide Lösungen wären jedoch
wenig plausibel.

Offensichtlich ist für diese Fälle ein Mechanismus vorzuziehen, der
es gestattet, die Referenzzahlen gleich in der Weise einzutragen,
daß Strukturen wie (119) bereits in der Tiefenstruktur die gewünschten Referenzzahlen bekommen. Dies betrifft diejenigen Fälle, in denen in der Tiefenstruktur zwei oder mehrere Nomina auftreten, die
einerseits die gleiche Referenzzahl und andererseits dieselbe Menge
von speziellen Referenzmerkmalen benötigen.

Wir wollen annehmen, daß alle Nomina in der Tiefenstruktur subkategorisiert sind hinsichtlich eines Merkmals [+R(G)] für "Repetitions-
nomen" beziehungsweise [-R(G)] für "Nicht-Repetitionsnomen". Ferner

nehmen wir an, daß die Grammatik an Stelle von (85) und (86) die Regeln (120), (121) und (122) enthält. Diese Regeln werden nach vollendeter Ableitung eines Textmarkers der Tiefenstruktur auf alle komplexen Symbole von links nach rechts im Textmarker angewendet. Dies
geschieht in der Weise, daß (121) erst angewendet wird, nachdem die
Anwendung von (120) auf den gesamten Basistextmarker bereits abgeschlossen ist, und (122) erst dann, wenn (121) auf den gesamten Textmarker angewendet worden ist.

$$(120) \quad [+r(G)] \longrightarrow [+r(G)Z] \; / \; ([+r(G)P]) \quad X \quad \begin{bmatrix} \overline{} \\ -R(G) \\ \begin{Bmatrix} +n(G) \\ -id(G) \end{Bmatrix} \end{bmatrix}$$

> wobei:
> > 1) X ist eine (leere oder nicht-leere) Kette von
> > Symbolen und enthält kein komplexes Symbol mit
> > einer Referenzzahl.
> > 2) Z und P sind Referenzzahlen, wobei Z = 1, falls
> > gilt: das komplexe Symbol enthält [+n(G)] und
> > es gibt vor X kein komplexes Symbol mit Referenz-
> > zahl; Z = P + 1 sonst.

$$(121) \quad [+r(G)] \longrightarrow [+r(G)U] \; / \; [+r(G)U] \; X \quad \begin{bmatrix} \overline{} \\ -R(G) \\ +id(G) \end{bmatrix}$$

> wobei:
> > 1) X ist eine beliebige (leere oder nicht-leere)
> > Kette von Symbolen.
> > 2) U ist eine beliebige Referenzzahl.

$$(122) \quad [+r(G)] \longrightarrow [+r(G)W] \; / \; [+r(G)W] \; X \quad \begin{bmatrix} \overline{} \\ +R(G) \end{bmatrix}$$
$$\qquad\qquad\qquad\qquad\qquad\quad 1 \qquad\qquad 2 \qquad\quad 3$$

> wobei:
> > 1) X ist eine beliebige (leere oder nicht-leere)
> > Kette von Symbolen.
> > 2) W ist eine beliebige Referenzzahl.
> > 3) Die komplexen Symbole 1 und 3 enthalten dieselbe
> > Menge von speziellen Referenzmerkmalen.

Bleiben nach Anwendung von (122) in einem Satz noch Nomina ohne Referenzzahl übrig, so wird die Textregel (EL-S/+r) angewendet, die
den Satz eliminiert. In allen Fällen, in denen ein Nomen die strukturelle Beschreibung von (EL-S/+r) erfüllt, ohne daß (EL-S/+r) angewendet wurde, wird in dem komplexen Symbol dieses Nomens in der
bekannten Weise eine Verletzung der Textregel (EL-S/+r) definiert.

Strukturen wie (119) werden nun von der Grammatik nach Einführung
der Referenzzahlen als Basistextmarker erzeugt. Hierbei ist dann lediglich erforderlich, daß das komplexe Symbol des zweiten Vorkommens
von máquinas das Merkmal [+R(G)] enthält, so daß einerseits Regel
(120) nicht auf dieses komplexe Symbol anwendbar ist und andererseits
(122) dieselbe Referenzzahl eintragen kann, die durch voraufgehender
Anwendung von (120) in das mit dem Merkmal [-R(G)] zu versehende komplexe Symbol des ersten Vorkommens von máquinas eingeführt worden ist.

Nach diesen Annahmen können also zwei Nomina N und N' in einem Basis-
textmarker auf zweierlei Weise die gleiche Referenzzahl bekommen.
Wenn N' rechts von N steht, muß entweder N' die Kombination [-R(G),
+id(G)] enthalten, so daß Regel (121) anwendbar ist, oder N' muß das
Merkmal [+R(G)] sowie dieselbe Menge von speziellen Referenzmerkmalen wie N - das sind im Falle unseres Beispiels máquinas in (119) die
Merkmale [-g(G)], [+n(G)] und [-k(G)] - enthalten, so daß die Regel
(122) angewendet werden kann. Der Gewinn dieser Annahmen besteht darin, daß einerseits in Fällen wie dem zweiten Vorkommen von máquinas
in (119) eine unplausible Zusammensetzung von speziellen Referenzmerkmalen und andererseits eine transformative Korrektur dieser Merkmale vermieden wird.[72]

6.3. KONTRASTIVITÄT UND NICHT-IDENTITÄT

Es gibt Texte, in denen in einem Satz vor einem unbelebten Objekt
die Präposition steht, obwohl weder Emphase noch Kontrastivität im
Sinne von Beobachtung (77) vorliegt:

(123)(a) En una calle cerca de la casa de Pedro se encontraban
         una mesa, un armario, dos bicicletas y cinco botellas
         de vino. De repente se aproximó un amigo de Pedro,
         quien vio en esta calle a los muebles.
     (b)*En una calle cerca de la casa de Pedro se encontra-
         ban una mesa, un armario, dos bicicletas y cinco
         botellas de vino. De repente se aproximó un amigo de
         Pedro, quien vio en esta calle los muebles.

Der Text (123)(b) wird als leicht abweichend empfunden. Es ist nicht
deutlich ersichtlich, worauf muebles im letzten Satz referiert. Der
Text (123)(a) bereitet dagegen keinerlei Schwierigkeiten für das Erkennen der Referenz von muebles, das sich hier deutlich auf mesa und
armario bezieht.

Ein Text wie (123)(a) ist nach unseren bisherigen Annahmen nicht
ohne Verletzungen erzeugbar. Ein Nomen wie muebles im direkten Objekt kann - falls nicht Basisverletzungen vorliegen - in einem nicht-
emphatischen Satz durch Regel (R 7) nur dann die Präposition vor sich
bekommen, wenn es das Merkmal [+c(G)] enthält. Es gibt dann zwei Möglichkeiten. Entweder muebles enthält das Merkmal [+id(G)] und die Referenzzahl eines im gleichen Text voraufgehenden Nomens, oder muebles
enthält das Merkmal [-id(G)] und eine eigene Referenzzahl, die im
voraufgehenden Teil des Textes noch nicht aufgetreten ist (die Fälle
mit [+R(G)] wollen wir hier der Einfachheit halber vernachlässigen).
Im ersteren Fall wird im komplexen Symbol von muebles, falls seine
Referenzzahl mit der Referenzzahl eines der in der Koordination stehenden Nomina identisch ist, zwar keine Verletzung der Textregel
(EL-S/+c), wohl aber eine Verletzung der Textregel (EL-S/+id) definiert, da keines dieser Nomina mit muebles eine gemeinsame Referenz
haben kann. Im zweiten Fall kann dagegen keine Verletzung der Textregel (EL-S/+id) definiert werden, da deren strukturelle Beschreibung
infolge Abwesenheit des Merkmals [+id(G)] nicht erfüllt ist. Dafür
wird aber eine Verletzung der Textregel (EL-S/+c) definiert, da es
im voraufgehenden Teil des Textes kein Nomen mit gleicher Referenzzahl gibt. Es ist also erforderlich, unsere Annahmen an geeigneter
Stelle zu modifizieren, so daß ein Text wie (123)(a) ohne Verletzungen erzeugbar wird.

Nun ist es offensichtlich, daß Nomina wie muebles in Text (123)(a)
sich ganz ähnlich wie kontrastive Nomina verhalten. Die einzige
Schwierigkeit besteht darin, daß wir in Regel (EL-S/+c) die Kontrastivität so definiert haben, daß sie nur für Nomina mit identischer
Referenz, d.h. für Nomina mit [+id(G)] gilt. Die Ähnlichkeit von
muebles in (123)(a) mit kontrastiven Nomina besteht darin, daß sich
muebles auf "etwas" bezieht, nämlich mesa und armario, auf das durch
Nomina referiert wird, die im gleichen Text vor muebles in Koordination neben weiteren lexikalischen Einheiten auftreten. Neben mesa
und armario stehen koordinativ bicicletas und botellas de vino. Da
sich Nomina wie muebles in (123)(a) auch hinsichtlich der Setzung der
Präposition wie kontrastive Nomina verhalten, wollen wir deshalb die
Textregel (EL-S/+c) in der Weise modifizieren, daß auch Strukturen
folgender Art ohne Verletzung bleiben können:

(124)

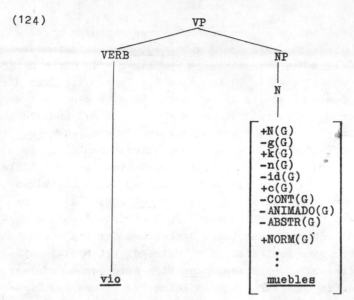

Wir wollen annehmen, daß ein Satz wie der letzte Satz von (123)(a)
die Eigenschaften der Struktur (124) enthält. Bevor wir nun eine modifizierte Version der Textregel (EL-S/+c) skizzieren, wollen wir jedoch noch einige Bemerkungen zur Nicht-Identität vorausschicken.

Bei der Nicht-Identität von Nomina in einem Text sind im wesentlichen drei Fälle zu unterscheiden. Der eine Fall ist dadurch charakterisiert, daß das Nomen auf einen Gegenstand referiert, der im voraufgehenden Teil desselben Textes durch mehrere Nomina mit distink-
ter Referenz bezeichnet wird. Dies gilt z.B. für muebles in (123)

(a) und hombres in (83)(a). Der zweite Fall liegt vor, wenn ein Nomen auf eine Teilmenge einer Menge referiert, die ihrerseits einen
nicht-neuen Gegenstand bezeichnet. Das betrifft Fälle wie das erste
Nomen sillas in der zwei Nomina enthaltenden Tiefenstruktur tres sillas de las sillas, die nach unseren bisherigen Annahmen einer Oberflächenstruktur wie tres de las sillas in (125) zugrunde liegt:

(125) En el jardín de Pedro se encontraban cinco sillas. Un
      día se aproximó un amigo de Pedro, quien vio en este
      jardín a tres de las sillas.

Wir wollen annehmen, daß die Struktur tres de las sillas auf eine
Tiefenstruktur mit folgenden Eigenschaften zurückgeht:

(126)

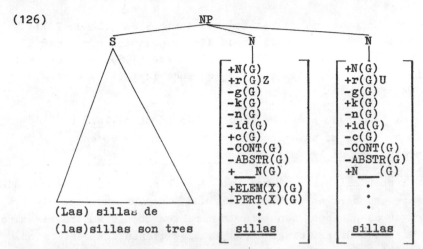

Bevor wir auf einige Eigenschaften der Struktur (126) näher eingehen,
wollen wir noch auf den Fall von Nicht-Identität hinweisen, in dem
ein Nomen auf einen Gegenstand referiert, der im voraufgehenden Teil
desselben Textes nicht durch Nomina, sondern durch einen oder mehrere
Sätze bezeichnet wird. Dies betrifft kontinuative Abstrakta oder dis-
kontinuative Vorgangsabstrakta wie accidentes in Text (127):

(127) En la semana pasada Pedro fue atropellado por un coche.
      Un día después, el amigo de Pedro se rompió un brazo.
      Estos accidentes tuvieron graves consecuencias. ...

Wir wollen annehmen, daß die Textregel (EL-S/-id) jeden Satz eines
Textes eliminiert, der ein Nomen mit [-id(G)] enthält, für das der
voraufgehende Teil desselben Textes nicht für einen der drei erwähn-
ten Fälle die erforderlichen Bedingungen erfüllt.[73]

Vergleichen wir nun folgende Texte:

(128)(a) En el jardín de Pedro se encontraban una silla de
         Luis, una silla de Juan y una silla de María. Un
         día se aproximó un amigo de Pedro, quien vio en este
         jardín a una de las sillas.
     (b)*En el jardín de Pedro se encontraban una silla de
         Luis, una silla de Juan y una silla de María. Un
         día se aproximó un amigo de Pedro, quien vio en este
         jardín una de las sillas.

Der Text (128)(b) ist abweichend, während (128)(a) als normal und

wohlgeformt empfunden wird. Mit anderen Worten, in solchen Fällen
wie im letzten Satz von (128)(a) muß die Präposition a vor dem direkten Objekt stehen. Dasselbe gilt in Fällen wie (125), denn der mit
(125) bis auf die Präposition gleichlautende Text (129) wird als abweichend empfunden:

(129)*En el jardín de Pedro se encontraban cinco sillas. Un
       día se aproximó un amigo de Pedro, quien vio en este
       jardín tres de las sillas.

Nun gehört aber silla zur Klasse der unbelebten Diskontinuativa, die
nach unseren bisherigen Beobachtungen und Annahmen nur dann die Präposition vor sich haben, wenn sie im direkten Objekt kontrastiv sind
oder im direkten Objekt eines Emphasesatzes stehen. In den Texten
(125) und (128) liegt jedoch weder Emphase noch Kontrastivität vor.
Andererseits kann ein Nomen in einer Struktur, für die wir die Merkmalkombination [+ELEM(X)(G), -PERT(X)(G)] angenommen hatten, das
heißt in der Struktur, die diese Fälle charakterisiert, nie in genau
demselben Sinne kontrastiv sein wie die in § 4.1. zitierten kontrastiven Nomina, da es nie auf einen Gegenstand referieren kann, der
identisch ist mit dem von einem im voraufgehenden Teil desselben Textes auftretenden Nomen bezeichneten Gegenstand. Es kann auch nicht
wie muebles in (123)(a) auf einen Gegenstand referieren, der im voraufgehenden Textteil von mehreren Nomina bezeichnet wird. Im Falle
von una de las sillas in (128)(a), beispielsweise, wird im letzten
Satz zwar ausgesagt, daß Pedro einen der vorerwähnten Stühle sah,
aber es wird gleichzeitig offengelassen, ob es sich dabei um den Stuhl
von Luis, den von Juan oder den von María handelt. Während muebles in
(123)(a) zwar nicht-identisch mit einem vorgenannten Gegenstand, wohl
aber mit mehreren vorgenannten Gegenständen identifizierbar ist -
nämlich mit "mesa" und "armario" -, ist der von einem Nomen mit der
Kombination "[+ELEM(X)(G)] und [-PERT(X)(G)]" bezeichnete Gegenstand
nicht nur nicht mit dem von einem voraufgehenden Nomen bezeichneten
Gegenstand identisch, sondern er ist auch nicht mit den von mehreren
voraufgehenden Nomina bezeichneten Gegenständen identifizierbar.

Die Grammatik muß also in einer geeigneten Weise konstatieren, daß
Nomina mit der Merkmalkombination [+ELEM(X)(G), -PERT(X)(G)] nie in
demselben Sinne kontrastiv sein können wie Nomina, die nicht diese
Kombination enthalten. Hierbei ergibt sich nun eine Alternative: entweder es muß durch eine Regel festgelegt werden, daß Nomina mit die-

ser Kombination nie das Merkmal [+c(G)] enthalten dürfen, so daß sie
auf diese Weise grundsätzlich von der Kontrastivität ausgeschlossen
werden, oder es wird diesen Strukturen stets das Merkmal [+c(G)] –
und zwar unabhängig vom Kontext – zugesprochen, wobei die von der
Struktur des voraufgehenden Teils des Textes abhängige Kontrastivität nur für Nomina ohne die Kombination [+ELEM(X)(G), -PERT(X)(G)]
gewertet wird. Es ist zunächst a priori nicht entscheidbar, welche
der beiden Möglichkeiten vorzuziehen ist.

Nun läßt sich beobachten, daß die Klasse der unbelebten Diskontinuativa, die, falls sie die Kombination [+ELEM(X)(G), -PERT(X)(G)] enthalten und in der Position des direkten Objekts stehen, die Präposition a vor sich haben müssen, identisch ist mit der Klasse derjenigen unbelebten Diskontinuativa, die unter den in § 4. beschriebenen
Bedingungen für Kontrastivität die Präposition vor sich haben. Dies
erklärt, warum vor Vorgangsabstrakta, die gemäß Regel (R 7) nicht zu
dieser Klasse gehören, auch dann nicht die Präposition stehen darf,
wenn sie im direkten Objekt stehen und die Kombination [+ELEM(X)(G),
-PERT(X)(G)] enthalten:

(130)(a)*Cerca de la casa de Pedro hubo un día cinco accidentes.
        Pedro, que había salido de casa, había visto a <u>tres de</u>
        <u>los accidentes</u>.
     (b) Cerca de la casa de Pedro hubo un día cinco accidentes.
        Pedro, que había salido de casa, había visto <u>tres de los</u>
        <u>accidentes</u>.

Vergleichen wir hierzu den Unterschied zwischen folgenden Texten:

(131)(a) En un cine se encontraban cinco películas que alguien
        había dejado. Cerca del cine vivía un hombre, quien
        vio en este cine a <u>tres de las películas</u>.
     (b)*En un cine se encontraban cinco películas que alguien
        había dejado. Cerca del cine vivía un hombre, quien
        vio en este cine <u>tres de las películas</u>.

(132)(a)*En un cine proyectaron un día cinco películas. Cerca
        del cine vivía un hombre, quien vio en este cine a
        <u>tres de las películas</u>.
     (b) En un cine proyectaron un día cinco películas. Cerca
        del cine vivía un hombre, quien vio en este cine <u>tres</u>
        <u>de las películas</u>.

In (131)(a) wird peliculas als nicht-abstraktes Diskontinuativum verstanden und gehört somit zur Klasse derjenigen Substantiva, die gemäß § 4. unter den Bedingungen für Kontrastivität die Präposition
vor sich haben. In (132)(b) dagegen bezeichnet peliculas Handlungen
und gehört zur Klasse der Vorgangsabstrakta, vor denen trotz Kontrastivität nie die Präposition steht. Ebenso ist auch accidentes in
(130)(b) ein Vorgangsabstraktum. Wie die abweichenden Texte (128)(b),
(129), (131)(b) einerseits und (130)(a) und (132)(a) andererseits
zeigen, muß vor den uns hier interessierenden Strukturen im direkten
Objekt immer dann die Präposition a stehen, wenn das betreffende Nomen in dem komplexen Symbol mit der Kombination [+ELEM(X)(G), -PERT
(X)(G)] zu derjenigen Klasse von Substantiven gehört, vor denen bei
Kontrastivität die Präposition steht.

Andererseits muß vor diesen Strukturen selbst dann die Präposition
stehen, wenn das betreffende Nomen auf einen neuen Gegenstand referiert:

(133)(a) Un día Pedro fue a un parque, donde vio a tres de
          cinco mujeres.
     (b)*Un día Pedro fue a un parque, donde vio tres de
          cinco mujeres.

(134)(a) Un día Pedro fue a un parque, donde vio a tres de
          cinco caballos.
     (b)*Un día Pedro fue a un parque, donde vio tres de
          cinco caballos.

(135)(a) Un día Pedro fue a un parque, donde vio a tres de
          cinco bancas.
     (b)*Un día Pedro fue a un parque, donde vio tres de
          cinco bancas.

Die Nomina in den unterstrichenen Strukturen der Texte (133), (134)
und (135) gehören alle zu der Klasse derjenigen Nomina, die unter
den Bedingungen der Kontrastivität die Präposition vor sich haben.
Da auch Tierbezeichnungen und unbelebte Nomina zu dieser Klasse gehören, ist es erforderlich, die Regel (R 7) so zu verändern, daß in
den Fällen, in denen ein Nomen mit der Kombination [+ELEM(X)(G),
-PERT(X)(G)] in der Position des direkten Objekts steht, stets die
Präpositionalität verändert wird und dadurch die Regel (TA), die die
Präposition a einführt, auch in diesen Fällen anwendbar wird. Wenn

wir nun annehmen würden, daß Nomina mit der Kombination [+ELEM(X)(G),
-PERT(X)(G)] nie das Merkmal [+c(G)] enthalten dürfen, d.h. wenn wir
uns für die erste der beiden oben genannten alternativen Möglichkeiten entscheiden, dann muß in der verbesserten Version der Regel
(R 7) diese Kombination unabhängig von der Kontrastivität behandelt
werden, und die Merkmale, die die betreffende Nominalklasse charakterisieren, müssen in der Regel zweimal aufgeführt werden. Wenn wir uns
jedoch für die zweite der beiden Möglichkeiten entscheiden und annehmen, daß Nomina mit der Kombination [+ELEM(X)(G), -PERT(X)(G)] stets
das Merkmal [+c(G)] enthalten müssen, dann braucht die betreffende
Nominalklasse nur einmal charakterisiert zu werden, d.h. die neue
Version der Regel (R 7) würde auf diese Weise beträchtlich vereinfacht werden. Wir wollen deshalb die letztere Möglichkeit vorziehen.

Die Nomina mit der Kombination [+ELEM(X)(G), -PERT(X)(G)] haben auch
hinsichtlich der semantischen Interpretation mit den im Sinne von
§ 4. kontrastiven Nomina eine Eigenschaft gemeinsam. In beiden Fällen
referiert das Nomen auf eine Teilmenge einer Obermenge, wobei die
Obermenge im einen Fall von dem Nomen bezeichnet wird, das dem Nomen
mit [+ELEM(X)(G), -PERT(X)(G)] in derselben Nominalphrase unmittelbar folgt, während im anderen Fall die Obermenge im voraufgehenden
Teil desselben Textes durch die betreffenden miteinander koordinierten Nomina bezeichnet wird. Im Grenzfall besteht die Teilmenge nur
aus einem Element.

Da wir für Nomina, die die Kombination [+ELEM(X)(G), -PERT(X)(G)]
enthalten, nun auch in denjenigen Fällen das spezielle Referenzmerkmal [+c(G)] benötigen, in denen das Nomen auf einen neuen Gegenstand
referiert, müssen wir die in § 4.2. formulierte Annahme revidieren,
nach der das Merkmal [+c(G)] nur in Nomina auftreten kann, die bereits das Merkmal [-n(G)] enthalten. Wir wollen deshalb annehmen,
daß alle Nomina in der Tiefenstruktur hinsichtlich des binären Merkmals [+c(G)] beziehungsweise [-c(G)] subkategorisiert sind. Ferner
nehmen wir folgende Basisregel an, die im Unterschied zu unseren Annahmen in § 4.2. nicht mehr das Merkmal [+c(G)] einführt:

(136)

$$[-n(G)] \longrightarrow \begin{Bmatrix} [+id(G)] \\ [-id(G)] \end{Bmatrix}$$

Wir wollen annehmen, daß die lexikalischen Merkmale für Kontrastivi-

tät im Lexikon stets mit u̲ markiert sind. Die Regeln (137) werden
dann auf komplexe Symbole der Tiefenstruktur vor Anwendung der generellen Konvention zur Interpretation der Markierungen u̲ und m̲ der
lexikalischen syntaktischen Merkmale angewendet.

$$(137)(a) \qquad [\underline{u}\ c(L)] \longrightarrow \left\{ \begin{array}{l} [+c(L)]\ /\ \left[\begin{array}{l} \overline{\hphantom{xxx}} \\ +ELEM(X)(G) \\ -PERT(X)(G) \end{array}\right] \\[20pt] [-c(L)]\ /\ \left[\begin{array}{c} \overline{\hphantom{xxx}} \\ +n(G) \end{array}\right] \\[20pt] [\alpha c(L)]\ /\ \left[\begin{array}{c} \overline{\hphantom{xxx}} \\ \alpha c(G) \end{array}\right] \end{array} \right\}$$

(b)

(c)

wobei: α = + oder - .

Diese Regeln interpretieren das 'u̲' des lexikalischen Merkmals für
Kontrastivität. Regel (a) interpretiert das 'u̲' als '+', wenn im
gleichen komplexen Symbol die Kombination $[+ELEM(X)(G), -PERT(X)(G)]$
enthalten ist. Ein komplexes Symbol mit dieser Kombination wird dann
in der Tiefenstruktur nur unter der Bedingung ohne Verletzung bleiben, daß es auch ein mit dem Vorzeichen '+' versehenes grammatisches
Merkmal für Kontrastivität enthält. In allen Fällen, in denen (a)
nicht anwendbar ist und das komplexe Symbol ein grammatisches Merkmal für "neuer Gegenstand" mit dem Vorzeichen '+' enthält, interpretiert Regel (b) das 'u̲' als '-', und wenn weder (a) noch (b) angewendet worden ist, assimiliert (c) es an das Vorzeichen des grammatischen Merkmals für Kontrastivität.[74]

Wir wollen nun die veränderte Version der Textregel (EL-S/+c) in folgender Weise provisorisch andeuten:

(EL-S/+c): Jedes direkt von TEXT dominierte S wird eliminiert, falls
folgendes gilt:

1) S enthält ein Nomen N mit [+c(G)] und [+r(G)Z], wobei Z eine Referenzzahl, und N enthält nicht die Kombination [+ELEM(X)(G),
   -PERT(X)(G)], und

2) es gilt entweder Bedingung (I) oder Bedingung (II):
   I) N enthält [+id(G)], und es gibt kein Nomen N_1 vor N im Text-
      marker, für das gilt:
      a) N_1 enthält [+r(G)Z], und
      b) es gibt vor N im Textmarker mindestens ein Nomen N_2 mit

$[+r(G)U]$ mit $U \neq Z$, so daß N_1 und N_2 je von einer NP direkt dominiert werden und beide NP miteinander koordiniert sind, und

c) es gibt zwischen N und N_1 im Textmarker kein Nomen N_3 mit $[+r(G)Z]$.

II) N enthält $[-id(G)]$, und es gibt nicht mindestens zwei Nomina N_1 und N_2 vor N im Textmarker, so daß gilt:

a) es gibt mindestens ein Nomen N_3, so daß N_1, N_2 und N_3 je von einer NP direkt dominiert werden und diese Nominalphrasen miteinander koordiniert sind, und

b) es gilt die "semantische Beziehung" $\langle (N_1$ und $N_2)$ sind $N \rangle$, und

c) es gilt nicht die "semantische Beziehung" $\langle (N_1$ und N_2 und $N_3)$ sind $N \rangle$, und

d) es gibt kein Nomen N_4 zwischen N_1, N_2, N_3 einerseits und N andererseits, so daß die "semantische Beziehung" gilt: $\langle (N_1$ und N_2 und $N_4)$ sind $N \rangle$.

Die hier angedeutete Formulierung der Textregel (EL-S/+c) ist in ähnlichem Maße als provisorisch zu verstehen wie unsere Umschreibung der Textregel (EL-S/+id).[75] An dieser Stelle ist für uns lediglich von Bedeutung, daß die unter (II) aufgeführten Bedingungen besagen, daß auch Fälle wie _muebles_ in (123)(a), in denen das Nomen das spezielle Referenzmerkmal $[-id(G)]$ enthält, als kontrastiv gelten sowie daß von vornherein festgelegt ist, daß (EL-S/+c) nicht anwendbar ist, wenn das betreffende Nomen die Kombination $[+ELEM(X)(G), -PERT(X)(G)]$ enthält. Auf diese Weise liefert die Grammatik gleichzeitig eine partielle Erklärung für die Tatsache, daß Nomina, die in einer Struktur auftreten, bei der wir angenommen hatten, daß sie die Kombination $[+ELEM(X)(G), -PERT(X)(G)]$ enthalten, nie in genau demselben Sinne kontrastiv sein können wie Nomina, die nicht in dieser Struktur stehen.[76]

Wir wenden uns nun wieder dem Problem zu, diejenigen Fälle zu charakterisieren, in denen vor einem direkten Objekt, dessen Zentralnomen kontrastiv ist, die Präposition _a_ stehen muß. In den in § 4. zitierten Texten handelt es sich jeweils um ein direktes Objekt, das ein Normalnomen ist. Auch in denjenigen Fällen, in denen die Nominalphrase in der Position des direkten Objekts aus zwei Nomina besteht, steht normalerweise die Präposition _a_ vor dem Objekt, wenn dessen Zentralnomen kontrastiv ist:

(138) En una calle se encontraban un <u>conjunto de muebles</u>, tres
      bicicletas y varios automóviles. De repente se aproximó
      el amigo de Pedro, quien vio entre otras cosas al <u>conjunto</u>
      <u>de muebles</u>.

Besteht dagegen zwischen den beiden Nomina des direkten Objekts die
Pertinenz-zu-Relation, dann steht trotz Kontrastivität nicht die
Präposition vor dem Objekt, wenn dessen Zentralnomen unbelebt ist:

(139)(a)*En el guardarropa de una cantina se encontraban un
         sombrero de Luis, <u>una bolsa de María</u> y un abrigo de
         Juan. De repente entró un hombre, quien vio a la
         <u>bolsa de María</u>.
    (b) En el guardarropa de una cantina se encontraban un
         sombrero de Luis, <u>una bolsa de María</u> y un abrigo de
         Juan. De repente entró un hombre, quien vio la
         <u>bolsa de María</u>.

(140)(a)*Pedro tenía una bonita casa. Un día se puso a reparar
         el <u>techo de la casa</u> y tres muebles. De repente llegó
         un amigo de Pedro, quien vio al <u>techo de la casa</u>.
    (b) Pedro tenía una bonita casa. Un día se puso a repa-
         rar el <u>techo de la casa</u> y tres muebles. De repente
         llegó un amigo de Pedro, quien vio el <u>techo de la</u>
         <u>casa</u>.

Im Unterschied zu den unbelebten Nomina <u>bolsa</u> und <u>techo</u> in den Texten (139) und (140) sind die Zentralnomina <u>perro</u> und <u>hija</u> in (141)
und (142) belebt:

(141)(a) En la casa de Pedro se encontraban un <u>perro de Luis</u>,
         un perro de Juan y un perro de María. De repente
         llegó un amigo de Pedro, quien vio en esta casa
         al <u>perro de Luis</u>.
    (b)*En la casa de Pedro se encontraban un <u>perro de Luis</u>,
         un perro de Juan y un perro de María. De repente
         llegó un amigo de Pedro, quien vio en esta casa
         el <u>perro de Luis</u>.

(142)(a) En la casa de Pedro se encontraban una <u>hija de Luis</u>,
         una hija de Juan y una hija de María. De repente
         llegó un amigo de Pedro, quien vio en esta casa a

la <u>hija de Luis</u>.

(b)*En la casa de Pedro se encontraban una <u>hija de Luis</u>,
una hija de Juan y una hija de María. De repente
llegó un amigo de Pedro, quien vio en esta casa la
<u>hija de Luis</u>.

Wir können den Unterschied in der Bewertung von Texten wie (139) und
(140) einerseits und (141) und (142) andererseits durch die Annahme
erklären, daß vor einem direkten Objekt mit zwei Nomina, zwischen
denen die Pertinenz-zu-Relation besteht - d.h. in den Fällen, in
denen nach unseren Annahmen das Zentralnomen das Merkmal [+PERT(X)
(G)] enthält -, bei Kontrastivität des Zentralnomens nur dann die
Präposition gesetzt werden darf und auch immer dann gesetzt werden
muß, wenn das Zentralnomen belebt ist.

Wir können nun unsere bisherigen Annahmen hinsichtlich der Setzung
der Präposition vor kontrastiven direkten Objekten folgendermaßen
zusammenfassen:
Vor einem direkten Objekt steht die Präposition <u>a</u>, wenn das Zentralnomen des Objekts ein kontrastives Diskontinuativum, das entweder
nicht-abstrakt ist oder abstrakt ist und keinen Vorgang bezeichnet,
ist, das entweder ein Normalnomen oder belebt ist oder nicht in der
Pertinenz-zu-Relation steht. Wir wollen dementsprechend annehmen,
daß die strukturelle Beschreibung der neuen Version unserer Regel
(R 7) unter anderem folgende Eigenschaften enthält:

$$(143) \qquad \text{VERB} \quad (S) \quad \begin{bmatrix} -\text{CONT(G)} \\ \left\{ \begin{matrix} -\text{ABSTR(G)} \\ -\text{PROC(G)} \end{matrix} \right\} \\ +\text{c(G)} \\ \left\{ \begin{matrix} +\text{NORM(G)} \\ -\text{PERT(X)(G)} \\ +\text{ANIMADO(G)} \end{matrix} \right\} \end{bmatrix}$$

Die partielle strukturelle Beschreibung (143) besagt unter anderem,
daß vor einem direkten Objekt, dessen Zentralnomen das Merkmal
[+PERT(X)(G)] enthält, trotz Kontrastivität des Zentralnomens die
veränderte Version der Regel (R 7) nicht anwendbar ist, falls das
Zentralnomen unbelebt ist, da in einem solchen Fall nach unseren Basisregeln per definitionem kein Normalnomen vorliegt und das Zentralnomen folglich auch nicht das Merkmal [+NORM(G)] enthält.

Bevor wir die veränderte Version der Regel (R 7) formulieren, wollen
wir noch folgende Texte vergleichen:

(144)(a) Un día Pedro habló con su amigo sobre muchas cosas.
         Durante la conversación el amigo se dio cuenta de
         que Pedro conocía a los <u>colaboradores de un circo</u>.
    (b)*Un día Pedro habló con su amigo sobre muchas cosas.
         Durante la conversación el amigo se dio cuenta de
         que Pedro conocía los <u>colaboradores de un circo</u>.

(145)(a) Un día Pedro habló con su amigo sobre un <u>circo</u>.
         Durante la conversación el amigo se dio cuenta de
         que Pedro conocía a los <u>colaboradores del circo</u>.
    (b) Un día Pedro habló con su amigo sobre un <u>circo</u>.
         Durante la conversación el amigo se dio cuenta de
         que Pedro conocía los <u>colaboradores.del circo</u>.

Die Interpretation dieser Texte ist sehr unterschiedlich. Während
(144)(b) als abweichend empfunden wird, besteht in den Texten (145)
(a) und (b) ein Unterschied in der Interpretation von <u>colaboradores</u>.
In (145)(a) referiert <u>colaboradores</u> direkt auf Individuen, d.h. es
wird ausgesagt, daß Pedro jeden Mitarbeiter des Zirkus als einzelnes
Individuum kannte. Der Text (145)(b) dagegen besagt, daß Pedro generell die Klasse der Mitarbeiter des Zirkus kannte. Andererseits ist
(144)(a) hinsichtlich dieses Unterschiedes ambig. Mit anderen Worten,
während wir zur Erklärung des Unterschiedes zwischen den Texten (145)
annehmen können, daß das komplexe Symbol von <u>colaboradores</u> in (a) die
Kombination [-g(G), +k(G)] und in (b) die Kombination [+g(G), +k(G)]
enthält, müssen wir in Text (144)(a) für <u>colaboradores</u> beide Kombinationen als möglich zulassen. Dann aber sind diese Merkmalkombinationen nicht ausreichend, um zu erklären, weshalb in (144)(a) die Präposition in jedem Falle vor <u>colaboradores</u> stehen muß, während sie in
einem Text wie (145)(b) nicht gesetzt wird.

Nun besteht in allen diesen Texten zwischen <u>colaboradores</u> und <u>circo</u>
die Pertinenz-zu-Relation. Andererseits unterscheiden sie sich darin,
daß <u>circo</u> in (144) jeweils auf einen neuen Gegenstand, im letzten
Satz von (145)(a) beziehungsweise (b) dagegen jeweils auf einen
nicht-neuen Gegenstand referiert. Wir wollen deshalb annehmen, daß
vor einem direkten Objekt, dessen Zentralnomen die Merkmale [+g(G),
+k(G), +HUMANO(G), +PERT(X)(G)] enthält, nicht die Präposition <u>a</u>

stehen darf, falls das dem Zentralnomen folgende Nomen auf einen
nicht-neuen Gegenstand referiert. Die veränderte Version der Regel
(R 7) muß dann so formuliert werden, daß sie in einem solchen Falle
nicht anwendbar ist.

Ist das Nomen eine generelle Tierbezeichnung, so steht ebenfalls
nicht die Präposition vor dem direkten Objekt, wenn der generellen
Tierbezeichnung in der Pertinenz-zu-Relation ein Nomen folgt, das
auf einen nicht-neuen Gegenstand referiert. So steht in einem Text
wie (146)(a) vor der lexikalischen Einheit <u>animales</u> die Präposition
<u>a</u>, nicht aber in (146)(b), wo <u>circo</u> im letzten Satz auf einen nicht-
neuen Gegenstand referiert:

(146)(a) Un día Pedro habló con su amigo sobre muchas cosas.
         Durante la conversación el amigo se dio cuenta de
         que Pedro conocía a los <u>animales de un circo</u>.
    (b) Un día Pedro habló con su amigo sobre un <u>circo</u>.
         Durante la conversación el amigo se dio cuenta de
         que Pedro conocía los <u>animales del circo</u>.

In einigen Fällen kann das zweite Nomen einer Nominalphrase, deren
Zentralnomen das Merkmal [+PERT(X)(G)] enthält, fakultativ eliminiert
werden, falls es auf einen nicht-neuen Gegenstand referiert. Dies erklärt, weshalb die Texte (147)(a) und (b) synonym sind:[77]

(147)(a) El enemigo penetró en una ciudad y mató los <u>habi-
         tantes</u>.
    (b) El enemigo penetró en una ciudad y mató los <u>habi-
         tantes de la ciudad</u>.

Wir wollen nun die neue Version der Regel (R 7) formulieren. Zur Erklärung der an den Texten (144), (145), (146) und (147) beobachteten
Fakten benötigen wir eine formale Charakterisierung derjenigen Fälle,
in denen das zweite Nomen einer Nominalphrase auf einen neuen Gegenstand referiert. Wir benutzen zu diesem Zweck das Selektionsmerkmal
$[+\_\_\_[+n](G)]$.[78] Ferner benötigen wir die partiellen strukturellen
Beschreibungen (118) und (143), die wir in geeigneter Form mit in die
strukturelle Beschreibung von (R 8) aufnehmen.

(R 8)

Strukturelle Beschreibung:

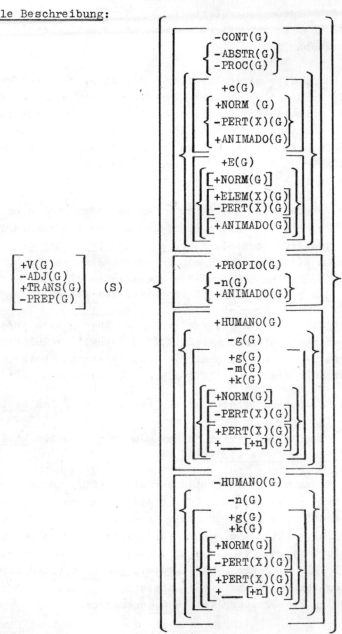

Strukturelle Veränderung:

$$[-PREP(G)] \longrightarrow [+PREP(G)]$$

7. BEZIEHUNGEN ZWISCHEN SUBJEKT UND OBJEKT

7.1. EIN TYP VON AUSNAHMEN

Vergleichen wir zunächst folgende Sätze:

(148)(a) Pedro vio cinco mujeres.
  (b) Pedro vio a cinco mujeres.

(149)(a) Pedro vio mujeres.
  (b)*Pedro vio a mujeres.

Zur Erklärung der Unterschiede zwischen solchen Sätzen hatten wir
bisher angenommen, daß in einem Satz wie (148)(b) mujeres direkt auf
Individuen referiert und sein komplexes Symbol die Merkmalkombination [-g(G), +HUMANO(G)] enthält. In solchen Fällen ist (R 8) stets
anwendbar, so daß hier auf die bekannte Weise die Präposition a vor
das Objekt gelangt. In Sätzen wie (148)(a) und (149) referiert mujeres dagegen nicht direkt auf bestimmte Individuen und enthält infolgedessen nach unseren bisherigen Annahmen folgende Merkmale:

(150) [+g(G), -k(G), -E(G), -c(G), -PROPIO(G), +HUMANO(G)].

Wie man sich leicht überzeugen kann, ist auf einen Satz, dessen direktes Objekt im Zentralnomen die Kombination (150) enthält, die Regel (R 8) nicht anwendbar. Vergleichen wir dagegen nun folgende
Sätze:

(151)(a)*Pedro pegó cinco mujeres.
  (b) Pedro pegó a cinco mujeres.

(152)(a)*Pedro pegó mujeres.
  (b) Pedro pegó a mujeres.

Im Unterschied zu den Sätzen (148) und (149) muß in Sätzen wie (151)
und (152) stets die Präposition gesetzt werden, denn (151)(a) und
(152)(a) sind abweichend. Nun wird jedoch mujeres in (152)(b) genauso interpretiert wie mujeres in (149)(a). Wenn wir also annehmen,
daß das komplexe Symbol von mujeres in (149)(a) die Merkmalkombination (150) enthält, dann müssen wir dieselbe Kombination auch für
mujeres in Sätzen wie (152)(b) annehmen. Da auf einen Satz, dessen
direktes Objekt im Zentralnomen die Kombination (150) enthält, die
Regel (R 8) nicht anwendbar ist, ist der grammatisch korrekte Satz

(152)(b), der die Präposition a vor dem Objekt enthält, mit unserem
bisherigen Regelmechanismus dann nur unter der Voraussetzung erzeugbar, daß mujeres als indirektes Objekt angesehen wird und das Verb
pegar in der Tiefenstruktur bereits das Merkmal [+PREP(G)] enthält.
Diese Annahme aber widerspricht unseren Intuitionen über die grammatische Beziehung zwischen pegó und mujeres in (152)(b), die wir nicht
als Beziehung zwischen einem Verb und einem indirekten Objekt sondern
als eine Beziehung zwischen einem Verb und einem direkten Objekt ansehen wollen. Das Verb pegar sollte deshalb auf eine Tiefenstruktur
mit [-PREP(G)] zurückgehen. Hinzu kommt die Tatsache, daß pegar die
Passivkonstruktion mit ser und por zuläßt:

(153)(a) Pedro pegó a Luis.
     (b) Luis fue pegado por Pedro.

Im Spanischen kann ein indirektes Objekt nie zum Subjekt eines Passivsatzes mit ser und por werden. Wir wollen deshalb annehmen, daß
die Passivtransformation nur auf Verben mit dem Merkmal [-PREP(G)]
anwendbar ist. Sie muß infolgedessen der Regel (R 8) vorausgehen, da
diese dieses Merkmal verändert. Aus dieser Annahme aber folgt, daß
ein Satz wie (153)(b) von unserer Grammatik nur dann erzeugt werden
kann, wenn das Verb pegar in dem vorauszusetzenden Aktivsatz das
Merkmal [-PREP(G)] enthält. Da die Passivtransformation der Regel
(R 8) vorausgeht, bedeutet das, daß pegar vor Anwendung von (R 8)
das Merkmal [-PREP(G)] enthalten muß und daß, wenn das direkte Objekt
von pegar die Kombination (150) enthält, (R 8) nicht anwendbar und
ein Satz wie (152)(b) von unserer Grammatik nicht erzeugbar ist.

Der von einem Verb wie pegar repräsentierte Typ von Ausnahmen zu unserem bisherigen Regelmechanismus ließe sich dann folgendermaßen charakterisieren: enthält das Objekt eines Verbs dieses Typs das Merkmal [+HUMANO(G)], dann muß die Regel (R 8) selbst dann angewendet
werden, wenn sie nicht anwendbar ist. Offensichtlich ist es unmöglich, eine solche Aussage sinnvoll zu explizieren. Wir sind also gezwungen, unseren Regelmechanismus in geeigneter Form zu verändern,
so daß auch Sätze wie (152)(b) erklärt werden können.

Wir können das Problem lösen, wenn wir annehmen, daß die Grammatik
an Stelle von (R 8) zwei Regeln enthält, von denen die erste das syntaktische Merkmal [-PREP(G)] vor allen menschlichen Objekten in
[+PREP(G)] verwandelt, während die zweite Regel das Merkmal [+PREP(G)]

wieder in [-PREP(G)] zurückverwandelt, wenn das Objekt die Kombination [+g(G), -k(G), -c(G), +HUMANO(G)] enthält. Alle Verben, die ein
menschliches Objekt zulassen und sich wie pegar verhalten, müssen
dann im Lexikon als einfache Ausnahme zu der zweiten Regel markiert
werden, das heißt, sie dürfen die strukturelle Beschreibung dieser
Regel erfüllen, dürfen die Regel aber nicht durchlaufen.

Wir wollen die erste Regel Präpositionalisierung und die zweite
Entpräpositionalisierung nennen. Eine solche Folge von zwei Regeln
ermöglicht es, den Unterschied zwischen Sätzen wie (149) einerseits
und (152) andererseits auf eine einfache Weise zu erklären. Die Präpositionalisierung wird, falls das Verb ein menschliches Objekt hat,
sowohl auf ver als auch auf pegar angewendet. Enthält das Objekt die
Kombination (150), dann wird auf ein Verb wie ver, nicht aber auf pegar, die Entpräpositionalisierung angewendet. Mit anderen Worten, während pegar die Entpräpositionalisierung nicht durchlaufen darf und
im Lexikon in entsprechender Form als Ausnahme zu dieser Regel zu
markieren ist, vertritt das Verb ver den Normalfall, d.h. ver darf
die strukturelle Beschreibung der Entpräpositionalisierung erfüllen
oder nicht, wenn es sie aber erfüllt, dann muß die Regel angewendet
werden. Der Satz (149)(b) enthielte dann eine Verletzung, die durch
"fälschliche" Nicht-Anwendung, der Satz (152)(a) dagegen eine Verletzung, die durch "fälschliche" Anwendung der Entpräpositionalisierung zustande kommt.[79)]

Außer dem Einwand, daß das syntaktische Verhalten von Verben wie
pegar nicht sinnvoll erklärt werden kann, ließen sich noch weitere
Einwände gegen den in den voraufgehenden Kapiteln entwickelten Regelmechanismus vorbringen. Insbesondere könnte die geradezu extreme
Asymmetrie in der strukturellen Beschreibung der Regel (R 8) kritisiert werden, die darin zum Ausdruck kommt, daß für das Objekt eine
stark differenzierte Spezifizierung von Merkmalen, für das Subjekt
jedoch gar keine Spezifizierung angegeben ist. Es liegt nahe zu ver-
muten, daß es sich hierbei nicht nur um einen Mangel an Eleganz, sondern vielmehr auch um einen Mangel an empirischer Adäquatheit handelt.
Eine solche Vermutung ist um so naheliegender, als es sich bei sämt-
lichen in den voraufgehenden Kapiteln zitierten Beispielsätzen um
Sätze handelt, deren Subjekt eine Personenbezeichnung ist. In den
folgenden Kapiteln wollen wir nun zeigen, daß es Sätze gibt, die kein
menschliches Subjekt enthalten und hinsichtlich der Präpositionalität

ein anderes Verhalten zeigen als die bisher diskutierten Fälle.

7.2. TIERBEZEICHNUNGEN IM SUBJEKT

In diesem Kapitel wollen wir zeigen, inwiefern sich Sätze mit Tierbezeichnungen im Subjekt anders verhalten als Sätze mit menschlichem
Subjekt. Vergleichen wir zu diesem Zweck zunächst die Sätze (154)
und (155):

(154)(a) El hombre vio a· tres mujeres.
     (b) El hombre vio tres mujeres.

(155)(a) El gato vio a tres ratones.
     (b) El gato vio tres ratones.

Der Unterschied zwischen den Sätzen (155)(a) und (b) entspricht dem
Unterschied zwischen (154)(a) und (b). Mit anderen Worten, in den
Sätzen (a) referiert mujeres beziehungsweise ratones direkt auf be-
stimmte Individuen, in den Sätzen (b) dagegen nicht. Ein anderes
Verhalten zeigen Sätze folgender Art:

(156)(a)*El hombre vio a tres ratones.
     (b) El hombre vio tres ratones.

(157)(a) El gato vio a tres mujeres.
     (b)*El gato vio tres mujeres.

Die Sätze (157) verhalten sich hinsichtlich ihrer Bewertung genau
umgekehrt wie (156): in (156) wird der Satz mit der Präposition, in
(157) dagegen der Satz ohne die Präposition als abweichend empfunden. Im Unterschied hierzu enthalten die Beispiele (154) und (155)
keine abweichenden Sätze. Alle diese Sätze enthalten dasselbe Verb
ver, das offensichtlich auch in allen Fällen dieselbe Bedeutung hat.
Wenn wir nun das unterschiedliche syntaktische Verhalten dieser Sätze
erklären wollen, so sind wir also gezwungen, auf die unterschiedliche
lexikalische Belegung von Subjekt und Objekt Bezug zu nehmen. Hierbei lassen sich dann folgende Hypothesen aufstellen:

(158) Sätze mit menschlichem Subjekt verhalten sich hinsicht-
      lich der Präpositionalität in Übereinstimmung mit dem
      in den voraufgehenden Kapiteln formulierten Regelmecha-
      nismus.

(159) Sätze mit Tierbezeichnungen im Subjekt und menschlichem
      Objekt haben stets die Präposition a vor dem Objekt, un-
      abhängig davon, ob das Objekt als generell interpretiert
      wird oder nicht.

(160) Sätze mit Tierbezeichnungen im Subjekt und Tierbezeich-
      nungen im Objekt verhalten sich hinsichtlich der Präpo-
      sitionalität genauso wie Sätze mit menschlichem Subjekt
      und menschlichem Objekt.

Die Hypothese (160) wird illustriert durch die Beispiele (155), in
denen gato und ratones - also Subjekt und Objekt - Tierbezeichnungen sind. Der Unterschied in der Interpretation des Objekts der beiden Sätze ist derselbe wie der, der in den Sätzen (154)(a) und (b)
auftritt, die ein menschliches Subjekt und ein menschliches Objekt
haben. In den Sätzen mit der Präposition referiert dabei jeweils das
Objekt direkt auf bestimmte Individuen. Mit anderen Worten, wir wollen annehmen, daß ratones in (155)(a) die Kombination (161), ratones
in (155)(b) dagegen die Merkmale (162) enthält.

(161)

[-g(G), -k(G), +n(G), -c(G), -E(G), -PROPIO(G), -HUMANO(G)]

(162)

[+g(G), -k(G), +n(G), -c(G), -E(G), -PROPIO(G), -HUMANO(G)]

Die Sätze (156) illustrieren unsere Hypothese (158). Die Tatsache,
daß (156)(a) als abweichend empfunden wird, weist darauf hin, daß
in einem Satz mit menschlichem Subjekt, dessen Objekt eine der beiden Kombinationen (161) und (162) enthält, die Präposition nicht gesetzt werden darf, das heißt unabhängig davon, ob das Objekt das spezielle Referenzmerkmal [-g(G)] enthält oder nicht. Dies stimmt mit
unserem bisherigen Regelmechanismus überein, da (R 8) weder vor einem Objekt mit (161) noch vor einem Objekt mit den Merkmalen (162)
anwendbar ist.

Die Hypothese (159) wird exemplifiziert durch die Beispielsätze (157).
Die Tatsache, daß (157)(b) abweichend ist, ist ein Indiz dafür, daß
in einem Satz mit einer Tierbezeichnung im Subjekt und einem menschlichen Objekt stets die Präposition stehen muß, und zwar unabhängig
davon, ob das Objekt das Merkmal [-g(G)] enthält oder nicht.

Wir wollen unsere Beobachtungen noch an weiteren Beispielen illustrieren. Vergleichen wir die Texte (163) mit den Texten (164):

(163)(a) Este hombre es muy peligroso. Ha matado mujeres.
    (b)*Este hombre es muy peligroso. Ha matado a mujeres.

(164)(a)*Este león es muy peligroso. Ha matado mujeres.
    (b) Este león es muy peligroso. Ha matado a mujeres.

Der letzte Satz des Textes (163)(a) enthält ein eliminiertes menschliches Subjekt und ein menschliches Objekt. Der letzte Satz des Textes (164)(b) dagegen enthält ein eliminiertes Subjekt mit einer Tierbezeichnung. In beiden Fällen wird das Objekt mujeres in derselben
Weise interpretiert, und zwar wollen wir annehmen, daß mujeres die
Merkmalkombination (150) enthält, auf die Regel (R 8) nicht anwendbar ist. Die Tatsache, daß (164)(a) im Unterschied zu (163)(a) als
abweichend bewertet wird, erklärt sich dann nach Hypothese (159).
Mit anderen Worten, weil das Subjekt eine Tierbezeichnung ist, darf
vor dem menschlichen Objekt die Präposition nicht fehlen.

Nehmen wir noch weitere Beispiele:

(165)(a) El cazador cazó un corzo.
    (b)*El cazador cazó a un corzo.

(166)(a) El tigre cazó a un corzo.
    (b) El tigre cazó un corzo.

Alle diese Sätze enthalten eine Tierbezeichnung im Objekt. Hierbei
wollen wir annehmen, daß corzo in (165)(a) sowohl die Kombination
(161) als auch die Kombination (162) enthalten kann. Da der Satz ein
menschliches Subjekt hat, darf in keinem der beiden Fälle die Präposition vor dem Objekt stehen. Die Sätze (166) enthalten dagegen eine
Tierbezeichnung im Subjekt und verhalten sich in Übereinstimmung mit
Hypothese (160): in (166)(a) - nicht aber in (166)(b) - referiert
corzo direkt auf ein bestimmtes Individuum, so daß wir für corzo in
(166)(a) die Kombination (161) und in (166)(b) die Kombination (162)
annehmen müssen.

In den folgenden Satzpaaren, die alle sowohl im Subjekt als auch im
Objekt Tierbezeichnungen enthalten, referiert jeweils in dem Satz
mit der Präposition das Nomen im Objekt direkt auf ein oder mehrere

bestimmte Individuen:

(167)(a) El tigre mató a tres corzos.
     (b) El tigre mató tres corzos.

(168)(a) El gato comió a un ratón.
     (b) El gato comió un ratón.

(169)(a) El tiburón devoró a dos delfines.
     (b) El tiburón devoró dos delfines.

Wir wollen den Unterschied in der Interpretation dieser Sätze durch
die Annahme erklären, daß die Nomina corzos, ratón und delfines in
den Sätzen ohne die Präposition die Kombination (162), in den Sätzen
mit der Präposition dagegen die Kombination (161) enthalten. Unser
Regelmechanismus muß dann im Sinne von Hypothese (160) verändert werden.

Vergleichen wir nun den jeweils letzten Satz der Texte (163) und
(164) sowie die Sätze (167) mit den Sätzen (170):

(170)(a) Esta tormenta mató a muchas mujeres.
     (b)*Esta tormenta mató muchas mujeres.

Alle diese Sätze enthalten dasselbe Verb matar. Im Unterschied zu
den übrigen Sätzen besitzt (170)(a) ein unbelebtes Subjekt. In diesem Satz kann mujeres direkt auf bestimmte Individuen referieren oder
als generell verstanden werden. Die Tatsache, daß (170)(b) als abweichend bewertet wird, weist jedoch darauf hin, daß unabhängig davon, ob das Objekt als generell interpretiert wird oder nicht, die
Präposition nicht fehlen darf. Dieser Sachverhalt veranlaßt uns zu
der Annahme, daß in Sätzen mit unbelebtem Subjekt und menschlichem
Objekt stets die Präposition a vor dem Objekt stehen muß.

Nun läßt sich beobachten, daß auch dann stets die Präposition gesetzt
werden muß, wenn das Subjekt unbelebt ist und im Objekt eine Tierbezeichnung steht:

(171)(a) Esta tormenta mató a muchos perros.
     (b)*Esta tormenta mató muchos perros.

Auf Grund der Tatsache, daß sowohl (170)(b) als auch (171)(b) als abweichend empfunden wird, läßt sich nun folgende Hypothese aufstellen:

(172) Sätze mit unbelebtem Subjekt und belebtem Objekt enthalten
      stets die Präposition a vor dem Objekt.

Vergleichen wir hierzu noch folgende Sätze:

(173)(a) La lluvia mojó a mujeres.
     (b)*La lluvia mojó mujeres.

(174)(a) La lluvia mojó a perros.
     (b)*La lluvia mojó perros.

(175)(a)*La lluvia mojó a plantas.
     (b) La lluvia mojó plantas.

Diese Beispielsätze haben ausnahmslos ein unbelebtes Subjekt sowie
ein generelles Objekt von der Art, die wir in § 3. mit der Kombination [+g(G), -k(G)] gekennzeichnet hatten, d.h. das betreffende Nomen referiert weder direkt auf Individuen noch auf eine generelle
Klasse als solche. In (173) und (174) ist jeweils das Objekt belebt,
und die präpositionslosen Sätze werden als abweichend empfunden. In
(175) ist dagegen das Objekt unbelebt, wobei der Satz mit der Präposition als abweichend bewertet wird. Da alle diese Sätze dasselbe
Subjekt und dasselbe Verb, nämlich mojar, das auch in allen Fällen
die gleiche Bedeutung hat, enthalten, bestätigen sie also besonders
deutlich unsere Hypothese (172).

Von den folgenden Beispielen, bei denen es sich ausschließlich um
Sätze mit belebtem Objekt und unbelebtem Subjekt handelt, sind alle
präpositionslosen Sätze abweichend:

(176)(a) Los truenos inquietaron a muchos niños.
     (b)*Los truenos inquietaron muchos niños.

(177)(a) Los truenos inquietaron a muchos perros.
     (b)*Los truenos inquietaron muchos perros.

(178)(a) El accidente preocupaba a mujeres.
     (b)*El accidente preocupaba mujeres.

(179)(a) Esta pieza teatral entusiasma a mucha gente.
     (b)*Esta pieza teatral entusiasma mucha gente.

(180)(a) La ambición agitaba a muchos hombres.
     (b)*La ambición agitaba muchos hombres.

(181)(a) La solución de este problema convenció a expertos
         de todas partes del mundo.
     (b)*La solución de este problema convenció expertos
         de todas partes del mundo.

(182)(a) El espantapájaros asustó a varios animales.
     (b)*El espantapájaros asustó varios animales.

(183)(a) El forraje atraía a corzos y ciervos.
     (b)*El forraje atraía corzos y ciervos.

(184)(a) Los esfuerzos han debilitado a muchos obreros.
     (b)*Los esfuerzos han debilitado muchos obreros.

(185)(a) Este hecho sorprendió a hombres y mujeres.
     (b)*Este hecho sorprendió hombres y mujeres.

(186)(a) El sueño acometió a niños y adultos.
     (b)*El sueño acometió niños y adultos.

(187)(a) La fiebre aftosa había atacado a muchas vacas.
     (b)*La fiebre aftosa había atacado muchas vacas.

Die Tatsache, daß alle präpositionslosen Sätze der Beispiele (176)
bis (187) als abweichend bewertet werden, ist eine weitere Bestätigung für die Richtigkeit unserer Hypothese (172), die wir infolgedessen als recht gut motiviert betrachten können.[80]

7.3. PRÄPOSITIONALISIERUNG UND ENTPRÄPOSITIONALISIERUNG

Wir hatten in § 7.1. die Annahme motiviert, daß unsere Grammatik an
Stelle von (R 8) zwei Transformationsregeln enthält, die wir "Präpositionalisierung" und "Entpräpositionalisierung" genannt haben. Das
Hauptargument beruhte darauf, daß es Verben gibt, die vor einem
menschlichen Objekt stets die Präposition verlangen, und zwar unabhängig von den Referenzeigenschaften des Objekts. Solche Verben können dann als einfache Ausnahme zur Entpräpositionalisierung betrachtet werden. Wir wollen nun untersuchen, welche Eigenschaften die
strukturellen Beschreibungen dieser Regeln besitzen müssen.

Zunächst läßt sich zeigen, daß es Verben gibt, die auch vor Objekten
mit Tierbezeichnungen einfache Ausnahmen zur Entpräpositionalisierung
sind. Vergleichen wir hierzu die folgenden Sätze:

(188)(a) El gato arañó a un perro.
     (b)*El gato arañó un perro.

(189)(a)*El gato arañó a la pared.
     (b) El gato arañó la pared.

(190)(a) El gato arañó al perro.
     (b) El perro fue arañado por el gato.

In allen diesen Sätzen hat das Verb arañar annähernd die gleiche Bedeutung. Um die Synonymie der beiden Sätze (190) zu erklären, wollen
wir annehmen, daß der Passivsatz (190)(b) auf dieselbe Tiefenstruktur zurückzuführen ist wie der Aktivsatz (190)(a). Da wir angenommen
hatten, daß die Passivtransformation, die Aktivsätze in Passivsätze
verwandelt, nur auf Verben anwendbar ist, die das Merkmal [-PREP(G)]
enthalten, müssen wir auch für arañar in Sätzen wie (190) eine Tiefenstruktur mit [-PREP(G)] annehmen. Dasselbe muß dann sinnvollerweise ebenfalls für arañar in (188)(a) angenommen werden. Die Tatsache, daß der Satz (188)(b) - im Unterschied zu einem Satz wie beispielsweise (168)(b) - als abweichend bewertet wird, kann dann durch
die Annahme erklärt werden, daß das Verb arañar, wenn es wie in (188)
eine Tierbezeichnung im Subjekt und eine Tierbezeichnung im Objekt
aufweist, eine einfache Ausnahme zur Entpräpositionalisierung ist.
Mit anderen Worten, in solchen Fällen muß - im Unterschied zu den
Sätzen (168) - unabhängig von den Referenzeigenschaften des Objekts
stets die Präposition vor dem Objekt stehen. Die Tatsache, daß
(189)(a) abweichend ist, zeigt, daß dies nicht gilt, wenn das Objekt
von arañar unbelebt ist. Unsere Grammatik muß also auch die Möglichkeit bieten, für solche Fälle einfache Ausnahmen zur Entpräpositionalisierung zu formulieren, in denen im Objekt eine Tierbezeichnung
steht. Das Fehlen der Präposition in Sätzen mit Tierbezeichnungen
oder Personenbezeichnungen im Objekt sollte wegen des syntaktischen
Verhaltens von Verben wie pegar und arañar deshalb nicht durch Nicht-
Anwendbarkeit der Präpositionalisierung, sondern vielmehr durch Anwendbarkeit der Entpräpositionalisierung erklärt werden.

Wir wollen nun unsere bisherigen Überlegungen zur Anwendbarkeit der
Präpositionalisierung in folgender Liste veranschaulichen:

(191) <u>Präpositionalisierung</u>:

	Subjekt	Objekt
1)	+ANIMADO(G)	+ANIMADO(G)
2)	-ANIMADO(G)	+ANIMADO(G)
3)	------------	Spezifizierungen für Emphase, Kontrastivität und Eigennamen

Die Liste (191) zählt die Fälle auf, in denen nach den voraufgehenden Überlegungen die Präpositionalisierung stets anwendbar sein muß.
Dies betrifft außer den Fällen mit Emphase, Kontrastivität oder Eigennamen alle diejenigen Sätze, die entweder sowohl ein belebtes
Subjekt als auch ein belebtes Objekt oder ein belebtes Objekt und
ein unbelebtes Subjekt haben.

Wenn die strukturelle Beschreibung der Präpositionalisierung so aufgebaut wird, daß diese in den in Liste (191) charakterisierten Fällen stets anwendbar ist, dann ergibt sich eine sehr einfache Erklärung für die durch die Hypothesen (159) und (172) erfaßten Fakten:
die der Präpositionalisierung folgende Entpräpositionalisierung wird
so formuliert, daß sie auf Sätze mit unbelebtem Subjekt und belebtem
Objekt sowie auf Sätze mit menschlichem Objekt, die im Subjekt eine
Tierbezeichnung enthalten, nicht anwendbar ist. Mit anderen Worten,
Verben, die ein menschliches Objekt haben, sollen nur dann entpräpositionalisiert werden können, wenn sie auch ein menschliches Subjekt
haben, Verben mit einer Tierbezeichnung im Objekt sollen nur dann
entpräpositionalisierbar sein, wenn ihr Subjekt belebt ist.

Auf diese Weise gelangen wir nun zu einer partiellen Symmetrie in
der strukturellen Beschreibung der Entpräpositionalisierung, denn es
müssen außer den Spezifizierungen für das Objekt auch Spezifizierungen für das Subjekt angegeben werden. Nehmen wir als Beispiel zunächst die Sätze mit menschlichem Subjekt und Tierbezeichnungen im
Objekt. Diese müssen in der strukturellen Beschreibung ohnehin gesondert behandelt werden, da sie, wie wir in § 7.2. gezeigt haben,
unter anderen Bedingungen präpositionslos sind als Sätze, die sowohl

im Subjekt als auch im Objekt Tierbezeichnungen enthalten.

Für die Charakterisierung der Fälle, in denen in einem Satz mit
menschlichem Subjekt und Tierbezeichnungen im Objekt die Präposition
steht, können wir auf die Regel (R 8) zurückgreifen, da die in dieser Regel enthaltenen Aussagen ausnahmslos an Beispielsätzen gewonnen wurden, die ein menschliches Subjekt haben. Wenn nun die Nicht-
Präpositionalität in den betreffenden Sätzen prädiziert werden soll,
dann muß die Entpräpositionalisierung genau in denjenigen Fällen anwendbar sein, in denen die Regel (R 8) nicht anwendbar ist.

Zunächst ergibt sich bei einer näheren Betrachtung der Regel (R 8),
daß diese stets anwendbar ist, wenn das Nomen in der Position des Objekts zugleich ein Eigenname und belebt ist. Die Entpräpositionalisierung darf also vor Objekten mit einer Tierbezeichnung nur auf
Sätze anwendbar sein, die in der Position des direkten Objekts ein
Appellativum - d.h. ein Nomen mit dem Merkmal [-PROPIO(G)] - enthalten. Da (R 8) stets auch auf Sätze mit kontrastivem belebtem Objekt
anwendbar ist, benötigen wir, um diese Sätze von der Entpräpositionalisierung auszuschließen, ferner das Merkmal [-c(G)]. Weiterhin
benötigen wir das Merkmal [-E(G)], um die Anwendbarkeit der Entpräpositionalisierung auf Emphasesätze mit Tierbezeichnungen im Objekt
zu verhindern.

Insgesamt läßt sich folgende Aussage aus der Formulierung von (R 8)
ableiten:

(192) In nicht-emphatischen Sätzen fehlt die Präposition -
      d.h. (R 8) ist nicht anwendbar -, wenn in der Position
      des direkten Objekts ein nicht-kontrastives Appellativum steht, das eine Tierbezeichnung ist und entweder
      die Kombination [+n(G), -g(G)] oder [+n(G), +g(G),
      -k(G)] oder die Kombination [+n(G), +g(G), +PERT(X)(G),
      +____[-n](G)] enthält.

Da wir festgestellt hatten, daß die uns hier interessierende Regularität nur für Sätze mit menschlichem Subjekt gilt, ist es erforderlich, zusätzlich zu der Aussage (192) noch anzugeben, daß das
Nomen in der Position des Subjekts das Merkmal [+HUMANO(G)] enthalten muß. Für Sätze mit menschlichem Subjekt und Tierbezeichnungen
im Objekt muß dann die Entpräpositionalisierung in ihrer strukturel-

len Beschreibung die in (193) skizzierten Eigenschaften aufweisen.

(193) <u>Entpräpositionalisierung</u>:

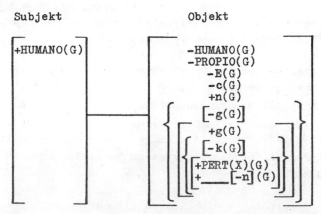

Ein weiteres Beispiel für die Notwendigkeit, in die strukturelle Beschreibung der Entpräpositionalisierung Spezifizierungen des Subjekts
aufzunehmen, ergibt sich bei einer formalen Charakterisierung der
durch Hypothese (160) ausgedrückten Sachverhalte, die wir folgendermaßen andeuten können:

(194) <u>Entpräpositionalisierung</u>:

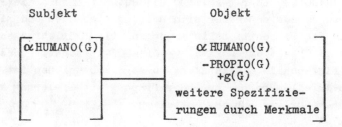

In (194) ist α gleich '+' oder '-'. Hierbei nehmen wir an, daß α in
ein und derselben Regel stets denselben Wert haben muß. Die in (194)
angedeutete partielle strukturelle Beschreibung besagt dann, daß die
Entpräpositionalisierung stets anwendbar ist, wenn bei einer gegebenen - hier zunächst vernachlässigten - zusätzlichen Charakterisierung des Objekts das Merkmal [HUMANO(G)] sowohl im Zentralnomen des
Subjekts als auch im Zentralnomen des Objekts enthalten ist und in
beiden Fällen dasselbe Vorzeichen hat. Da wir angenommen hatten, daß
das Merkmal [+HUMANO(G)] Personenbezeichnungen und das Merkmal

[-HUMANO(G)] Tierbezeichnungen charakterisiert, bedeutet das, daß
in Sätzen, die entweder sowohl im Subjekt als auch im Objekt eine
Personenbezeichnung oder sowohl im Subjekt als auch im Objekt eine
Tierbezeichnung als Zentralnomen enthalten, das Verb unter den gleichen Bedingungen entpräpositionalisiert wird. Dies entspricht unserer in § 7.2. formulierten Hypothese (160).

Die Einzelheiten der in (194) vernachlässigten weiteren Spezifizierung des Objekts werden wir in § 8. genauer behandeln. An dieser
Stelle interessiert uns zunächst nur die Tatsache, daß die Entpräpositionalisierung für die in (193) und (194) skizzierten Fälle eine
partielle Symmetrie enthält, insofern sie nämlich zusätzlich zu den
Spezifizierungen für das Objekt auch Spezifierungen für das Subjekt
enthalten muß.

Ganz anders verhält es sich jedoch mit der Regel, die wir "Präpositionalisierung" genannt hatten. Die in Liste (191) aufgezählten Fälle, in denen die Präpositionalisierung stets anwendbar sein soll,
machen es nicht erforderlich, Spezifizierungen für das Subjekt anzugeben. Da es nach unseren Basisregeln keinen Fall gibt, in dem ein
Nomen nicht entweder das Merkmal [+ANIMADO(G)] oder das Merkmal
[-ANIMADO(G)] enthält, ist die in (191) enthaltene Aussage, daß wenn
im Objekt das Merkmal [+ANIMADO(G)] und im Subjekt entweder das Merkmal [+ANIMADO(G)] oder [-ANIMADO(G)] enthalten ist, die Präpositionalisierung stets anwendbar sein soll, gleichbedeutend mit der Aussage, daß die Präpositionalisierung in allen Fällen anwendbar ist,
in denen im Objekt das Merkmal [+ANIMADO(G)] steht. Da nach dem Prinzip der Einfachheit die letztere Aussage vorzuziehen ist, würde dann
die strukturelle Beschreibung der Präpositionalisierung keine Spezifizierungen für das Subjekt enthalten.

Aus diesen Überlegungen ergibt sich, daß die strukturelle Beschreibung der Präpositionalisierung, die wir als neue Version der Regel
(R 8) betrachten, zwar weniger Spezifizierungen für das Objekt enthalten wird als (R 8), daß sie aber dennoch durch die erforderlichen Angaben für Emphase, Kontrastivität und Eigennamen noch einer beträchtlich hohen Anzahl von Spezifizierungen für das Objekt bedarf, während für das Subjekt keine näheren Angaben erforderlich sind. Die
Asymmetrie, die wir an der Regel (R 8) kritisiert hatten, bliebe
dann also im wesentlichen auch im Falle der Präpositionalisierung
erhalten.

Nun lassen sich jedoch Argumente für die Annahme anführen, daß die
strukturelle Beschreibung der Präpositionalisierung überhaupt keine
Spezifizierungen für das Objekt enthalten darf. Vergleichen wir zu
diesem Zweck zunächst folgende Sätze:

(195)(a) La inundación siguió al incendio.
     (b)*La inundación siguió el incendio.

(196)(a) Pedro siguió a una bicicleta.
     (b)*Pedro siguió una bicicleta.

(197)(a) Pedro siguió el consejo de su padre.
     (b)*Pedro siguió al consejo de su padre.

Diese Beispiele zeigen, daß das Verb seguir mindestens zwei verschiedene Bedeutungen hat, die jeweils unterschiedliche syntaktische
Eigenschaften aufweisen. In (195) und (196) bezeichnet es eine bestimmte Ordnungsrelation, die sich in folgender Weise andeuten läßt:

(195)' Primero el incendio y despues la inundación.

(196)' Primero una bicicleta y despuéfs Pedro.

Für (197) gilt jedoch nicht die entsprechende Formulierung:

(197)' *Primero el consejo de su padre y despuéfs Pedro.

Wir wollen die Bedeutung von seguir in (195) und (196) (A) und die,
die seguir in (197) hat, (B) nennen. Die Bewertung der oben aufgeführten Sätze zeigt, daß das Verb in der Bedeutung (A) stets die Präposition vor dem Objekt verlangt, in der Bedeutung (B) jedoch obligatorisch präpositionslos ist. Da (195) und (196) ein unbelebtes Objekt haben und da weder Emphase noch Kontrastivität des Objekts vorliegt, ist die Präpositionalität dieser Sätze nach unseren bisherigen Annahmen nur dadurch erklärbar, daß man das Objekt von seguir
in der Bedeutung (A) als indirektes Objekt betrachtet und für das
Verb eine Tiefenstruktur mit dem Merkmal [+PREP(G)] annimmt. Nun
läßt das Verb jedoch auch in der Bedeutung (A) die Passivkonstruktion zu:

(198)(a) El trueno sigue al relámpago.
     (b) El relámpago es seguido por el trueno.

Es ergibt sich also für das Verb _seguir_ in der Bedeutung (A) im Hinblick auf die Präpositionalität vor unbelebten Objekten die gleiche
Art von Argumentation wie die, die wir anhand der Beispiele mit den
Verben _pegar_ und _arañar_ für die Präpositionalität vor belebten Objekten vorgebracht haben. Wenn wir annehmen, daß im Spanischen ein
indirektes Objekt nicht zum Subjekt eines Passivsatzes werden kann
und daß die Passivtransformation der Präpositionalisierung voraufgeht und nur auf Verben mit dem Merkmal [-PREP(G)] anwendbar ist
(siehe § 7.1.), so folgt daraus, daß das Verb _seguir_ in den Sätzen
(198)(a) und (b) sowie in (195)(a) und (196)(a) auf eine Tiefenstruktur mit dem Merkmal [-PREP(G)] zurückzuführen ist. Dasselbe Problem
ergibt sich für Verben wie _preceder_, _sustituir_ u.a., die das gleiche
syntaktische Verhalten zeigen wie _seguir_ in der Bedeutung (A).[81]

Wir können die Passivfähigkeit und die Präpositionalität in Aktiv-
sätzen bei diesen Verben erklären, wenn wir annehmen, daß die Präpositionalisierung keinerlei Spezifizierung für das Objekt enthält, die
Entpräpositionalisierung unter bestimmten Bedingungen auch auf Sätze
mit unbelebtem Objekt stets anwendbar ist und Verben wie _seguir_ in
der Bedeutung (A) im Lexikon als einfache Ausnahme zur Entpräpositionalisierung gekennzeichnet werden.

Wir wollen nun annehmen, daß die Präpositionalisierung folgende Form
hat:

(Präpositionalisierung):

$$[-\text{PREP(G)}] \longrightarrow [+\text{PREP(G)}] \ / \ \begin{bmatrix} +V(G) \\ -ADJ(G) \\ +TRANS(G) \\ \underline{\hspace{1.5cm}} \end{bmatrix}$$

In dieser Formulierung besitzt die Präpositionalisierung nicht mehr
die extreme Asymmetrie, die wir an der Regel (R 8) kritisiert hatten.
Es wird jedoch nun notwendig, die Entpräpositionalisierung auch auf
Sätze mit unbelebtem Objekt anwendbar zu machen. In den folgenden
Kapiteln werden wir zeigen, daß sich hierbei ähnliche partielle Sym-
metrien ergeben wie in den in (193) und (194) skizzierten Fällen.

7.4. SÄTZE MIT UNBELEBTEM SUBJEKT

Wir haben bereits gezeigt, daß Sätze mit unbelebtem Subjekt und belebtem Objekt die Eigenschaft haben, daß in ihnen unabhängig von den
Referenzeigenschaften des Objekts stets die Präposition a vor dem
Objekt stehen muß. Diesen Sachverhalt wollten wir dadurch erklären,
daß wir die Entpräpositionalisierung so formulieren, daß sie auf
solche Sätze nicht anwendbar ist. Wir müssen nun noch zeigen, unter
welchen Bedingungen das Verb in Sätzen mit unbelebtem Subjekt und
unbelebtem Objekt entpräpositionalisiert werden muß.

Vergleichen wir zu diesem Zweck zunächst folgende Texte:

(199)(a) A una calle, donde se encontraba una pelota, se
aproximó un día un automóvil que era conducido
por un chofer español. De repente el automóvil
aplastó a la pelota.

(b)*A una calle, donde se encontraba una pelota, se
aproximó un día un automovil que era conducido
por un chofer español. De repente el automóvil
aplastó la pelota.

(200)(a)*A una calle, donde se encontraba una pelota, se
aproximó un día un hombre que era acompañado por
uno de sus amigos. De repente el hombre aplastó
a la pelota.

(b) A una calle, donde se encontraba una pelota, se
aproximó un día un hombre que era acompañado por
uno de sus amigos. De repente el hombre aplastó
la pelota.

In (199) und (200) unterscheidet sich jeweils der Text (a) von dem
Text (b) nur durch die Anwesenheit der Präposition a vor dem Objekt
im letzten Satz. In allen Fällen enthält der letzte Satz jeweils
dasselbe Verb und dasselbe Objekt, dessen Nomen - pelota - unbelebt
ist. Die Referenzeigenschaften des Subjekts und des Objekts im letzten Satz sind sowohl in den Texten (199) als auch in (200) dieselben.
Im letzten Satz von (199)(a) und (200)(b) referiert pelota auf einen
nicht-neuen Gegenstand, nämlich auf denselben Gegenstand wie pelota
im ersten Satz des jeweiligen Textes. Wenn wir nun erklären wollen,
weshalb in (199) der Text ohne die Präposition, in (200) aber der

Text mit der Präposition im letzten Satz als abweichend bewertet
wird, müssen wir auf die unterschiedliche lexikalische Belegung des
Subjekts in den betreffenden Sätzen rekurrieren. In (200) hat aplas-
tar ein belebtes, in (199) ein unbelebtes Subjekt.

Da in dem jeweils letzten Satz dieser Texte weder Emphase noch Kontrastivität des Objekts vorliegt, ist das Fehlen der Präposition vor
dem unbelebten Objekt von aplastó in (200) nach unseren in den voraufgehenden Kapiteln formulierten Annahmen gut erklärbar. Die Tatsache, daß (199)(b) als abweichend empfunden wird, zeigt jedoch,
daß in Sätzen mit unbelebtem Subjekt und unbelebtem Objekt - im Unterschied zu den Sätzen mit unbelebtem Objekt und belebtem Subjekt
- die Präposition auch dann stehen muß, wenn das Objekt nicht-kontrastiv ist und auch keine Emphase vorliegt.

Wenn in einem Satz mit unbelebtem Subjekt und unbelebtem Objekt das
Nomen in der Position des Objekts auf einen neuen Gegenstand referiert, darf die Präposition nicht gesetzt werden:

(201)(a) A una calle, donde se encontraba un amigo de Pedro,
        se aproximó un día un automóvil que era conducido
        por un chofer español. De repente el automóvil aplas-
        tó una pelota.
     (b)*A una calle, donde se encontraba un amigo de Pedro,
        se aproximó un día un automóvil que era conducido
        por un chofer español. De repente el automóvil aplas-
        tó a una pelota.

Vergleichen wir nun die Texte (199) und (202) einerseits mit dem
Text (201) andererseits:

(202)(a) A una calle, donde se encontraba una pelota, se apro-
        ximó un día un automóvil que era conducido por un
        chofer español. De repente el automóvil aplastó al
        juguete.
     (b)*A una calle, donde se encontraba una pelota, se apro-
        ximó un día un automóvil que era conducido por un
        chofer español. De repente el automóvil aplastó el
        juguete.

In (202)(a) referiert juguete im letzten Satz auf denselben Gegenstand wie pelota im ersten Satz desselben Textes. Der Text (202)(b)

wird als leicht abweichend empfunden, denn hier bleibt - im Unterschied zu (202)(a) - die Referenz von juguete unklar. Es bezieht
sich nicht auf denselben Gegenstand wie pelota, sondern referiert
auf einen im Text neuen Gegenstand. Normalerweise würde man jedoch
vor einem nicht-generellen Appellativum, das auf einen neuen Gegenstand referiert - bestimmte Sonderfälle ausgenommen - den unbestimmten Artikel erwarten, wie beispielsweise im Falle von una pelota in
(201)(a). Da nun in dem leicht abweichenden Text (202)(b) die Präposition fehlt und da in (201), wo pelota auf einen neuen Gegenstand
referiert - im Unterschied zu (202)(a) und (199)(a), wo juguete beziehungsweise pelota im jeweils letzten Satz auf einen nicht-neuen
Gegenstand referieren - der Text mit der Präposition als abweichend
empfunden wird, wollen wir annehmen, daß in Sätzen mit unbelebtem
Subjekt und unbelebtem Objekt, in denen weder Emphase noch Kontrastivität des Objekts vorliegt, die Präposition immer dann stehen
muß, wenn das Nomen im Objekt einen nicht-neuen Gegenstand bezeichnet, und daß sie nicht stehen darf, wenn das Nomen in der Position
des Objekts auf einen neuen Gegenstand referiert.

Betrachten wir nun die folgenden Sätze:

(203(a) A una calle, donde se encontraba una pelota de Pedro,
         se aproximó un día un automóvil que era conducido por
         un chofer español. De repente el automóvil aplastó la
         pelota de Pedro.
    (b)*A una calle, donde se encontraba una pelota de Pedro,
         se aproximó un día un automóvil que era conducido por
         un chofer español. De repente el automóvil aplastó a
         la pelota de Pedro.

In (203)(a) referiert pelota im letzten Satz auf denselben Gegenstand wie pelota im ersten Satz. Die Tatsache, daß der Text mit der
Präposition im letzten Satz als abweichend empfunden wird, können
wir, da pelota hier im Unterschied zu den übrigen Fällen in der
Pertinenz-zu-Relation steht, durch die Annahme erklären, daß in
Sätzen mit unbelebtem Subjekt und unbelebtem Objekt die Präposition
nicht gesetzt werden darf, wenn das Zentralnomen im Objekt in der
Pertinenz-zu-Relation steht, und zwar unabhängig davon, ob das Zentralnomen auf einen nicht-neuen Gegenstand referiert oder nicht.

Die Präposition darf auch dann nicht vor dem Objekt stehen, wenn das

Nomen im Objekt ein Kontinuativum ist. Vergleichen wir hierzu folgende Texte:

(204)(a) Un día, cuando llovía a cántaros, Pedro fue a una
         playa, donde había mucha <u>arena</u>, y se cobijó bajo su
         tienda. La lluvia había mojado la <u>arena</u>.
     (b)*Un día, cuando llovía a cántaros, Pedro fue a una
         playa, donde había mucha <u>arena</u>, y se cobijó bajo
         su tienda. La lluvia había mojado a la <u>arena</u>.

(205)(a) Un día, cuando llovía a cántaros, Pedro fue a una
         playa, donde había una <u>arena</u> especial, y se cobijó
         bajo su tienda. La lluvia había mojado a la <u>arena</u>.
     (b)*Un día, cuando llovía a cántaros, Pedro fue a una
         playa, donde había una <u>arena</u> especial, y se cobijó
         bajo su tienda. La lluvia había mojado la <u>arena</u>.

Sowohl in (204)(a) als auch in (205)(a) referiert <u>arena</u> auf einen
nicht-neuen Gegenstand. In (204)(a) ist <u>arena</u> in beiden Vorkommen im
Text ein Kontinuativum ("Sand" im Unterschied zu anderen Kontinuativa wie "Wasser", "Holz" u.a.). In (205)(a) dagegen wird <u>arena</u> im
letzten Satz genauso wie <u>arena</u> in <u>una arena especial</u> als Diskontinuativum interpretiert (eine bestimmte Sorte von Sand im Unterschied zu
anderen Sandsorten). Der Text (205)(b) wird als leicht abweichend
empfunden. Entweder es handelt sich hier bei <u>arena</u> im letzten Satz
um einen neuen Gegenstand - dann ist die Setzung des bestimmten Artikels etwas ungewöhnlich in diesem Text--, oder aber <u>arena</u> im letzten Satz ist eine Art Uminterpretation des vorerwähnten Diskontinuativums <u>arena</u>, gewissermaßen so, als würde in diesem Text beim zweiten Vorkommen von <u>arena</u> "vergessen", daß das vorerwähnte <u>arena</u> ein
Diskontinuativum war. Vielleicht ist (205)(b) mit dieser Interpretation noch als normal anzusehen. Jedenfalls ist die Tatsache, daß
sowohl (204)(a) als auch (205)(a), in denen <u>arena</u> im letzten Satz
jeweils auf einen nicht-neuen Gegenstand referiert, als vollauf korrekt empfunden werden, durch die Annahme erklärbar, daß in Sätzen mit
unbelebtem Subjekt und unbelebtem Objekt die Präposition nicht gesetzt werden darf, wenn das Objekt ein Kontinuativum ist, und zwar
unabhängig davon, ob das Kontinuativum auf einen nicht-neuen Gegenstand referiert oder nicht.

Betrachten wir nun die folgenden Sätze:

(206)(a) No es verdad que los automóviles aplastan a las
          pelotas.
     (b)*No es verdad que los automóviles aplastan las
          pelotas.

Wenn man den Satz (206)(a) als nur aus einem zusammengesetzten Satz
bestehenden Text interpretiert - d.h. wenn man den Fall ausschließt,
daß der Satz in einer solchen Weise in einem größeren Text integriert
ist, daß seine Nomina auf nicht-neue Gegenstände referieren -, dann
bezieht sich pelotas auf alle Bälle schlechthin. Es bekäme dann nach
unseren bisherigen Annahmen die Merkmalkombination $[+g(G), +k(G)]$.
Bei einer solchen Interpretation von (206)(a) als Text referieren
jedoch die Nomina auf neue Gegenstände, so daß pelotas das spezielle
Referenzmerkmal $[+n(G)]$ enthalten müßte. Wie die Bewertung von
(206)(b) zeigt, darf in einem solchen Fall die Präposition nicht
fehlen. Wir wollen deshalb annehmen, daß für Sätze mit unbelebtem
Subjekt, in denen das Nomen in der Position des Objekts ein Diskontinuativum ist, das die Kombination $[+g(G), +k(G), +n(G)]$ enthält,
die Präposition nicht fehlen darf. Die Entpräpositionalisierung muß
dann so formuliert werden, daß sie in solchen Fällen nicht anwendbar
ist.

Referiert das Nomen im Objekt nicht auf eine generelle Klasse wie
pelotas in (206)(a), dann darf die Präposition nicht vor dem Objekt
stehen:

(207)(a) No es verdad que los automóviles aplasten pelotas.
     (b)*No es verdad que los automóviles aplasten a pelotas.

Die Referenzeigenschaften von pelotas in (207)(a) sind von der Art,
für die wir die Merkmalkombination $[+g(G), -k(G)]$ angenommen hatten.
Da (207)(b) abweichend ist, darf in solchen Fällen das Verb nicht
präpositional bleiben, d.h. die Entpräpositionalisierung muß angewendet werden.

Nehmen wir zur Illustration noch weitere Beispiele:

(208)(a) Los ácidos atacan a los metales.
     (b)*Los ácidos atacan los metales.

(209)(a) Los ácidos atacan metales.
    (b)*Los ácidos atacan a metales.

(210)(a) Los habitantes de la costa saben que las tormentas
        destruyen a las casas.
    (b)*Los habitantes de la costa saben que las tormentas
        destruyen las casas.

(211)(a) Los habitantes de la costa saben que las tormentas
        destruyen casas.
    (b)*Los habitantes de la costa saben que las tormentas
        destruyen a casas.

In den Beispieltexten (208) und (210) referieren die Nomina metales
und casas jeweils auf eine generelle Klasse, so daß wir in Übereinstimmung mit unseren bisherigen Annahmen für diese Fälle die Merkmalkombination [+g(G), +k(G)] annehmen müssen. In (209) dagegen liegt
keine Aussage über die generelle Klasse der Metalle vor, ebensowenig
wie in (211) eine Aussage über die generelle Klasse der Häuser vorliegt. Während hier zwar über die generelle Klasse der Säuren beziehungsweise der Stürme ausgesagt wird, so daß wir für ácidos und
tormentas - ebenso wie in (208) und (210) - die Kombination [+g(G),
+k(G)] anzusetzen haben, müssen wir für metales und casas in (209)
beziehungsweise (211) die Kombination [+g(G), -k(G)] annehmen. Wie
die Bewertung dieser Texte zeigt, muß in den Fällen, für die wir die
Kombination [+g(G), +k(G)] angenommen hatten, die Präposition gesetzt werden, während sie in den Fällen mit der Kombination [+g(G),
-k(G)] im Zentralnomen des Objekts nicht stehen darf.

Eine Ausnahme zu dem bisher Gesagten bilden die Vorgangsabstrakta,
denn auch in Sätzen mit unbelebtem Subjekt darf die Präposition a
nie vor dem Objekt stehen, wenn das Nomen im Objekt ein Vorgangsabstraktum ist:

(212)(a) Un terrible accidente horrorizó a los inquilinos de
        una pequeña casa que acababa de sufrir un incendio.
        Este incendio había producido el accidente.
    (b)*Un terrible accidente horrorizó a los inquilinos de
        una pequeña casa que acababa de sufrir un incendio.
        Este incendio había producido al accidente.

(213)(a) La automatización perfecciona la producción.

    (b)*La automatización perfecciona a la producción.

In (212)(a) referiert <u>accidente</u> im letzten Satz auf einen nicht-neu-
en Gegenstand, und (213)(b) wird selbst dann als abweichend empfunden, wenn das Objekt <u>producción</u> als "die Produktion schlechthin"
interpretiert wird und folglich die Kombination [+g(G), +k(G)] bekommen muß.

Wir wollen nun die Beobachtungen dieses Kapitels in folgender Weise
zusammenfassen:

(214) In nicht-emphatischen Sätzen mit unbelebtem Subjekt und
      unbelebtem Objekt fehlt die Präposition <u>a</u> vor dem Objekt,
      wenn das Nomen im Objekt
      a) ein Vorgangsabstraktum oder
      b) ein Kontinuativum ist, oder
      c) in der Pertinenz-zu-Relation steht, oder
      d) auf einen neuen Gegenstand referiert, nicht-kontrastiv
         ist und entweder das spezielle Referenzmerkmal [-g(G)]
         oder die Kombination [+g(G), -k(G)] enthält.

In Merkmalen ausgedrückt, ergibt sich dann folgende Charakterisierung
für alle Fälle, in denen auf Sätze mit unbelebtem Subjekt und unbelebtem Objekt die Entpräpositionalisierung anwendbar sein muß:

(215)   Subjekt   Objekt

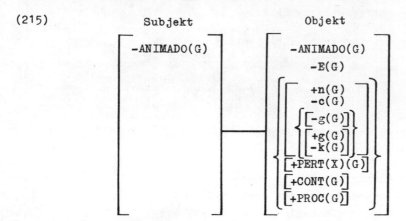

Im folgenden Kapitel werden wir bei der Formulierung der Entpräpositionalisierung auf die in (215) skizzierte Aussage zu rekurrieren haben. Hierbei ist es offensichtlich, daß auch hier eine Spezifizierung
des Subjekts erforderlich ist.[82)]

8. DIE ENTPRÄPOSITIONALISIERUNG

Wir wollen nun schrittweise die strukturelle Beschreibung der Entpräpositionalisierung aufbauen. Für den ersten Teil der strukturellen Beschreibung halten wir es für erforderlich, eine bestimmte Art
von Fakten zu berücksichtigen, auf die wir bisher noch nicht hingewiesen haben. Es läßt sich nämlich beobachten, daß in Sätzen, die
sowohl im Zentralnomen des Subjekts als auch im Zentralnomen des Objekts dieselbe lexikalische Einheit enthalten, unabhängig von den
Referenzeigenschaften des Objekts stets die Präposition vor dem Objekt gesetzt werden muß:

(216)(a) Un automóvil grande aplastó a un automóvil pequeño.
  (b)*Un automóvil grande aplastó un automóvil pequeño.

(217)(a) Tres automóviles grandes aplastaron a un automóvil
    pequeño.
  (b)*Tres automóviles grandes aplastaron un automóvil
    pequeño.

(218)(a) Un automóvil grande aplastó a tres automóviles
    pequeños.
  (b)*Un automóvil grande aplastó tres automóviles pequeños.

(219)(a) Coches grandes aplastaron a coches pequeños.
  (b)*Coches grandes aplastaron coches pequeños.

(220)(a) Un automóvil grande aplastó a automóviles pequeños.
  (b)*Un automóvil grande aplastó automóviles pequeños.

(221)(a) Un automóvil de Luis aplastó a un automóvil de Juan.
  (b)*Un automóvil de Luis aplastó un automóvil de Juan.

Dasselbe gilt, wenn die betreffende lexikalische Einheit ein Abstraktum ist:
(222)(a) La clase A domina a una clase de tipo parecido.
  (b)*La clase A domina una clase de tipo parecido.

Die Präposition darf jedoch auch in diesen Fällen nie gesetzt werden,
wenn das Nomen im Objekt ein Kontinuativum oder ein Vorgangsabstraktum ist:
(223)(a) Pedro echó agua en una pila llena de agua. El _agua_
    que Pedró echó desplazó después el _agua_ que estaba

en la pila.

(224)(a) La <u>producción</u> de esta mercancía domina la <u>producción</u>
de otras muchas mercanías.

(b)*La <u>producción</u> de esta mercancía domina a la <u>producción</u>
de otras muchas mercancías.

(225)(a) La <u>investigación</u> de aquel científico inutilizó <u>inves-</u>
<u>tigaciones</u> de muchos otros hombres de ciencia.

(b)*La <u>investigación</u> de aquel científico inutilizó a
<u>investigaciones</u> de muchos otros hombres de ciencia.

Vergleichen wir nun folgende Texte:

(226)(a) Un <u>alguacil</u>, que estaba leyendo el per 5dico, vio
de repente un <u>alguacil</u> que se encontraba debajo de
su silla.

(b) Un <u>alguacil</u>, que estaba leyendo el periódico, vio
de repente a un <u>alguacil</u> que se encontraba debajo
de su silla.

(227)(a) Un <u>alguacil</u> vio a <u>alguaciles</u>.

(b) Un <u>alguacil</u> vio <u>alguaciles</u>.

In den Texten (226)(a) und (227)(b) hat zwar die lexikalische Einheit im Objekt - bis auf den morphologischen Unterschied zwischen
Singular und Plural - jeweils dieselbe phonologische Gestalt wie das
Nomen im Subjekt, sie wird jedoch semantisch anders interpretiert.
Das Subjekt ist eine Personenbezeichnung (ein "Gerichtsdiener"), während das Objekt als Tierbezeichnung verstanden wird (<u>alguacil</u> in der
Bedeutung "Hausspinne"). In (227)(a) sind entweder Subjekt und Objekt
eine Tierbezeichnung oder beide sind eine Personenbezeichnung oder
aber das Subjekt ist eine Tierbezeichnung und das Objekt eine Personenbezeichnung. (226)(b) ist ein etwas seltsamer Text, denn <u>alguacil</u>
im Objekt kann kaum anders als in der Bedeutung "Gerichtsdiener" verstanden werden, wobei jedoch die Lage ("er befand sich unter dem
Stuhl") nicht gerade als besonders üblich betrachtet werden kann.
Interessant ist hier insbesondere die Tatsache, daß (226)(a) und
(227)(b) nicht mehrdeutig sind hinsichtlich der Interpretation von
<u>alguacil</u> beziehungsweise <u>alguaciles</u> im Subjekt und Objekt: das Sub-
jekt muß als Personenbezeichnung, das Objekt kann nicht als Personenbezeichnung verstanden werden.

Da (226)(a) und (227)(b), in denen die Präposition fehlt und die sich
durch unterschiedliche Interpretation der Nomina in Subjekt und Objekt auszeichnen, nicht abweichend sind, ergibt sich als eine notwendige Bedingung für unsere Annahme, daß beim Auftreten der gleichen
lexikalischen Einheit in Subjekt und Objekt die Setzung der Präposition - außer bei Kontinuativa und Vorgangsabstrakta - obligatorisch
ist, daß die lexikalischen Einheiten in Subjekt und Objekt dieselbe
Bedeutung haben müssen.

Wir wollen nun den ersten Teil der strukturellen Beschreibung der
Entpräpositionalisierung folgendermaßen formulieren:

(228) <u>Strukturelle Beschreibung:</u>

$$\left[(S) \begin{bmatrix} +N(G) \\ D,C \end{bmatrix} X \right]_{NP} \begin{bmatrix} +V(G) \\ -ADJ(G) \\ +TRANS(G) \\ +PREP(G) \end{bmatrix} \left[(S) \begin{bmatrix} +N(G) \\ D',C' \end{bmatrix} Y \right]_{NP}$$

wobei:
   1) X und Y sind beliebige (leere oder nicht-leere)
      Ketten von Symbolen
   2) D und D' sind phonologische Matrizen und C und C'
      Mengen von lexikalischen syntaktisch-semantischen
      Merkmalen
   3) Es gilt nicht, daß gleichzeitig
      a) D = D' und
      b) C und C' enthalten weder [+CONT] noch [+PROC]
         und
      c) C und C' sind - bis auf das Merkmal [PLUR], die
         Referenzmerkmale und die kontextuellen Merkmale
         - gleich.

Die Bedingungen 3a) bis c) charakterisieren die Fälle, in denen nach
unseren Beobachtungen bei Gleichheit der lexikalischen Einheiten in
Subjekt und Objekt stets die Präposition stehen muß. Da die Bedingung
3) als ganze besagt, daß die Unterbedingungen a) bis c) nicht gleichzeitig gelten dürfen, werden damit die betreffenden Fälle von der
Entpräpositionalisierung ausgeschlossen. Der Index 'NP' bei der eckigen Klammer besagt, daß das in den eckigen Klammern Eingeschlossene
von NP dominiert wird.

Wir wenden uns nun den Fällen zu, in denen in Sätzen mit menschlichem

Subjekt und menschlichem Objekt beziehungsweise mit Tierbezeichnungen
im Subjekt und Objekt die Entpräpositionalisierung anwendbar sein
muß.

Zunächst können wir feststellen, daß unsere Regel (R 8), die auf Beobachtungen an Sätzen mit menschlichem Subjekt beruht, nicht anwendbar
ist, wenn das Nomen im Objekt die Kombination [+HUMANO(G), -E(G),
-c(G), -PROPIO(G), +g(G), +k(G), +m(G)] enthält. Unsere Entpräpositionalisierung müßte deshalb so aufgebaut werden, daß sie für Sätze
mit menschlichem Subjekt, die diese Kombination im Objekt enthalten,
stets anwendbar ist. Wir erinnern uns daran, daß wir mit dem Symbol
[+m(G)] diejenigen Fälle charakterisiert haben, in denen unabhängig
von den Referenzeigenschaften die phonologische Matrix einer lexikalischen Einheit im voraufgehenden Teil desselben Textes schon einmal
aufgetreten ist. Es läßt sich jedoch plausibel machen, daß - entgegen
unseren bisherigen Erwartungen - das Merkmal [+m(G)] nicht mit in die
strukturelle Beschreibung der Entpräpositionalisierung aufgenommen
werden darf.

Zu diesem Zweck wollen wir zunächst feststellen, daß die Aussage,
daß in Sätzen mit menschlichem Subjekt und menschlichem Objekt die
Präposition stets fehlt, wenn das Objekt auf eine generelle Klasse
referiert, vorerwähnt und nicht-kontrastiv ist, nicht gilt, wenn der
Satz das Verb _ver_ enthält:

(229)(a) Un día tres hombres hablaron con su primo sobre cinco
         mujeres que vivían en la misma ciudad. El primo, quien
         mencionó las condiciones en la Luna, opinó que los
         selenitas ven todos los días a las _mujeres_ en la Tierra.
     (b)*Un día tres hombres hablaron con su primo sobre cinco
         mujeres que vivían en la misma ciudad. El primo, quien
         mencionó las condiciones en la Luna, opinó que los
         selenitas ven todos los días las _mujeres_ en la Tierra.

(230)(a) Un día tres _mujeres_ hablaron con su primo sobre la Luna.
         El primo dijo que conocía a un selenita que ve todos
         los días a las _mujeres_ en la Tierra.
     (b)*Un día tres _mujeres_ hablaron con su primo sobre la
         Luna. El primo dijo que conocía a un selenita que
         ve todos los días las _mujeres_ en la Tierra.

Das Nomen im Subjekt des jeweils letzten eingebetteten Satzes dieser
Texte - d.h. selenitas beziehungsweise selenita - wird grammatisch
wie eine Personenbezeichnung behandelt, so daß wir es hier mit Sätzen
mit menschlichem Subjekt und menschlichem Objekt zu tun haben.[83] Wie
die Bewertung dieser Texte zeigt, muß in Sätzen, in denen das Verb
ver ein menschliches Subjekt und ein menschliches Objekt hat, die Präposition a vor dem Objekt stehen, wenn das Nomen im Objekt - wie mujeres in (229)(a) und (230)(a) im jeweils letzten Satz - auf eine generelle Klasse referiert.[84] Insbesondere zeigen diese Texte, daß
dies auch dann gilt, wenn die phonologische Matrix des Nomens im Objekt des betreffenden Satzes im voraufgehenden Teil desselben Textes
schon einmal aufgetreten ist.

Die Annahme, daß das Auftreten einer phonologischen Matrix im Nomen
des Objekts, die schon einmal im voraufgehenden Teil desselben Textes
vorgekommen ist, einen Einfluß auf die Setzung beziehungsweise das
Fehlen der Präposition hat, beruht auf unsere Beobachtungen in § 3.
Alle Beispielsätze, auf denen sich diese Annahme gründete, enthielten
jedoch - mit einer Ausnahme - das Verb conocer.[85] Um das unterschiedliche syntaktische Verhalten von conocer in den betreffenden Sätzen
in § 3. einerseits und ver in (229) und (230) andererseits zu erklären, ergeben sich nun zwei Möglichkeiten. Entweder ver ist in Fällen
wie (229) und (230), in denen die phonologische Matrix des Nomens im
Objekt im voraufgehenden Teil desselben Textes schon einmal aufgetreten ist, Ausnahme zur Entpräpositionalisierung - wobei die Entpräpositionalisierung mit Hilfe des Merkmals [+m(G)] auf solche Fälle anwendbar ist - oder die Entpräpositionalisierung enthält in ihrer
strukturellen Beschreibung nicht das Merkmal [+m(G)] und das Verb
conocer muß in entsprechender Form als partielle Ausnahme zur Präpositionalisierung markiert werden, so daß die in § 3. zitierten präpositionslosen Sätze, in denen conocer ein menschliches Objekt mit
Referenz auf eine generelle Klasse enthält, in der Grammatik eine
korrekte Analyse ohne Präposition bekommen. Da wir jedoch in den voraufgehenden Kapiteln stets das syntaktische Verhalten des Verbs ver
(und zwar in der Bedeutung "einen optischen Sinneseindruck haben" in
Sätzen mit einem Objekt) als Normalfall angesehen und unsere Annahmen
darauf aufgebaut haben, wollen wir auch in diesem Fall das Verhalten
von ver als Normalfall betrachten. Wir entscheiden uns deshalb dafür,
das Merkmal [+m(G)] nicht mit in die strukturelle Beschreibung der
Entpräpositionalisierung aufzunehmen.[86]

Ein weiterer Fall von Nicht-Anwendbarkeit unserer Regel (R 8) liegt
vor, wenn das Nomen im Objekt die Kombination (231) enthält:

(231) [+HUMANO(G), -PROPIO(G), -E(G), -c(G), +g(G), -k(G)]

Mit dieser Kombination hatten wir diejenigen Fälle charakterisiert,
in denen in einem nicht-emphatischen Satz ein nicht-kontrastives
Appellativum eine Person oder mehrere Personen bezeichnet und generell ist, aber nicht auf eine generelle Klasse referiert (nach unseren Annahmen steht in diesen Fällen nicht der bestimmte Artikel).
Hierbei ist es jedoch erforderlich, für das Nomen im Objekt zwischen
Singular und Plural zu unterscheiden, da vor einem generellen menschlichen Objekt im Singular nur dann die Präposition fehlt, wenn das
menschliche Subjekt nicht-generell ist. Vergleichen wir hierzu die
folgenden Texte:

(232)(a) Estos hombres han visto una mujer.
     (b) Este hombre ha visto una mujer.

(233)(a)*Los hombres son hoy día muy amables. Cada vez que
         ven una mujer, saludan con cortesía.
     (b) Los hombres son hoy día muy amables. Cada vez que
         ven a una mujer, saludan con cortesía.

(234)(a)*Cada vez que un hombre ve una mujer, saluda con
         cortesía.
     (b) Cada vez que un hombre ve a una mujer, saluda con
         cortesía.

In allen diesen Texten referiert mujer jeweils nicht direkt auf ein
bestimmtes Individuum und muß infolgedessen als generell angesehen
werden. In (232) haben die Sätze jeweils ein nicht-generelles Subjekt,
während die Texte ohne die Präposition in (233) und (234), welche -
im Unterschied zu (232) - als abweichend bewertet werden, ein generelles Subjekt besitzen. Wir wollen deshalb die Entpräpositionalisierung
so formulieren, daß sie auf Sätze, deren Objekt die Kombination (231)
enthält und im Singular steht, nur dann anwendbar ist, wenn das Nomen
im Subjekt das spezielle Referenzmerkmal [-g(G)] enthält.

Schließlich gibt es noch einen Fall von Nicht-Anwendbarkeit der Regel
(R 8) auf Sätze mit menschlichem Objekt, und zwar falls das Nomen im
Objekt die Kombination (235) enthält:

(235) [+HUMANO(G), -PROPIO(G), -E(G), -c(G), +g(G), +k(G),
    +PERT(X)(G), +____[-n](G)].

Hier ist Bedingung für das Fehlen der Präposition, daß das Nomen im
Objekt auf eine generelle Klasse referiert, in Pertinenz-zu-Relation
steht und vor einem Nomen auftritt, das auf einen nicht-neuen Gegenstand referiert. In diesem Falle sind die Bedingungen, die für das
Fehlen der Präposition vom Subjekt des Satzes erfüllt werden müssen,
noch etwas strenger als in den Fällen, in denen das Objekt die Kombination (231) enthält, denn hier ist der Satz nur dann präpositionslos,
wenn das Subjekt nicht-generell ist und im Singular steht. Betrachten
wir hierzu folgende Beispiele:

(236)(a) Este criminal penetró en una casa y mató los inquilinos.
    (b) Este criminal penetró en una casa y mató a los inquilinos.

(237)(a)*Estos tres criminales penetraron en una casa y mataron
        los inquilinos.
    (b) Estos tres criminales penetraron en una casa y mataron
        a los inquilinos.

(238)(a)*Estos tres criminales penetraron en una casa y mataron
        el inquilino.
    (b) Estos tres criminales penetraron en una casa y mataron
        al inquilino.

In (236)(a) referiert inquilinos auf eine generelle Klasse, nämlich
auf alle Mieter des vorerwähnten Hauses im allgemeinen. Wir wollen
deshalb auch annehmen, daß inquilinos die Kombination (235) enthält,
wobei das auf inquilinos folgende zweite Nomen, d.h. die Struktur
de la casa beziehungsweise de esta casa, als durch eine späte Transformationsregel eliminiert angesehen werden kann. In (236)(b) referiert dagegen inquilinos direkt auf Individuen, wobei die Möglichkeit
gegeben ist, daß sich inquilinos hier nicht auf jeden einzelnen der
Mieter, sondern nur auf einige Mieter bezieht, während in (236)(a)
eine solche Interpretationsmöglichkeit nicht gegeben ist. Eine solche
Differenzierung zwischen präpositionalen und präpositionslosen Objekten existiert jedoch nicht, wenn - wie in den Beispielen (237) und
(238) - das Subjekt im Plural steht beziehungsweise wenn das Nomen
im Objekt singularisch ist, denn die Texte (237)(a) und (238)(a), die
an der betreffenden Stelle ein präpositionsloses Objekt enthalten,
werden als abweichend empfunden. Wir wollen deshalb annehmen, daß die

Präpositionslosigkeit von Objekten mit der Kombination (235) auf solche Fälle zu beschränken ist, in denen wie in (236)(a) das Subjekt
nicht-generell ist und im Singular steht und das Objekt im Plural
auftritt.

Nehmen wir noch einige Beispiele mit Tierbezeichnungen im Subjekt
und Objekt:

(239)(a) Esta colmena tiene sólo abejas obreras y una reina.
        Ha matado los zánganos.
    (b) Esta colmena tiene sólo abejas obreras y una reina.
        Ha matado a los zánganos.

(240)(a) En la huerta de un apicultor se encuentra una colmena.
        Hace unos días un enjambre mató los zánganos de esta
        colmena.
    (b) En la huerta de un apicultor se encuentra una colmena.
        Hace unos días un enjambre mató a los zánganos de esta
        colmena.

Im jeweils letzten Satz dieser Texte, der sowohl im Subjekt als auch
im Objekt jeweils eine Tierbezeichnung enthält, steht das Nomen im
Objekt in der Pertinenz-zu-Relation, wobei das zweite Nomen im Objekt - das in (239) eliminiert ist - jeweils auf einen nicht-neuen
Gegenstand referiert. In den Sätzen ohne die Präposition referiert
hierbei das Nomen im Zentralnomen des Objekts - im Unterschied zu den
Sätzen mit der Präposition - nicht direkt auf bestimmte Individuen.
In allen Fällen steht das Subjekt im Singular und das Objekt im Plural. Stehen dagegen sowohl das Subjekt als auch das Objekt im Plural,
dann darf die Präposition nicht fehlen, wenn das Zentralnomen des Objekts auf eine generelle Klasse referiert:

(241)(a) En la huerta de un apicultor se encuentra una colmena.
        Hace unos días las abejas mataron a los zánganos de
        esta colmena.
    (b)*En la huerta de un apicultor se encuentra una colmena.
        Hace unos días las abejas mataron los zánganos de
        esta colmena.

Wir wollen nun - unter Beibehaltung unserer Hypothese (160) (vgl.
§ 7.2.) - den in § 7.3. begonnenen Ansatz (194) für denjenigen Teil
der strukturellen Beschreibung der Entpräpositionalisierung vollen-

den, der die Sätze mit menschlichem Subjekt und menschlichem Objekt
beziehungsweise die Sätze mit Tierbezeichnungen in Subjekt und Objekt betrifft. Hierbei sollen die in diesem Kapitel neu hinzugekom-
menen Beobachtungen mit berücksichtigt werden.

(242)   Subjekt: Objekt:

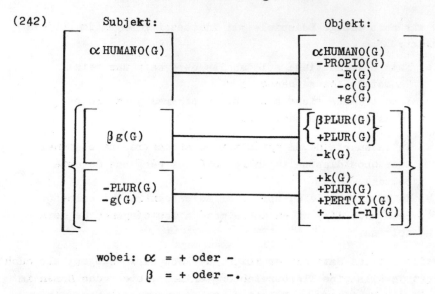

wobei: α = + oder -

β = + oder -.

Die horizontale Verbindungslinie zwischen den Blöcken für Subjekt und
Objekt bedeutet jeweils gleichzeitige Anwesenheit der in den verbundenen Blöcken angegebenen Merkmalkombinationen. Durch die Aufnahme
der Variable 'β' in die erste der beiden alternativen Subjekt-Objekt-
Kombinationen wird garantiert, daß auf Sätze, deren Objekt die Merkmale [-k(G)] und [-PLUR(G)] enthält - die übrigen in (242) konstatierten Bedingungen vorausgesetzt - nur dann die Regel anwendbar ist,
wenn im Subjekt das Merkmal [-g(G)] enthalten ist; denn diese Subjekt-
Objekt-Kombination besagt, daß im Objekt entweder das Merkmal [+PLUR
(G)] stehen oder ein Vorzeichen vor [PLUR(G)] auftreten muß, das mit
dem vor [g(G)] im Subjekt stehenden Vorzeichen identisch ist.

Für Sätze mit unbelebtem Objekt und belebtem Subjekt können wir wieder auf die an Beispielen mit belebtem Subjekt gewonnene Regel (R 8)
zurückgreifen. Die Entpräpositonalisierung soll auf solche Sätze
stets anwendbar sein, wenn (R 8) nicht anwendbar ist. Die Nicht-Anwendbarkeit von (R 8) in solchen Fällen können wir dann folgendermaßen charakterisieren:

(243)   Subjekt: Objekt:

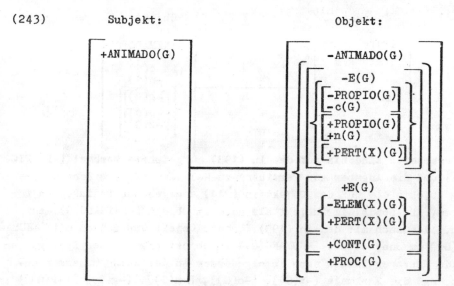

Für die strukturelle Beschreibung der Entpräpositionalisierung benötigen wir nun außer dem in (228) formulierten ersten Teil die partiellen strukturellen Beschreibungen (193)(vgl. § 7.3.) und (215)
(vgl. § 7.4.) sowie (242) und (243). Hierbei wollen wir diese als
alternative Bedingungen auffassen, die zusätzlich zu den in (228)
enthaltenen Angaben in die strukturelle Beschreibung der Entpräpositionalisierung eingehen müssen.

Wir können die sich hieraus ergebende Regel jedoch vereinfachen, wenn
wir statt einer bloßen Aneinanderfügung der partiellen strukturellen
Beschreibungen die in diesen enthaltenen Redundanzen eliminieren, so
daß in die strukturelle Beschreibung nicht mehr Symbole aufgenommen
werden, als erforderlich sind. Dies betrifft insbesondere die Angaben (215) und (243), die zusammengenommen unter anderem besagen, daß
vor direkten Objekten mit [+CONT(G)], [+PROC(G)], mit der Kombination [-ANIMADO(G), +PERT(X)(G)] oder [-ANIMADO(G), +PROPIO(G), -E(G),
+n(G)] die Entpräpositionalisierung stets anwendbar ist, so daß wir
diese Fälle in der strukturellen Beschreibung nur einmal aufzuführen
brauchen.[87] Weiterhin ergibt sich dann, daß die Sätze mit [+HUMANO
(G)] im Subjekt und [-HUMANO(G)] im Objekt genauso behandelt werden
können wie die Sätze mit unbelebtem Subjekt und unbelebtem Objekt.
Denn einerseits ergibt sich nach Herauslösung der Merkmale [+PERT
(X)(G)], [+CONT(G)] und [+PROC(G)] an Stelle von (215) folgende Kombination:

(244)   Subjekt: Objekt:

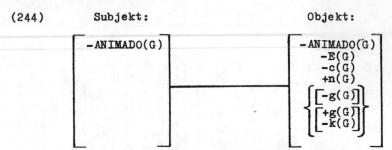

Andererseits sind bis auf das in (193) aufgeführte Merkmal [-PROPIO
(G)] und die Angaben zur Pertinenz-zu-Relation für das Zentralnomen
des Objekts die für das Objekt in (244) angegebenen Bedingungen für
Sätze, die sowohl im Subjekt als auch im Objekt [-ANIMADO(G)] enthalten, identisch mit den in (193) für das Objekt von Sätzen mit [+HUMA-
NO(G)] im Subjekt und [-HUMANO(G)] im Objekt angegebenen Bedingungen.
Beide Aussagen lassen sich infolgedessen in der Weise zusammenfassen, daß die Merkmale [-E(G)], [-c(G)], [+n(G)], [-g(G)], [+g(G)]
und [-k(G)] für diese Fälle nur einmal aufgeführt zu werden brauchen.[88]

Unter Berücksichtigung der voraufgehenden Überlegungen wollen wir
nun die Entpräpositionalisierung folgendermaßen formulieren:[89]

(Entpräpositionalisierung)

<u>Strukturelle Beschreibung:</u>

$$[\ (S) \ \begin{bmatrix} +N(G) \\ D,C \end{bmatrix}_N X \ ]_{NP} \ \begin{bmatrix} +V(G) \\ -ADJ(G) \\ +TRANS(G) \\ +PREP(G) \end{bmatrix} \ [\ (S) \ \begin{bmatrix} +N(G) \\ D',C' \end{bmatrix}_{N'} Y \ ]_{NP}$$

Bedingungen:

    1) Es gilt nicht, daß gleichzeitig

        a) D = D' und

        b) C und C' enthalten weder [+CONT] noch [+PROC]
           und

        c) C und C' sind - bis auf das Merkmal [PLUR],
           die Referenzmerkmale und die kontextuellen Merk-
           male - gleich.

    2) N und N' bilden eine der folgenden Kombinationen:

N: N':

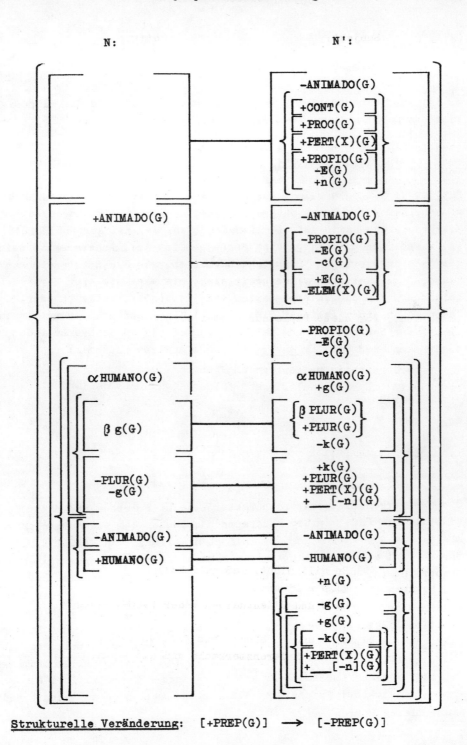

<u>**Strukturelle Veränderung**</u>:   [+PREP(G)] ⟶   [-PREP(G)]

9. REGELN UND LEXIKON

9.1. EINIGE TYPEN VON AUSNAHMEN

Es ist häufig beobachtet worden, daß unbelebte Objekte die Präposition a vor sich haben, wenn sie personifiziert sind:

(245)(a) Las aves saludan a la aurora.
    (b)*Las aves saludan la aurora.

Für das Verständnis solcher Sätze, die in der traditionellen Sprachwissenschaft oft als "Ausnahmen" angesehen werden, ist zweierlei zu
beachten. Einerseits ist es offensichtlich, daß mit aurora in (245)
(a) keine Person, sondern eine Sache gemeint ist. Andererseits weicht
der Satz insofern von "normalen" Sätzen ab, als die Sachbezeichnung
"aurora" grammatisch so behandelt wird, als wäre sie eine Personenbezeichnung. Für die Interpretation von (245)(a) ergibt sich dann, daß
"aurora" in einem gewissen Sinne sowohl eine Sachbezeichnung als auch
nicht eine Sachbezeichnung ist. Wir können diesen Sachverhalt dadurch
ausdrücken, daß wir für aurora folgende Analyse annehmen:

(246)

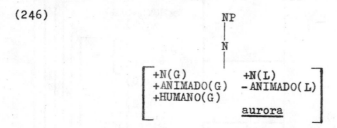

Die für Personifizierungen charakteristische Widersprüchlichkeit spie-
gelt sich in (246) in dem Widerspruch zwischen dem grammatischen Merkmal [+ANIMADO(G)] und dem lexikalischen Merkmal [-ANIMADO(L)] wider.
Der Vorteil einer solchen Analyse besteht für unsere Zwecke insbesondere darin, daß das komplexe Symbol in (246) das grammatische Merkmal [+HUMANO(G)] enthält und die Grammatik infolgedessen jeden Satz,
dessen Objekt die Eigenschaften (246) aufweist, hinsichtlich der Präpositionalität genauso behandeln wird wie Sätze mit menschlichem Objekt. Werden die Personifizierungen in der angegebenen Weise behandelt, dann sind sie also - obwohl sie in der traditionellen Grammatik häufig als "Ausnahmen" im prätheoretischen Sinne zitiert werden
- hinsichtlich der Präpositionalität keine Ausnahmen im technischen
Sinne dieses Wortes.[90]

Als echte Ausnahmen im technischen Sinne müssen folgende Fälle angesehen werden:

(247)(a) Este coche tiene un buen chofer.
     (b)*Este coche tiene a un buen chofer.

(248)(a) La tormenta dejó treinta heridos.
     (b)*La tormenta dejó a treinta heridos.

(249)(a) Esta pieza teatral ganó muchos adeptos.
     (b)*Esta pieza teatral ganó a muchos adeptos.

(250)(a) El coche del presidente recibió un nuevo chofer.
     (b)*El coche del presidente recibió a un nuevo chofer.

(251)(a) Este avión necesita un nuevo piloto.
     (b)*Este avión necesita a un nuevo piloto.

Alle diese Sätze enthalten ein unbelebtes Subjekt und ein belebtes
Objekt. Da auf solche Sätze die Entpräpositionalisierung nicht anwendbar ist, kann diese Regel auch nicht als Erklärung für die Tatsache
angesehen werden, daß die Sätze mit der Präposition als abweichend
empfunden werden. Wir wollen deshalb annehmen, daß die betreffenden
Verben, das heißt die Verben tener, dejar, ganar, recibir und necesi-
tar, wenn sie nur ein Objekt und dieselbe Bedeutung haben, die sie
in den Beispielen (247) bis (251) aufweisen, einfache Ausnahmen zur
Präpositionalisierung sind. Mit anderen Worten, sie dürfen die strukturelle Beschreibung der Präpositionalisierung erfüllen, dürfen die
Regel aber nicht durchlaufen. Sie behalten dann das Merkmal [-PREP(G)].
so daß (TA) nicht anwendbar ist und infolgedessen auch nicht die Präposition a einführen kann.

Wir wollen annehmen, daß die Präpositionalisierung eine Hauptregel
ist. Verben wie tener, dejar usw., die die Eigenschaft haben, daß sie
bei einer bestimmten Bedeutung selbst dann präpositionslos sind, wenn
die Entpräpositionalisierung nicht anwendbar ist, bekommen dann im
Lexikon die Merkmale [u DS(PREP)(L), m R(PREP)(L)], wobei "(PREP)"
eine Abkürzung für "Präpositionalisierung" ist. Die Lexikoneintragungen für tener und dejar beispielsweise hätten somit unter anderem folgende Eigenschaften:

(252)

tener	dejar
$<$ HABEN $>$	$<$ HINTERLASSEN $>$
$\underline{u}$ PREP(L)	$\underline{u}$ PREP(L)
$\underline{m}$ ___NP(L)	$\underline{m}$ ___NP(L)
$\underline{u}$ DS(PREP)(L)	$\underline{u}$ DS(PREP)(L)
$\underline{m}$ R(PREP)(L)	$\underline{m}$ R(PREP)(L)

In (252) sind "$<$ HABEN $>$" und "$<$ HINTERLASSEN $>$" jeweils provisorische Abkürzungen für Mengen von semantischen Merkmalen, die die betreffende Bedeutung charakterisieren, "tener" und "dejar" sind ab-
kürzende Schreibweisen für minimal spezifizierte Matrizen von phonologischen distinktiven Merkmalen.[91]

Ein anderer Ausnahmetyp liegt vor, wenn ein Verb ein direktes Objekt
hat und die Eigenschaft besitzt, daß die Präposition a selbst dann
vor dem Objekt stehen muß, wenn das Verb die strukturelle Beschreibung der Entpräpositionalisierung erfüllt. Solche Verben sind z.B.
preceder, seguir in der Bedeutung "folgen" u.a. (vgl. § 7.3.). In
diesen Fällen handelt es sich um einfache Ausnahmen zur Entpräpositionalisierung, die durch die Kombination [$\underline{u}$ DS(D-PREP)(L), $\underline{m}$ R
(D-PREP)(L)] zu kennzeichnen sind, wobei "(D-PREP)" eine Abkürzung
für "Entpräpositionalisierung" ist. Das Lexikon enthält dann also
Eintragungen mit folgenden Eigenschaften:

(253)

preceder	seguir
$<$ VORAUFGEHEN $>$	$<$ FOLGEN $>$
$\underline{u}$ PREP(L)	$\underline{u}$ PREP(L)
$\underline{m}$ ___NP(L)	$\underline{m}$ ___NP(L)
$\underline{u}$ DS(PREP)(L)	$\underline{u}$ DS(PREP)(L)
$\underline{u}$ R(PREP)(L)	$\underline{u}$ R(PREP)(L)
$\underline{u}$ DS(D-PREP)(L)	$\underline{u}$ DS(D-PREP)(L)
$\underline{m}$ R(D-PREP)(L)	$\underline{m}$ R(D-PREP)(L)

Nehmen wir noch ein etwas komplizierteres Beispiel:

(254)(a) El colibrí picoteó a gavilanes.
     (b)*El colibrí picoteó gavilanes.

(255)(a) El colibrí picoteó a dos gavilanes.
     (b)*El colibrí picoteó dos gavilanes.

(256)(a)*El colibrí picoteó a dos flores.

    (b) El colibrí picoteó dos flores.

Die Sätze (254) und (255) enthalten eine Tierbezeichnung im Subjekt und eine Tierbezeichnung im Objekt. Die Tatsache, daß die präpositionslosen Sätze (254)(b) und (255)(b) als abweichend bewertet werden, weist darauf hin, daß das Verbum picotear in solchen Sätzen selbst dann die Präposition vor dem Objekt verlangt, wenn das Objekt die Merkmalkombination [+g(G), -k(G), +PLUR(G)] enthält, bei der in nichtemphatischen Sätzen – die Nicht-Kontrastivität des Objekts und Distinktheit der lexikalischen Einheiten in Subjekt und Objekt vorausgesetzt – stets die Entpräpositionalisierung anwendbar ist.[92] Da andererseits in (256), wo das Objekt unbelebt ist, der Satz mit der Präposition als abweichend empfunden wird, wollen wir annehmen, daß picotear mit belebten Objekten einfache Ausnahme zur Entpräpositionalisierung und mit unbelebten Objekten ein Normalfall ist.

Um diesen Sachverhalt im Lexikon auszudrücken, ist es erforderlich anzunehmen, daß Lexikoneintragungen Boolesche Funktionen über Merkmale enthalten können. Die Lexikoneintragung für picotear enthielte dann unter anderem die Eigenschaften (257), wobei "∧" ein Symbol für "und" und "∨" ein Symbol für "oder" ist.

(257) [picotear; m V(L) ∧ u ADJ(L) ∧ m ___NP(L) ∧
       u DS(PREP)(L) ∧ u R(PREP)(L) ∧ u DS(D-PREP)(L) ∧
       ((m ___[+ANIMADO](L) ∧ m R(D-PREP)(L)) ∨
       (m ___[-ANIMADO](L) ∧ u R(D-PREP)(L)))]

Die Aussage (257) ist äquivalent mit (258):

(258)

picotear;		picotear;
m V(L)		m V(L)
∧u ADJ(L)		∧u ADJ(L)
∧m ___NP(L)		∧m ___NP(L)
∧m ___[+ANIMADO](L)	∨	∧m ___[-ANIMADO](L)
∧u DS(PREP)(L)		∧u DS(PREP)(L)
∧u R(PREP)(L)		∧u R(PREP)(L)
∧u DS(D-PREP)(L)		∧u DS(D-PREP)(L)
∧m R(D-PREP)(L)		∧u R(D-PREP)(L)

Beide Aussagen besagen unter anderem, daß das Verb picotear ein be-

lebtes Objekt haben kann, wobei die Entpräpositionalisierung nicht
angewendet werden darf, sowie daß es, falls es kein belebtes Objekt
hat, ein unbelebtes Objekt haben kann, wobei dann die Entpräpositionalisierung angewendet werden muß, sofern deren strukturelle Beschreibung erfüllt wird. Da (258) zweimal die phonologische Matrix
sowie sechzehn Merkmale enthält, während (257) nur einmal die phonologische Matrix und nur zehn Merkmale besitzt, wollen wir als Lexikoneintragung die Form (257) annehmen.

Jede der beiden alternativen Merkmalkombinationen in (258) zeichnet
sich dadurch aus, daß sie keine Disjunktion mehr enthält. Dies ist
jedoch gerade die Form, die wir im lexikalischen Glied eines komplexen Symbols eingesetzt haben wollen, denn es wäre kaum sinnvoll, daß
beispielsweise in einem Satz wie El colibrí picoteó flores im lexikalischen Glied des komplexen Symbols von picotear die Aussage enthalten ist, daß das Objekt von picotear belebt oder unbelebt sein
kann. Wir wollen deshalb annehmen, daß es eine generelle Prozedur
gibt, die aus Lexikoneintragungen, die Boolesche Funktionen enthalten, Formen herstellt, in denen keine Disjunktionen mehr vorkommen.
Eine solche Form, die alle erforderlichen Merkmale, aber keine Disjunktion mehr enthält, wollen wir applikable Form einer lexikalischen
Einheit nennen.[93]

Nehmen wir nun als ein weiteres Beispiel das Verb agarrar:

(259)(a) En una sala, donde había mucha gente, se encontraban
         una pelota, una raqueta y una botella vacía. Pedro,
         quien también estaba presente, agarró de repente
         la pelota.
     (b)*En una sala, donde había mucha gente, se encontraban
         una pelota, una raqueta y una botella vacía. Pedro,
         quien también estaba presente, agarró de repente
         a la pelota.

(260)(a) Pedro agarró a niños.
     (b)*Pedro agarró niños.

(261)(a) Pedro agarró a tres perros.
     (b)*Pedro agarró tres perros.

(262)(a) Pedro agarró a perros.
     (b)*Pedro agarró perros.

Im letzten Satz des Textes (259)(a) hat _agarrar_ ein unbelebtes Objekt, das kontrastiv ist und dessen Nomen zu derjenigen Klasse von Substantiven gehört, die in der Position des direkten Objekts bei Kontrastivität die Präposition _a_ vor sich haben. Da in solchen Fällen die Entpräpositionalisierung nicht anwendbar ist, können wir die Tatsache, daß (259)(b) als abweichend bewertet wird, nur durch die Annahme erklären, daß _agarrar_ mit einem unbelebtem Objekt einfache Ausnahme zur Präpositionalisierung ist. Andererseits zeigen die Beispiele (260) bis (262), von denen die präpositionslosen Sätze mit belebtem Objekt als abweichend bewertet werden, obwohl sie die Bedingungen für die Entpräpositionalisierung erfüllen, daß _agarrar_ mit belebten Objekten einfache Ausnahme zur Entpräpositionalisierung ist. Wir können diesen Sachverhalt im Lexikon dann folgendermaßen charakterisieren:

(263)   [_agarrar_; $\underline{m}$ V(L) $\wedge$ $\underline{u}$ ADJ(L) $\wedge$ $\underline{u}$ PREP(L) $\wedge$ $\underline{u}$ DS(PREP)(L) $\wedge$
        (($\underline{m}$ ___[-ANIMADO](L) $\wedge$ $\underline{m}$ R(PREP)(L)) $\vee$
        ($\underline{m}$ ___[+ANIMADO](L) $\wedge$ $\underline{u}$ R(PREP)(L) $\wedge$ $\underline{u}$ DS(D-PREP)(L) $\wedge$
        $\underline{m}$ R(D-PREP)(L)))]

Es mag noch kompliziertere Fälle geben als _agarrar_. Die diskutierten Beispiele machen jedoch zur genüge deutlich, nach welchem Prinzip solche Ausnahmen im Lexikon zu kennzeichnen sind.

9.2. VERBEN MIT ZWEI OBJEKTEN

Obwohl wir uns in dieser Arbeit auf Sätze mit einem Objekt beschränken, scheint es an dieser Stelle angebracht zu sein, einige Bemerkungen über die Behandlung der Präpositionalität von Verben mit zwei Objekten einzuschieben.

Wir wollen für unsere Zwecke annehmen, daß für Verben mit zwei Objekten das Merkmal [+PREP(G)] die Präpositionalität hinsichtlich des zweiten Objekts charakterisiert. Ein Satz wie _Pedro sacó un centavo de un bolsillo_ hat dann eine Tiefenstruktur mit folgenden Eigenschaften:

(264)

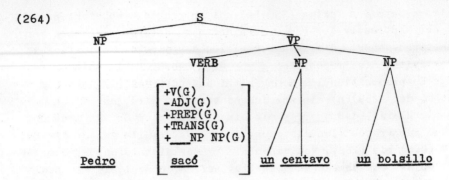

Verben, deren zweites Objekt präpositionslos ist - wie z.B. das Verb
nombrar in einem Satz wie Pedro nombró a Juan ministro -, haben in
der Tiefenstruktur [-PREP(G)]:

(265)

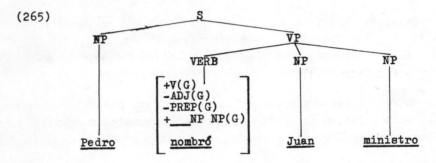

Um aus der Struktur (264) die Oberflächenstruktur Pedro sacó un centavo de un bolsillo zu erzeugen, wollen wir annehmen, daß es eine
Transformationsregel gibt, die in eine Struktur wie (264) vor das
zweite Objekt die Präposition de einführt. Weiterhin nehmen wir an,
daß diese Transformation nur anwendbar ist, wenn das Verb die Merkmale [+___NP NP(G), +PREP(G)] enthält. Aus (265) wird eine korrekte
Oberflächenstruktur, wenn der Satz die Präpositionalisierung und an-
schließend (TA) durchläuft, so daß vor das erste Objekt die Präposition a eingeführt wird.

Nun gibt es eine Reihe von Verben, die einerseits die Passivtransformation durchlaufen dürfen und andererseits in einem Aktivsatz vor
dem ersten Objekt die Präposition a und vor dem zweiten Objekt eine
weitere Präposition verlangen:

(266)(a) Un día Pedro proveyó de víveres a un barco que se encontraba en el puerto de su ciudad natal.

(b)*Un día Pedro proveyó de víveres un barco que se encontraba en el puerto de su ciudad natal.

(267)(a) Pedro proveyó al barco de víveres.

(b) El barco fue provisto de víveres por Pedro.

(268)(a) Pedro despojó a un árbol de su corteza.

(b)*Pedro despojó un árbol de su corteza.

(c) El árbol fue despojado de su corteza por Pedro.

Zur Erklärung der Oberflächenstruktur der Aktivsätze müssen wir nun
annehmen, daß die Verben proveer und despojar auf eine Tiefenstruktur
mit [+PREP(G)] zurückgehen und die Transformationsregel durchlaufen,
die vor das zweite Objekt die Präposition de einführt. Da wir jedoch
angenommen hatten, daß die Passivtransformation nur auf Verben anwendbar ist, die das Merkmal [-PREP(G)] enthalten, können dann die Passivsätze (267)(b) und (268)(c) von unserer Grammatik nicht erzeugt
werden. Wir wollen deshalb annehmen, daß es eine Transformationsregel gibt, die nach den Regeln, die vor das zweite Objekt Präpositionen einführen, und vor der Passivtransformation anzuwenden ist, und
die im Falle von präpositionalen Verben mit zwei Objekten das Merkmal
[+PREP(G)] in [-PREP(G)] verwandelt:

$$(\text{D-PREP-II}) \quad [+\text{PREP(G)}] \longrightarrow [-\text{PREP(G)}] \; / \; \begin{bmatrix} \overline{} \\ -\text{ADJ(G)} \\ +\underline{}\text{NP NP(G)} \end{bmatrix}$$

Die Passivsätze (267)(b) und (268)(c) können nun von der Grammatik
erzeugt werden, indem sie auf einen Aktivsatz zurückgehen, der - bis
auf die lexikalischen Belegungen - die Eigenschaften (264) besitzt
und die Transformationsregel, die vor das zweite Objekt de einführt,
die Transformationsregel (D-PREP-II) und die Passivtransformation
durchläuft.

Die Aktivsätze (266)(a), (267)(a) und (268)(a) kommen dann dadurch
zustande, daß die Verben proveer und despojar die Transformation,
die vor das zweite Objekt de einführt, danach (D-PREP-II), die Präpositionalisierung sowie (TA) durchlaufen. Somit wird die Präposition
a vor dem ersten Objekt dieser Sätze auf genau dieselbe Weise eingeführt wie im Falle von Verben, die nur ein Objekt haben.[94] Anderer-

seits zeigt die Tatsache, daß die Sätze (266)(b) und (268)(b) ohne
die Präposition a vor dem ersten Objekt als abweichend empfunden werden, obwohl sie die Bedingungen der Entpräpositionalisierung - d.h.
der Regel (D-PREP) - erfüllen (denn sie haben ein belebtes Subjekt
und ein unbelebtes Objekt, das auf einen neuen Gegenstand referiert,
und es liegt weder Kontrastivität des Objekts noch Emphase vor), daß
die Verben proveer und despojar applikable Formen haben, in denen sie
einfache Ausnahme zur Entpräpositionalisierung sind.[95]

9.3. AUSNAHMEN ZUR EMPHASEPRÄPOSITIONALITÄT

Bisher haben wir uns bei der Diskussion von Ausnahmen auf Beispiele
beschränkt, die keine Emphasesätze sind. Wir müssen nun noch zeigen,
in welcher Weise Ausnahmen hinsichtlich der Emphaseregularität zu
kennzeichnen sind.

Nehmen wir zunächst als Beispiele die Verben seguir und pegar, von
denen wir bereits wissen, daß sie in jeweils einer ihrer Bedeutungen
einfache Ausnahmen zur Entpräpositionalisierung sind:

(269)(a) Pedro pegó a mujeres.
     (b)*Pedro pegó mujeres.

(270)(a) Pedro siguió a una bicicleta.
     (b)*Pedro siguió una bicicleta.

Andererseits zeigen die beiden Verben ein unterschiedliches Verhalten, wenn sie in einem Emphasesatz auftreten. Während pegar die Emphaseregularität mitmacht und infolgedessen in einem Emphasesatz,
dessen quasi-identischer Vorgängersatz nicht die Präposition enthält, präpositionslos ist, darf vor dem Objekt von seguir auch in
einem Emphasesatz selbst dann nicht die Präposition fehlen, wenn der
quasi-identische Vorgängersatz präpositionslos ist:[96]

(271)(a) Pedro vio mujeres. Pedro pegó mujeres.
         Pedro amó mujeres.
     (b) Pedro vio mujeres. - No. Pedro pegó mujeres.

(272)(a)*Pedro vio una bicicleta. - No. Pedro siguió una
         bicicleta.
     (b) Pedro vio una bicicleta. - No. Pedro siguió a una
         bicicleta.

Wir können diesen Sachverhalt mit Bezugnahme auf unsere drei Regeln
- die Präpositionalisierung (abgekürzt (PREP)), die Entpräpositionalisierung (abgekürzt (D-PREP)) und (TA) - folgendermaßen ausdrücken:
Beide Verben sind einfache Ausnahmen zur Entpräpositionalisierung;
während aber für seguir gilt, daß es immer dann, wenn es die strukturelle Beschreibung von (PREP) erfüllt, sowohl (PREP) als auch (TA)
durchlaufen muß, gilt dies für pegar nicht, denn pegar darf in einem
Emphasesatz mit präpositionslosem quasi-identischen Vorgänger nicht
(PREP) durchlaufen und erfüllt infolgedessen dann auch nicht die
strukturelle Beschreibung von (TA).

Für die Lexikoneintragung von seguir wollen wir zur Erklärung des
genannten Sachverhalts eine formale Charakterisierung benutzen, die
von Lakoff (1965) entwickelt wurde. Wir wollen annehmen, daß Lexikoneintragungen Implikationen der Form $([\underline{m}\ DS(i)(L)] \supset [\underline{m}\ DS(j)(L)])$
enthalten können, wobei (i) und (j) Regelnamen sind. Wie Lakoff
(1965) gezeigt hat, besagen solche Implikationen, daß immer wenn die
Regel (i) angewendet worden ist, stets auch die Regel (j) angewendet
werden muß. In allen Fällen, in denen das nicht geschieht, wird nach
Anwendung der bekannten fünf Metaregeln in dem betreffenden komplexen
Symbol eine Verletzung definiert.[97] Wir wollen nun annehmen, daß alle Verben, die sich hinsichtlich der Präpositionalität genauso wie
seguir (in der Bedeutung "folgen") verhalten, im Lexikon mit folgender Implikation zu versehen sind:

(273) $([\underline{m}\ DS(PREP)(L)] \supset [\underline{m}\ DS(TA)(L)])$

Im Unterschied zu seguir darf ein Verb wie pegar diese Implikation
nicht enthalten, so daß sich für die Lexikoneintragungen für diese
Verben unter anderem folgende Eigenschaften ergeben:

(274)

seguir;	pegar;
< FOLGEN >	< SCHLAGEN >
$\wedge\underline{u}$ PREP(L)	$\wedge\underline{u}$ PREP(L)
$\wedge([\underline{m}\ DS(PREP)(L)] \supset [\underline{m}\ DS(TA)(L)])$	$\wedge\underline{u}$ DS(PREP)(L)
$\wedge\underline{u}$ DS(PREP)(L)	$\wedge\underline{u}$ R(PREP)(L)
$\wedge\underline{u}$ R(PREP)(L)	$\wedge\underline{u}$ DS(D-PREP)(L)
$\wedge\underline{u}$ DS(D-PREP)(L)	$\wedge\underline{m}$ R(D-PREP)(L)
$\wedge\underline{m}$ R(D-PREP)(L)	$\wedge\underline{u}$ DS(TA)(L)
$\wedge\underline{u}$ DS(TA)(L)	$\wedge\underline{u}$ R(TA)(L)
$\wedge\underline{u}$ R(TA)(L)	

Da wir unsere in § 2.5.3. formulierten Annahmen zur Emphaseregularität im wesentlichen beibehalten wollen und infolgedessen annehmen
müssen, daß die der dort benutzten Regel (R 4) entsprechende Transformationsregel (PREP) für Emphasesätze fakultativ ist, wird pegar
bei Nicht-Anwendung der Präpositionalisierung im Falle von Emphase
nie eine Verletzung der G-Regel (PREP) enthalten, und die Eintragung
zu (EMPHASE) in der Liste der Kombinationsbeschränkungen für Textregeln wird diejenigen Fälle charakterisieren, in denen bei Emphase
die Präposition stehen muß beziehungsweise nicht stehen darf.

Im Falle von seguir müssen wir nun auf irgendeine Weise vermeiden,
daß (PREP) fakultativ wird. Andererseits gibt es Verben, die auch in
einem Emphasesatz, dessen quasi-identischer Vorgänger die Präposition
besitzt, stets präpositionslos sind:

(275)(a)*La tormenta preocupó a heridos. - No. La tormenta
        dejó a heridos.
    (b) La tormenta preocupo a heridos. - No. La tormenta
        dejó heridos.

(276)(a)*El coche atropella a un chofer. - No. El coche tiene
        a un chofer.
    (b) El coche atropella a un chofer. - No. El coche tiene
        un chofer.

Nun enthält nach Lakoff (1965) die generelle Prozedur für Eintragungen der Liste der fakultativen Regeln zwei Metaregeln A und B, wobei
A das u des unmarkierten lexikalischen Regelmerkmals an das Vorzeichen des grammatischen Regelmerkmals assimiliert, während B jedes m
vor einem Regelmerkmal in ein u verwandelt. Mit anderen Worten, A
bewirkt die Fakultativität, und B bewirkt, daß die betreffende Regel
obligatorisch wird. Hieraus folgt nun, daß einerseits A nicht auf
Verben wie seguir, die stets die Präposition verlangen, und andererseits B nicht auf stets präpositionslose Verben wie tener, dejar u.a.
angewendet werden darf (vgl. die Beispiele (275) und (276)).

Um dies zu erreichen, wollen wir zunächst annehmen, daß die Grammatik
folgende Regel enthält:

(277) [u R(PREP)(L)] $\longrightarrow$ [m R(PREP)(L)] / $\begin{bmatrix} +E(G) \\ ([m\ DS(PREP)(L)] \\ \supset [m\ DS(TA)(L)]) \end{bmatrix}$

Die Regel (277) bewirkt, daß alle Verben, die wie <u>seguir</u> die Implikation (273) enthalten, in Emphasesätzen das Merkmal [<u>m</u> R(PREP)(L)]
bekommen, so daß die Metaregel A nicht angewendet werden kann.[98]
Die Metaregel B wird dann das <u>m</u> in <u>u</u> verwandeln, so daß danach nach
Anwendung der bekannten fünf Metaregeln immer dann eine Verletzung
definiert wird, wenn das betreffende Verb die strukturelle Beschreibung von (PREP) erfüllt und (PREP) nicht durchlaufen hat.

Unsere Eintragung wird nun folgendermaßen lauten:

"(PREP); [+V(G), -ADJ(G), +TRANS(G), +E(G), ___]
    A: [———]
    B: [——— ∧ ([<u>m</u> DS(PREP)(L)] ⊃ [<u>m</u> DS(TA)(L)])]"

Die generelle Prozedur für Eintragungen der Liste der fakultativen
G-Regeln bekommt diese Eintragung als Eingabe und gibt dann folgende
zwei Regeln aus, wobei Regel A' vor B' anzuwenden ist:

$$(278)\,A' \; [\underline{u}\, R(PREP)(L)] \; \longrightarrow \; [\alpha\, R(PREP)(L)] \; / \; \begin{bmatrix} +V(G) \\ -ADJ(G) \\ +TRANS(G) \\ +E(G) \\ \underline{u}\; DS(PREP)(L) \\ \alpha\, R(PREP)(G) \\ \\ \underline{\quad\quad\quad} \end{bmatrix}$$

$$B' \; [\underline{m}\, R(PREP)(L)] \; \longrightarrow \; [\underline{u}\, R(PREP)(L)] \; / \; \begin{bmatrix} +V(G) \\ -ADJ(G) \\ +TRANS(G) \\ +E(G) \\ ([\underline{m}\; DS(PREP)(L)] \\ \supset [\underline{m}\; DS(TA)(L)]) \\ \\ \underline{\quad\quad\quad} \end{bmatrix}$$

Da die Metaregel B' nur auf solche Verben anwendbar ist, die die Implikation (273) enthalten - also auf Verben wie <u>seguir</u> beispielsweise -, kann sie auf Verben wie <u>tener</u>, <u>dejar</u> usw., die einerseits das
Merkmal [<u>m</u> R(PREP)(L)], andererseits aber nicht die Implikation (273)
enthalten, nicht angewendet werden. Da auf Verben der letzteren Art
infolge der Abwesenheit von [<u>u</u> R(PREP)(L)] auch nicht die Metaregel
A' angewendet werden kann, wird auf diese Weise garantiert, daß sie
- so wie wir es beabsichtigt hatten - weder eine fakultative noch

eine obligatorische Anwendung der Regel (PREP) erhalten. Dies bedeutet wiederum, daß die Verben tener und dejar in ihren Lexikoneintragungen die in (252) angegebene Charakterisierung behalten müssen.
Aus den soeben formulierten Annahmen ergeben sich nun einige Konsequenzen für unsere Eintragung in die Liste der Kombinationsbeschränkungen für Textregeln. Nach unseren Überlegungen in § 2.5.3. besteht
der Sinn dieser Eintragung darin, eine Menge von erlaubten formalen
Eigenschaften zu charakterisieren, die ein Emphasetext der spanischen
Sprache haben darf. Sie hat nicht den Charakter einer grammatischen
Regel, d.h. sie enthält z.B. keine Aussagen darüber, wann eine bestimmte Transformationsregel anwendbar ist. Ferner sagt sie auch
nichts darüber aus, welche Verben eine gegebene Regel durchlaufen
dürfen und welche nicht.

Da es nun Ausnahmen zur Emphaseregularität hinsichtlich der Anwendung
der Präpositionalisierung gibt - wie beispielsweise im Falle von Verben wie seguir und dejar -, muß die Eintragung auch diese Ausnahmen
"zulassen". Mit anderen Worten, es darf in den Fällen, wo ein Verb
die Emphaseregularität nicht mitmacht, nie eine durch Regelmerkmale
zu (PREP) zustande kommende Textverletzung hinsichtlich (EMPHASE)
definiert werden.

Ein weiteres Problem ergibt sich daraus, daß diejenigen Fälle, in
denen in einem Emphasesatz "regulärerweise" nie die Präposition a
vor dem direkten Objekt stehen darf - wie z.B. vor Objekten, deren
Zentralnomen ein Kontinuativum oder Vorgangsabstraktum ist -, im
Unterschied zu den in § 2.5.3. formulierten Annahmen jetzt durch obligatorische Anwendung der Entpräpositionalisierung erklärt werden,
während die Eintragung in der Form (35) auf der Annahme beruhte, daß
solche Fälle durch Nicht-Anwendbarkeit der - der Präpositionalisierung entsprechenden - Regel (R 4) zu erklären sind. Da andererseits
ein nicht-emphatischer Satz wie beispielsweise Pedro vio una niña
in der neuen Version unseres Regelmechanismus durch Anwendung von
(PREP) und (D-PREP) erklärt wird (d.h. nur die Regel (TA) ist ein
sicherer Bezugspunkt für die Setzung der Präposition), und da ein
solcher Satz auch quasi-identischer Vorgänger eines Emphasesatzes
sein kann, darf unsere Eintragung in bezug auf den quasi-identischen
Vorgänger nicht auf das Regelmerkmal zu (PREP) rekurrieren. Für den
Emphasesatz muß dagegen auf das Regelmerkmal zu (PREP) Bezug genommen werden.

Wir wollen nun annehmen, daß die Eintragung zur Textregel (EMPHASE)
folgende Eigenschaften enthält:

(279)   "(EMPHASE);

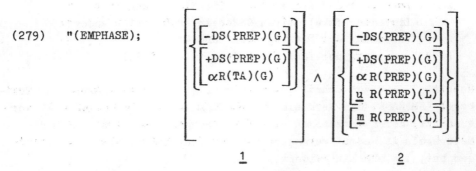

$$
\left\{
\begin{bmatrix}
[-DS(PREP)(G)] \\
[+DS(PREP)(G)] \\
\alpha R(TA)(G)
\end{bmatrix}
\right\}
\quad \wedge \quad
\left\{
\begin{bmatrix}
[-DS(PREP)(G)] \\
[+DS(PREP)(G)] \\
\alpha R(PREP)(G) \\
\underline{u} R(PREP)(L) \\
\underline{m} R(PREP)(L)
\end{bmatrix}
\right\}
$$

                    <u>1</u>   <u>2</u>

wobei: α = + oder -.

Bedingungen:

          1) <u>1</u> steht in einem Satz S' und <u>2</u> in einem
             Emphasesatz S,

          2) S' ist "quasi-identischer Vorgänger"
             von S."

Die Bedingung 2) ist eine provisorische Umschreibung für die zusätzlich zu den Merkmalkombinationen noch erforderlichen Strukturangaben.[99] Die Eintragung (279) besagt nun unter anderem, daß für Emphasesätze, deren Verb das Merkmal [<u>m</u> R(PREP)(L)] enthält, – die
durch 2) umschriebenen Bedingungen vorausgesetzt – jede beliebige
Merkmalkombination erlaubt ist, die die Grammatik erzeugen kann. Dieses Merkmal ist ausreichend, um alle Ausnahmen von der Emphasepräpositionalität zu charakterisieren, weil es bei dem durch <u>tener</u> exem-
plifizierten Ausnahmetyp ohnehin im Lexikon bereits vorhanden ist
und weil es im Falle von Verben wie <u>seguir</u>, die die Implikation (273)
enthalten, nach Anwendung der Regel (277) zustande kommt.

Damit der soeben skizzierte Mechanismus in der gewünschten Weise
funktioniert, sind folgende Annahmen erforderlich:

(280) Nach Beendigung der transformationellen Ableitung eines
      Textes erfolgt die Anwendung von generellen Konventionen
      in mindestens drei Schritten:
      1. Anwendung der generellen Prozedur, die die von der
         Grammatik erzeugten Strukturen mit den Eintragungen
         in der Liste der Kombinationsbeschränkungen für Text-

regeln vergleicht. An dieser Stelle können Textverletzungen hinsichtlich der Textregeln definiert werden.

2. Anwendung der Konventionen für Eintragungen in der
   Liste der fakultativen G-Regeln (d.h. unter anderem
   Anwendung der Metaregeln A' und B').

3. Anwendung der fünf Metaregeln (siehe § 1.).

Schritt 1. muß vor Schritt 2. erfolgen, weil die Eintragung zur Textregel (EMPHASE) die Merkmale [u R(PREP)(L)] und [m R(PREP)(L)] voraussetzt, deren Vorzeichen bzw. Markierungen noch nicht durch die
Metaregeln A' und B' verändert sein dürfen. Daß 2. vor 3. zu erfolgen hat, ist ohnehin evident.

9.4. PRÄDIKTABILITÄT DER NICHT-ANWENDUNG VON REGELN

Es gibt eine Reihe von Verben, die sich hinsichtlich ihrer Präpositionalität genauso verhalten wie seguir in der Bedeutung "folgen".
Bello (1847), p. 254 hatte bereits seguir und preceder zusammen genannt und als "caprichos del idioma" bezeichnet, weil sie einerseits
die Eigenschaft haben, daß sie auch vor Sachbezeichnungen stets die
Präposition a verlangen, und andererseits aber auch wie Verben mit
"normalem" direkten Objekt die Passivkonstruktion zulassen. Wir wissen nun, daß ihre Besonderheit vor allem darin besteht, daß sie
selbst in einem Emphasesatz mit präpositionslosem quasi-identischen
Vorgänger stets die Präposition vor dem Objekt verlangen.

Mindestens einige der Verben, die diese Eigenschaft haben, haben jedoch gleichzeitig auch eine semantische Eigenschaft gemeinsam. Es
handelt sich um Verben, die einen Vergleich zwischen Subjekt und Objekt in bezug auf deren Anordnung in Raum oder Zeit (seguir, preceder,
acompañar) oder in bezug auf eine Eigenschaft oder Funktion (exceder,
igualar, sustituir, superar, u.a.) bezeichnen. Wenn wir annehmen, daß
Verben, die einen solchen Vergleich zwischen Subjekt und Objekt bezeichnen, im Lexikon durch ein semantisches Merkmal [m COMP(L)] für
"komparativisch", dessen 'm' durch eine Konvention in '+' verwandelt
wird, charakterisiert sind, dann wird deren gemeinsame syntaktische
Eigenschaft prädiktabel.[100)]

Prädiktable Eigenschaften sollten durch Regeln erklärt werden. Wenn
unsere Analyse korrekt ist, kann dies dann dadurch erreicht werden,

daß man annimmt, daß die Grammatik eine Redundanzregel enthält, die
bei Anwesenheit des Merkmals [m COMP(L)] in einem komplexen Symbol
Q in Q die die betreffende syntaktische Eigenschaft dieser Verben
charakterisierende Implikation (273) einführt. Die Lexikoneintragungen für diese Verben werden dann diese Implikation nicht enthalten,
so daß sich eine Vereinfachung des Lexikons ergibt.

Nun gilt jedoch für beliebige Verben, daß sie immer wenn das Nomen
im Objekt ein Eigenname eines Lebewesens (Person oder Tier) ist,
selbst dann die Präposition vor dem Objekt verlangen, wenn der Satz
ein Emphasesatz ist und einen präpositionslosen quasi-identischen
Vorgänger hat:

(281)(a) Pedro vio Madrid. - No. Pedro vio a Luis.
     (b)*Pedro vio Madrid. - No. Pedro vio Luis.

(282)(a) Pedro vio Madrid. - No. Pedro vio a Sultán.
     (b)*Pedro vio Madrid. - No. Pedro vio Sultán.

Sätze mit Eigennamen von Lebewesen im Objekt müssen also im komplexen
Symbol des Verbs ebenfalls die Implikation (273) enthalten. Wir wollen deshalb folgende Redundanzregel annehmen:

(283)

$$[-ADJ(G)] \longrightarrow \begin{bmatrix} ([m\ DS(PREP)(L)] \\ \supset [m\ DS(TA)(L)]) \end{bmatrix} \Big/ \left\{ \begin{bmatrix} \begin{bmatrix} +\underline{\quad}NP(G) \\ m\ COMP(L) \end{bmatrix} \\ \begin{bmatrix} +\underline{\quad}[+PROPIO](G) \\ +\underline{\quad}[+ANIMADO](G) \\ m\ R(TA-II)(L) \end{bmatrix} \end{bmatrix} \right\}$$

Das Regelmerkmal [m R(TA-II)(L)] bedeutet eine Einschränkung auf
Verben, die kein zweites Objekt mit a nach sich haben.[101] Regel
(283) führt in das komplexe Symbol eines jeden Verbs, das die rechts
vom Schrägstrich angegebene Umgebung enthält, zusätzlich zu den im
komplexen Symbol bereits enthaltenen Merkmalen die rechts vom Pfeil
angegebene Implikation ein. Sie wird auf Basistextmarker angewendet,
nachdem applikable Formen von lexikalischen Einheiten in die Leer-
stellen der lexikalischen Glieder der komplexen Symbole eingesetzt
worden sind.

Wir resümieren nun unsere Annahmen über die Reihenfolge einiger
G-Regeln:

(284)   1. (TA-II), (T-POR-II), (T-DE-II), ...

             2. (D-PREP-II)

             3. (Passivtransformation)

             4. (T-DE), (T-EN), (T-CON), (T-POR), ...

             5. (PREP)

             6. (D-PREP)

             7. (TA)

Die Reihenfolge der nebeneinander geschriebenen Regeln ist für unsere Zusammenhänge irrelevant. Die Regeln 1. führen die Präpositionen
a, por, de usw. vor das zweite Objekt ein. Zur Passivtransformation
hatten wir angenommen, daß sie nur auf Verben anwendbar ist, die das
Merkmal [-PREP(G)] enthalten. Die Regeln 4. führen die Präpositionen
de, en, con usw. - nicht aber die Präposition a - vor das erste beziehungsweise einzige Objekt präpositionaler Verben ein (vgl. Verben
wie depender de, pensar en, contar con usw.). Die Regeln 1. und 4.
sowie (TA) setzen die Anwesenheit des Merkmals [+PREP(G)] unter VERB
voraus.[102]

Zunächst ergibt sich, daß Adjektive, intransitive Verben und präpositionale Verben mit einem Objekt die strukturelle Beschreibung von
(PREP) nicht erfüllen dürfen und infolgedessen die Merkmale [m DS
(PREP)(L)] und [m R(PREP)(L)] bekommen müssen. Wir nehmen deshalb
folgende Regeln an:

(285)

$$[\underline{u} \text{ DS(PREP)(L)}] \longrightarrow [\underline{m} \text{ DS(PREP)(L)}] \; / \; \left\{ \begin{array}{l} [\underline{m} \text{ ADJ(L)}] \\ \left[+\_\_\_ \text{NP(G)} \atop \underline{m} \text{ PREP(L)} \right] \\ [\underline{m} \_\_\_\#(L)] \end{array} \right\}$$

(286)

$$[\underline{u} \text{ R(PREP)(L)}] \longrightarrow [\underline{m} \text{ R(PREP)(L)}] \; / \; \left\{ \begin{array}{l} [\underline{m} \text{ DS(PREP)(L)}] \\ +E(G) \\ ([\underline{m} \text{ DS(PREP)(L)}] \\ \supset [\underline{m} \text{ DS(TA)(L)}]) \end{array} \right\}$$

Die Regeln (285) und (286) verwandeln das 'u' vor dem DS- beziehungsweise R-Merkmal zur Präpositionalisierung in 'm', falls das komplexe
Symbol, auf das die Regeln angewendet werden, die in der rechts vom
Schrägstrich stehenden Umgebungsangabe formulierten Bedingungen erfüllt. Adjektive, intransitive Verben und präpositionale Verben mit
einem Objekt werden nun im Lexikon nur mit 'u' versehene DS- und R-
Merkmale zu (PREP) erhalten (wobei unsere Bewertungsprozedur diese
nicht mitzählt: je weniger Merkmale mit 'm' im Lexikon enthalten sind,
desto besser wird die Grammatik bewertet). Durch (285) und (286) werden dann für solche lexikalischen Einheiten die unmarkierten DS- und
R-Merkmale "markiert".

Wir wollen Regeln wie (285) und (286) <u>Markierungsregeln</u> nennen. Hierbei nehmen wir folgendes Prinzip an:

(287) Alle prädiktablen Eigenschaften von Klassen von lexikalischen
      Einheiten müssen durch Regeln erklärt werden.

Die Markierungsregeln (285) und (286) erfüllen dieses Prinzip, indem
sie für Adjektive, intransitive Verben und präpositionale Verben mit
einem Objekt die Eigenschaft prädizieren, daß sie mit 'm' markierte
DS- und R-Merkmale zu (PREP) haben müssen. (286) verwandelt das 'u'
des lexikalischen Regelmerkmals zu (PREP) ferner auch in allen denjenigen komplexen Symbolen in 'm', in denen in einem Emphasesatz die
Implikation (273) enthalten ist. Dies ist erforderlich, damit die
Metaregeln (278) korrekt operieren können. Damit geht nun die Regel
(277) in die Markierungsregel (286) ein und braucht dann nicht mehr
gesondert postuliert zu werden. Zur Erzielung des Effekts von (277)
ist also keine isoliert dastehende Regel mehr erforderlich.

Wir wollen zu den Markierungsregeln folgende Konventionen annehmen:

(288) Markierungsregeln werden auf komplexe Symbole der Tiefenstruk-
      tur angewendet, nachdem in die lexikalischen Glieder der
      komplexen Symbole lexikalische Einheiten eingesetzt worden
      sind.

(289) Implikationen in der Umgebungsangabe von Markierungsregeln
      gelten als unanalysierbare Einheiten.[103]

Es lassen sich noch weitere Markierungsregeln formulieren. Aus unseren Annahmen zu den in (284) genannten Regeln folgt unter anderem,
daß alle Verben, die die strukturelle Beschreibung von (TA) erfüllen
müssen - d.h. Verben wie recurrir a u.a., die obligatorisch ein indirektes Objekt mit a haben - sowie alle Verben, die die Implikation
(273) enthalten, die Eigenschaft gemeinsam haben, daß sie die strukturelle Beschreibung von (D-PREP) erfüllen, aber die Regel nicht
durchlaufen dürfen. Mit anderen Worten, sie sind einfache Ausnahmen
zu (D-PREP) und müssen infolgedessen die Merkmale [u DS(D-PREP)(L)]
und [m R(D-PREP)(L)] enthalten. Andererseits dürfen alle Verben und
Adjektive, die (PREP) nicht durchlaufen dürfen, auch nicht die strukturelle Beschreibung von (D-PREP) erfüllen, d.h. ausgenommen die Verben, die die strukturelle Beschreibung von (TA) erfüllen müssen sowie die Verben mit der Implikation (273).

Diesen Sachverhalt können wir - unter Beachtung der Tatsache, daß
Verben wie recurrir a usw. positive absolute Ausnahmen zu (TA) sind
und im Lexikon mit den Merkmalen [m DS(TA)(L)] und [u R(TA)(L)] versehen werden müssen - durch folgende Markierungsregeln ausdrücken: [104]

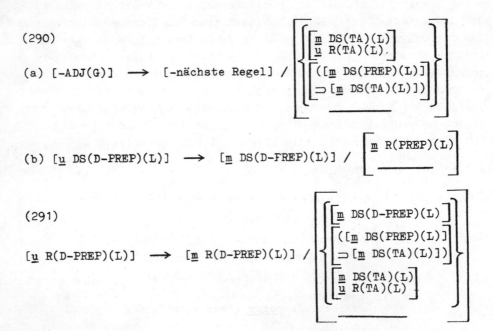

(290)

(a) [-ADJ(G)] $\longrightarrow$ [-nächste Regel] / $\begin{bmatrix} \begin{Bmatrix} \begin{bmatrix} \underline{m}\ DS(TA)(L) \\ \underline{u}\ R(TA)(L) \end{bmatrix} \\ \begin{bmatrix} ([\underline{m}\ DS(PREP)(L)] \\ \supset [\underline{m}\ DS(TA)(L)]) \end{bmatrix} \end{Bmatrix} \end{bmatrix}$

(b) [u DS(D-PREP)(L)] $\longrightarrow$ [m DS(D-PREP)(L)] / $\begin{bmatrix} \underline{m}\ R(PREP)(L) \\ \underline{\hspace{2cm}} \end{bmatrix}$

(291)

[u R(D-PREP)(L)] $\longrightarrow$ [m R(D-PREP)(L)] / $\begin{Bmatrix} \begin{bmatrix} \underline{m}\ DS(D-PREP)(L) \end{bmatrix} \\ \begin{bmatrix} ([\underline{m}\ DS(PREP)(L)] \\ \supset [\underline{m}\ DS(TA)(L)]) \end{bmatrix} \\ \begin{bmatrix} \underline{m}\ DS(TA)(L) \\ \underline{u}\ R(TA)(L) \end{bmatrix} \end{Bmatrix}$

Verben wie ver (mit nur einem Objekt) sowie Verben wie seguir, preceder usw. brauchen nun im Lexikon nicht mehr mit markierten DS- und
R-Merkmalen zu (PREP) und (D-PREP) versehen zu werden. Sie bekommen
Kombinationen mit durch 'm' markierten Merkmalen, soweit erforderlich,
teils durch (283), teils durch die Markierungsregeln.

Andererseits müssen Verben wie tener, dejar usw. im Lexikon nach wie
vor als einfache Ausnahmen zur Präpositionalisierung gekennzeichnet
werden. Nun haben jedoch mindestens einige dieser Verben die Eigenschaft gemeinsam, daß sie in der uns interessierenden Bedeutung ein
Objekt verlangen, das auf einen neuen Gegenstand referiert, denn die
folgenden Sätze werden als abweichend empfunden:

(292)(a)*...un chofer ... El coche tiene este chofer.
    (b)*...un chofer ... El coche tiene a este chofer.

(293)(a)*... treinta heridos ... La tormenta dejó estos heridos.
    (b)*... treinta heridos ... La tormenta dejó a estos heridos.

Für diese Verben muß also ohnehin erklärt werden, daß sie kein Objekt
haben dürfen, das auf einen im Text nicht-neuen Gegenstand referiert.
Wir können dann diese Eigenschaft benutzen, um ihr Verhalten hinsichtlich der Präpositionalität zu prädizieren.

Wir wollen annehmen, daß Verben wie tener ("haben"), dejar ("hinterlassen") u.a., wenn sie nur ein Objekt haben, im Lexikon durch das
Merkmal [m ___[+n](L)] zu charakterisieren sind. Ferner nehmen wir
folgende Interpretationsregeln an:[105]

$$(294) \quad \text{a.} \quad [\underline{u} \underline{\quad}[+n](L)] \longrightarrow [\alpha \underline{\quad}[+n](L)] \quad / \quad \begin{bmatrix} \alpha \underline{\quad}[+n](G) \\ \underline{\qquad\qquad} \end{bmatrix}$$

$$\text{b.} \quad [\underline{m} \underline{\quad}[+n](L)] \longrightarrow [+\underline{\quad}[+n](L)]$$

Das Merkmal [m ___[+n](L)] charakterisiert hiernach die Verben, die
obligatorisch einen neuen Gegenstand im Objekt verlangen. Unsere Markierungsregel (286) ist dann so zu erweitern, daß sie auch für diese
Verben die Nicht-Anwendung von (PREP) prädiziert.

Nun können jedoch Verben wie pegar ("schlagen"), die einfache Ausnahmen zu (D-PREP) sind, dennoch in bestimmten Texten präpositionslos
sein:

(295)(a)*Pedro siempre pega mujeres.
    (b) Pedro siempre pega a mujeres.
    (c)*Pedro pegó mujeres.
    (d) Pedro pegó a mujeres.

(296)(a) Pedro siempre pega a mujeres. El otro día pegó
         a cinco modistas. Pues Pedro siempre pega mujeres.
     (b) Un hombre que pega a mujeres pega mujeres.

Im Unterschied zu den Sätzen (295)(a) und (c) werden die letzten
Sätze mit pegar in den Texten (296) nicht als abweichend bewertet,
obwohl es sich nicht um Emphase in dem von uns definierten Sinne handelt. Was die präpositionslosen Sätze mit pegar hier charakterisiert,
ist vielmehr ganz offensichtlich ihr Mangel an kommunikativer Funktion. Sie enthalten keinerlei eigenständige Information.

Was wir nun benötigen, ist ein Merkmal, das solche Fälle charakterisiert. Wir wollen deshalb annehmen, daß es ein binäres Merkmal
[+TRIVIAL(G)] beziehungsweise [-TRIVIAL(G)] gibt, das im komplexen
Symbol des Verbs steht. Triviale Sätze werden nicht präpositionalisiert.

Die veränderte Version unserer Markierungsregel (286) wird nun folgendermaßen lauten:[106]

(297)

(a) [-ADJ(G)] ⟶ [-nächste Regel] / $\begin{bmatrix} -E(G) \\ ([\underline{m}\ DS(PREP)(L)] \\ \supset [\underline{m}\ DS(TA)(L)]) \\ \underline{} \end{bmatrix}$

(b) [u̲ R(PREP)(L)] ⟶ [m̲ R(PREP)(L)] / $\left\{ \begin{bmatrix} [\underline{m}\ DS(PREP)(L)] \\ \begin{bmatrix} +E(G) \\ ([\underline{m}\ DS(PREP)(L)] \\ \supset [\underline{m}\ DS(TA)(L)]) \end{bmatrix} \\ \begin{bmatrix} +\underline{}NP(G) \\ \underline{m}\ \underline{}[+n](L) \end{bmatrix} \\ +TRIVIAL(G) \end{bmatrix} \right\}$

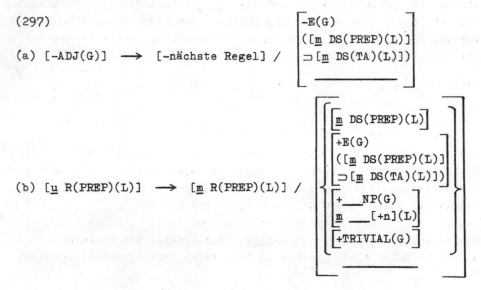

9.5. ADDIZIERUNG UND EXTRAEXSPEKTATIVITÄT

An der Erklärung des präpositionalen direkten Objekts sind nun im
wesentlichen zwei Typen von Regeln beteiligt: die Transformationsregeln (PREP) und (D-PREP) einerseits und andererseits die Markierungsregeln, die 'u' in 'm' verwandeln. Beide Typen von Regeln sind
unerläßlich. Die Information, die die Transformationsregeln liefern, kann nicht durch Markierungsregeln ausgedrückt werden, da beispielsweise die Beschreibung der Emphasepräpositionalität die Bezugnahme auf die Anwendung von Transformationsregeln voraussetzt. Andererseits kann z.B. ein Teil der Umgebungsangabe der Markierungsregel
(297) in einer Transformationsregel überhaupt nicht formuliert werden, da das lexikalische syntaktische Merkmal [m ___[+n](L)], das
die Verben charakterisiert, deren Objekt obligatorisch auf einen
neuen Gegenstand referieren muß, bereits vor Anwendung der Transformationsregeln der Grammatik das 'm' verliert, das in '+' verwandelt
wird. Darüber hinaus sind die Markierungsregeln für diejenigen lexika
lischen Einheiten, die die DS von (PREP) nicht erfüllen dürfen, ohnehin erforderlich.

Es sollte deshalb von den Markierungsregeln auch maximal Gebrauch gemacht werden. Am Beispiel von Sätzen mit belebtem Objekt wollen wir
nun in diesem Kapitel zeigen, daß mit Hilfe von Merkmalen des Verbs
Bedingungen formuliert werden können, unter denen die Nicht-Anwendung der Entpräpositionalisierung prädiktabel ist, d.h. Bedingungen,
die durch eine einfache Erweiterung der Umgebungsangabe der bereits
vorhandenen Markierungsregel (291) auf eine natürliche Weise in den
Regelmechanismus aufgenommen werden können.

Vergleichen wir zunächst folgende Sätze:

(298)(a) Esta máquina afeitó a barbudos.
     (b)*Esta máquina afeitó barbudos.

(299)(a) Pedro afeitó barbudos.
     (b)*Pedro afeitó a barbudos.

Daß (298)(b) als abweichend empfunden wird, ist durch unseren Regelmechanismus bereits dadurch erklärt, daß afeitar hinsichtlich (PREP)
als Normalfall angesehen werden kann und (D-PREP) nicht anwendbar
ist, weil der Satz ein unbelebtes Subjekt und ein belebtes Objekt

hat. Der Satz (299)(a) ist durch Anwendung der Entpräpositionalisierung erklärbar, denn er enthält ein menschliches Subjekt und ein generelles menschliches Objekt, für das wir die Merkmale [+g(G), -k(G),
+PLUR(G)] annehmen müssen. Anders verhalten sich jedoch folgende
Sätze, die ebenfalls diese Bedingungen erfüllen:

(300)(a)*Pedro afeitó sastres.
     (b) Pedro afeitó a sastres.

Wenn wir unsere bisherigen Annahmen beibehalten wollen, dann muß ein
Satz wie (300)(b) auf eine Struktur zurückgeführt werden, die die
strukturelle Beschreibung der Entpräpositionalisierung erfüllt. Da
(300)(a) als abweichend bewertet wird, darf (D-PREP) nicht angewendet werden.

Nun setzt das Verb afeitar voraus, daß das Objekt vor Einsetzen der
durch das Verb bezeichneten Handlung eine bestimmte Eigenschaft hat,
die wir in etwa mit "einen Bart haben" umschreiben können. In (298)
und (299) ist diese Eigenschaft dem Objekt (barbudos) immanent, in
(300) dagegen muß sie dem Objekt (sastres) durch das Verb "zugeschrieben" werden. Barbudos haben per definitionem stets einen Bart, während dies für sastres nicht gilt.

Genauso verhält sich ein Verb wie explotar:

(301)(a)*El sistema capitalista explota obreros.
     (b) El sistema capitalista explota a obreros.

(302)(a) Pedro explotó obreros.
     (b)*Pedro explotó a obreros.

(303)(a)*Pedro explotó mujeres.
     (b) Pedro explotó a mujeres.

Auf (301) ist (D-PREP) nicht anwendbar, da die Sätze ein unbelebtes
Subjekt und ein belebtes Objekt haben. Der Unterschied zwischen (302)
und (303) entspricht dem Unterschied zwischen (299) und (300). Das
Verb schreibt dem Objekt in (303) eine Eigenschaft ("Werktätiger
sein") zu, die dieses nicht immanent besitzt (es gehört nicht zur Bedeutung von Frauen beziehungsweise man nimmt nicht von Frauen an, daß
sie normalerweise stets Werktätige sind). Dem Objekt von (301) und
(302) ist dagegen diese Eigenschaft immanent (obreros sind stets Werktätige).

Wir benötigen nun ein Merkmal, das die Fälle wie (300) und (303) einerseits von Fällen wie (299) und (302) andererseits unterscheidet.
Zu diesem Zweck wollen wir ein binäres Merkmal [+ADIC(G)] beziehungsweise [-ADIC(G)] für "addizierend" beziehungsweise "nicht addizierend" annehmen. Ein Verb, das seinem Objekt eine Eigenschaft zuschreibt, die dieses vor Eintreten des durch das Verb bezeichneten
Ereignisses besitzen muß und die ihm nicht immanent ist, ist "addizierend" und enthält das Merkmal [+ADIC(G)]. Auf addizierende Verben (wie afeitar in (300) und explotar in (303)) mit menschlichem Subjekt und menschlichem Objekt darf (D-PREP) nicht angewendet werden.

Nehmen wir hierzu noch weitere Beispiele:

(304)(a) Pedro rescató prisioneros.
    (b)*Pedro rescató a prisioneros.

(305)(a) Pedro rescató esclavos.
    (b)*Pedro rescató a esclavos.

(306)(a)*Pedro rescató mujeres.
    (b) Pedro rescató a mujeres.

(307)(a) Pedro educó niños.
    (b)*Pedro educó a niños.

(308)(a)*Pedro educó adultos.
    (b) Pedro educó a adultos.

(309)(a) Pedro curó enfermos.
    (b)*Pedro curó a enfermos.

(310)(a)*Pedro curó mujeres.
    (b) Pedro curó a mujeres.

Die betreffenden Eigenschaften lassen sich in grober Annäherung etwa
folgendermaßen umschreiben: "sich in Unfreiheit befinden" für (304)
bis (306), "erziehungsbedürftig sein" für (307) und (308), "krank
sein" für (309) und (310). Das Objekt in den Sätzen, die mit der Präposition als abweichend bewertet sind, besitzt die jeweilige Eigenschaft immanent, das Objekt der nicht-abweichenden Sätze mit der
Präposition besitzt jeweils die betreffende Eigenschaft nicht imma-

nent, das heißt in diesen Fällen sind die Verben addizierend.

Folgende Liste mag der weiteren Veranschaulichung dienen:

(311) [-ADIC(G)]: ver, matar, fusilar, conocer, encontrar, ...
              resucitar muertos, criar niños, vestir
              desnudos, despedir empleados ...

      [+ADIC(G)]: operar a sastres, resucitar a reyes, ensuciar
              a peatones, anestesiar a modistas, ...

Addizierende Verben haben in Sätzen, die weder emphatisch noch trivial sind, stets die Präposition vor dem menschlichen Objekt.

Vergleichen wir nun folgende Sätze:

(312)(a) Pedro amó mujeres.
     (b)*Pedro amó a mujeres.

(313)(a)*Pedro amó españolas.
     (b) Pedro amó a españolas.

Der Unterschied zwischen (312) und (313) läßt sich nicht auf eine
natürliche Weise durch die Annahme erklären, daß das Verb in (313)
addizierend ist, denn es ist kaum eine deutlich abgrenzbare Eigenschaft zu finden, die dem Objekt in (312) immanent zukäme und dem
Objekt in (313) zuzuschreiben, d.h. nicht immanent wäre.

Ein Satz wie (313)(b) hat eine besondere Interpretation in einer Weise, die nicht für (312)(a) gilt:

(314) 1. Pedro liebte Spanierinnen, weil er Spanierinnen gegen-
         über allen anderen Frauen, die keine Spanierinnen
         sind, für besonders liebenswert oder besonders attrak-
         tiv hält.
      2. Pedro liebte Spanierinnen, weil er sich an einem Ort
         befand, an dem keine anderen Frauen anzutreffen
         waren.
      3. Pedro liebte Spanierinnen, weil er mit seinem Freund
         eine Wette darüber abgeschlossen hatte, daß er es
         fertig brächte, Spanierinnen zu erobern.
      4. usw.

Diese Liste von möglichen besonderen Interpretationen für (313)(b)
ließe sich noch beliebig fortsetzen. Ein Satz wie (312)(a) hat dagegen keine solche besonderen Interpretationen.

Wir wollen Fälle wie (313)(b) von Fällen wie (312)(a) mit Hilfe eines
Merkmals unterscheiden, das Lakoff-Peters (1966) aus unabhängigen
Gründen für das Englische vorgeschlagen haben. Wir wollen annehmen,
daß Verben hinsichtlich eines Merkmals [SPECIAL(G)] subkategorisiert
sind, wobei [+SPECIAL(G)] diejenigen Verben charakterisiert, die eine
besondere Interpretation haben, die durch außersprachlichen Kontext
oder durch erläuternde Zusätze und Einschränkungen hinzugebracht werden muß.[107)]

Verben, die normalerweise das Merkmal [+SPECIAL(G)] haben, sind ver-
hältnismäßig zahlreich:

(315) [+SPECIAL(G)]: criticar, halagar, alabar, despreciar,
                     acusar, denunciar, proteger, olvidar,
                     atacar, maltratar, pegar, interrogar,
                     engañar, enfadar, contentar, molestar,
                     saludar, ... [108)]

Das Merkmal [+SPECIAL(G)] ist nun jedoch keineswegs auf bestimmte
Verben beschränkt, sondern es kann unter gegebenen Umständen in beliebigen Verben auftreten. So hat beispielsweise das Verb ver normalerweise nicht das Merkmal [+SPECIAL(G)]. Ein Satz wie *Pedro vio a
mujeres wird als isolierter Satz als etwas seltsam empfunden, während Pedro vio mujeres vollauf korrekt ist. Anders verhält es sich
jedoch in einem Text folgender Art:

(316)(a) Pedro iba siempre a un lugar donde veía sólo hombres.
         El otro día, cuando volvió a ir allí, vio también a
         mujeres.
     (b)*Pedro iba siempre a un lugar donde veía sólo hombres.
         El otro día, cuando volvió a ir allí, vio también
         mujeres.

Im letzten Satz von (316)(a) hat vio das Objekt mujeres, so daß aus-
gedrückt wird, daß Pedro Frauen sah. Der Satz hat aber in diesem
Text noch eine zusätzliche Interpretation: "Pedro sah gleichzeitig
Männer." Dies unterscheidet ihn von der "normalen" Verwendung des
Satzes Pedro vio mujeres, bei der dieser keine solche zusätzliche

Interpretation erhält. Da nun der letzte Satz von (316)(a) auch hinsichtlich der Präpositionalität dasselbe Verhalten zeigt wie die in
(315) zitierten Verben - d.h. einerseits hat er eine besondere Interpretation und andererseits verlangt er die Präposition a vor dem
menschlichen Objekt - wollen wir annehmen, daß vio hier das Merkmal
[+SPECIAL(G)] bekommen muß. Die Präpositionalität muß dann in solchen
Fällen auf dieselbe Weise erklärt werden wie im Falle von Verben, die
normalerweise stets eine besondere Interpretation haben.

Nehmen wir zur Illustration noch ein weiteres Beispiel. Der Satz
Pedro afeitó barbudos hat keine besondere Interpretation, und das Verb
ist auch nicht addizierend. Nun läßt sich jedoch keineswegs verallgemeinern, daß das Verb afeitar mit menschlichem Subjekt und dem Nomen
barbudos im Objekt nie die Präposition a vor dem Objekt haben dürfte,
denn von den folgenden Texten ist (317)(b) abweichend:

(317)(a) Un día Pedro tuvo el capricho de afeitar a hombres
         sin barba. Su amigo, en cambio, afeitó a barbudos.
     (b)*Un día Pedro tuvo el capricho de afeitar a hombres
         sin barba. Su amigo, en cambio, afeitó barbudos.

Hier hat der letzte Satz von (317)(a) eine besondere Interpretation,
das heißt es wird zusätzlich etwas zum Ausdruck gebracht, das sich
in etwa folgendermaßen umschreiben ließe: "Der Freund von Pedro hatte nicht die so ausgefallene Laune, die Pedro hatte" beziehungsweise
"Der Freund von Pedro rasierte keine bartlosen Männer". Im Gegensatz
hierzu hat ein isolierter Satz wie Pedro afeitó barbudos keine solche zusätzliche Interpretation. Wir wollen deshalb annehmen, daß
auch afeitar in Sätzen wie der letzte Satz von (317)(a) das Merkmal
[+SPECIAL(G)] enthalten muß.

Wenn in der Position des direkten Objekts eine Tierbezeichnung steht,
so darf - falls die Bedingungen der Entpräpositionalisierung erfüllt
sind - auch dann nicht die Präposition vor das Objekt gesetzt werden,
wenn der Satz eine besondere Interpretation hat:

(318)(a) Pedro iba siempre a un lugar donde veía sólo caballos.
         El otro día, cuando volvió a ir allí, vio también
         perros.
     (b)*Pedro iba siempre a un lugar donde veía sólo caballos.
         El otro día, cuando volvió a ir allí, vio también a perros.

(319)(a) Pedro iba siempre a un lugar donde veía sólo hombres.
         El otro día, cuando volvió a ir allí, vio también
         ratones.
     (b)*Pedro iba siempre a un lugar donde veía sólo hombres.
         El otro día, cuando volvió a ir allí, vio también a
         ratones.

Die jeweils letzten Sätze dieser Texte haben eine ähnliche besondere
Interpretation wie der letzte Satz von (316)(a). Mit anderen Worten,
wenn wir für vio in (316)(a) das Merkmal [+SPECIAL(G)] annehmen, dann
muß dies auch für vio in den jeweils letzten Sätzen von (318)(a) und
(319)(a) angenommen werden. Da (318)(b) und (319)(b), in denen die
Präposition steht, als abweichend bewertet werden, folgt daraus, daß
in Sätzen mit menschlichem Subjekt und Tierbezeichnungen im Objekt
trotz Anwesenheit des Merkmals [+SPECIAL(G)] nicht die Präposition
vor dem Objekt stehen darf.

Hat der Satz jedoch nicht nur eine Tierbezeichnung im Objekt, sondern
auch eine Tierbezeichnung im Subjekt, so muß auch in diesen Fällen bei
einer besonderen Interpretation stets die Präposition a gesetzt werden:

(320)(a) Un perro iba siempre a un lugar donde veía sólo gatos.
         El otro día, cuando volvió a ir allí, vio también a
         ratones.
     (b)*Un perro iba siempre a un lugar donde veía sólo gatos.
         El otro día, cuando volvió a ir allí, vio también
         ratones.

Die Texte (320) verhalten sich sowohl hinsichtlich der Art der besonderen Interpretation als auch hinsichtlich der Präpositionalität des
jeweils letzten Satzes genauso wie die Texte (316), so daß sie als
eine weitere Bestätigung für unsere Hypothese (160) angesehen werden
müssen, nach der sich Sätze mit Tierbezeichnungen im Subjekt und
Tierbezeichnungen im Objekt hinsichtlich ihrer Präpositionalität genauso verhalten wie Sätze mit menschlichem Subjekt und menschlichem
Objekt.

In einem Satz mit menschlichem Subjekt muß jedoch auch dann die Präposition vor dem Objekt stehen, wenn der Satz eine besondere Interpretation hat und das Objekt eine Tierbezeichnung enthält, die direkt

auf ein bestimmtes Individuum beziehungsweise auf bestimmte Individuen
referiert. Dies zeigen die folgenden Texte, deren besondere Interpretation denselben Charakter hat wie die der Texte (316), (318), (319)
und (320):

(321)(a)*Pedro iba siempre a un lugar donde veía sólo hombres.
         El otro día, cuando volvió a ir allí, vio también
         dos perros.
     (b) Pedro iba siempre a un lugar donde veía sólo hombres.
         El otro día, cuando volvió a ir allí, vio también a
         dos perros.

Aus Gründen, die in diesem Zusammenhang nicht relevant sind, wird
das Objekt dos perros im letzten Satz von (321)(b) als nicht-generell
verstanden, so daß wir für perros das spezielle Referenzmerkmal
[-g(G)] annehmen müssen. Die Tatsache, daß (321)(a), wo der letzte
Satz nicht die Präposition vor dem Objekt enthält, als abweichend
empfunden wird, ist dann ein Indiz dafür, daß in Sätzen mit besonderer Interpretation, die im Subjekt eine Personenbezeichnung und im
Objekt eine nicht-generelle Tierbezeichnung enthalten, die Präposition a vor dem Objekt stehen muß.

Vergleichen wir nun folgende Texte:

(322)(a) Un día Pedro entró en un circo, donde vio elefantes.
     (b)*Un día Pedro entró en un circo, donde vio a elefantes.

(323)(a) Un día Pedro entró en un restaurante, donde vio
         perros.
     (b)*Un día Pedro entró en un restaurante, donde vio
         a perros.

(324)(a) Un día Pedro entró en un restaurante, donde vio
         a elefantes.
     (b)*Un día Pedro entró en un restaurante, donde vio
         elefantes.

(324)(b), wo die Präposition a vor elefantes fehlt, wird als leicht
abweichend empfunden, während die Texte (322)(a) und (323)(a), in
denen das Objekt von vio ebenfalls keine Präposition vor sich hat,
als vollauf korrekt bewertet werden. Andererseits sind (322)(b) und
(323)(b), in denen vor dem Objekt von vio die Präposition steht, ab-

weichend, während (324)(a) nicht abweichend ist, obwohl die jeweiligen grammatischen - und zum größten Teil auch die semantischen - Beziehungen zwischen den einzelnen Komponenten in allen diesen Texten
dieselben sind. Was den Text (324)(a) im Unterschied zu (322) und
(323) charakterisiert, ist die Tatsache, daß er eine Aussage über
einen Sachverhalt enthält, dessen Auftreten außerhalb der Erwartung
liegt. Normalerweise ist nicht zu erwarten, daß sich in einem Restaurant Elefanten befinden. Die Texte (322) und (323) enthalten dagegen
nichts, was außerhalb der Erwartung liegt, denn es ist durchaus normal, daß sich in einem Zirkus Elefanten befinden sowie daß in ein
Restaurant einmal Hunde mitgenommen werden.

Der letzte Satz in (324)(a) hat also eine besondere Interpretation.
Auf Grund außersprachlicher Informationen erhält er eine zusätzliche
Interpretation, die wir annäherungsweise folgendermaßen umschreiben
können: "Obwohl es nicht zu erwarten ist, daß sich in einem Restaurant Elefanten befinden, sah Pedro dennoch in einem Restaurant Elefanten." Das Verb vio in (324)(a) muß deshalb genauso behandelt werden wie alle anderen Verben mit besonderer Interpretation, das heißt
es muß für vio hier das Merkmal [+SPECIAL(G)] angenommen werden.

Nun ist jedoch das Merkmal [+SPECIAL(G)] nicht ausreichend, um die
Präpositionalität von vio in (324)(a) zu erklären, denn es handelt
sich um einen Satz mit menschlichem Subjekt und einer generellen Tierbezeichnung im Objekt, für die die Kombination [+g(G), -k(G), +PLUR(G)
-HUMANO(G)] anzunehmen ist, das heißt eine Kombination, die auch für
das Objekt im jeweils letzten Satz von (318)(a) und (319)(a) angenommen werden muß. Das Verb vio hat jedoch in diesen beiden Texten nicht
die Präposition a vor dem Objekt. Wir benötigen also noch ein weiteres Merkmal, das Fälle wie vio in (324)(a) charakterisiert.

Da die Texte (318)(a) und (319)(a) im Unterschied zu (324)(a) nichts
enthalten, was normalerweise außerhalb der Erwartung liegt, muß in
dieser Tatsache der ausschlaggebende Unterschied zwischen den betreffenden Texten gesehen werden. Wir wollen deshalb annehmen, daß es ein
Merkmal [EXTRASP(G)] für "extraexspektativ" beziehungsweise "außerhalb der Erwartung liegend" gibt. Ein Verb wie vio in (324)(a) enthält das Merkmal [+EXTRASP(G)], während vio in (318)(a) und (319)(a)
jeweils mit [-EXTRASP(G)] zu versehen ist. Extraexspektative Verben
mit Tierbezeichnungen im Objekt haben stets die Präposition a vor dem
Objekt.

Wir wollen annehmen, daß alle extraexspektativen Verben auch das Merkmal [+SPECIAL(G)] enthalten. Da wir angenommen hatten, daß in Sätzen
mit menschlichem Subjekt und menschlichem Objekt stets die Präposition a vor dem Objekt stehen muß, falls der Satz eine besondere Interpretation hat, folgt daraus, daß Sätze mit menschlichem Subjekt
und menschlichem Objekt auch immer dann die Präposition vor dem Objekt verlangen müssen, wenn das Verb extraexspektativ ist. Dies ist
auch tatsächlich der Fall. Betrachten wir hierzu folgende Texte:

(325)(a) Un día Pedro entró en un restaurante, donde vio
         mujeres.
     (b)*Un día Pedro entró en un restaurante, donde vio
         a mujeres.

(326)(a) Un día Pedro entró en un restaurante, donde vio
         a reinas.
     (b)*Un día Pedro entró en un restaurante, donde vio
         reinas.

(327)(a) Un día Pedro entró en un monasterio, donde vio
         a mujeres.
     (b)*Un día Pedro entró en un monasterio, donde vio
         mujeres.

In (325)(a) hat vio nicht das Merkmal [+EXTRASP(G)] sowie auch nicht
das Merkmal [+SPECIAL(G)], denn es liegt nicht außerhalb der Erwartung, daß sich in einem Restaurant Frauen befinden, und es gibt auch
keine anderen Bedingungen, die dem Satz eine besondere Interpretation
verleihen würden. In (326)(a) und (327)(a) dagegen muß für vio das
Merkmal [+EXTRASP(G)] angenommen werden, denn in einem gewöhnlichen
Restaurant befinden sich normalerweise keine Königinnen, und in einem
Mönchskloster sind normalerweise keine Frauen anzutreffen.

Von den folgenden Beispielen sind die Verben in (330)(a) und (331)(a)
im Unterschied zu (328) und (329) besonders deutlich extraexspektativ:

(328)(a) Pedro vio perros flacos.
     (b)*Pedro vio a perros flacos.

(329)(a) Pedro mató perros flacos.
     (b)*Pedro mató a perros flacos.

(330)(a) Pedro vio a perros invisibles.
  (b)*Pedro vio perros invisibles.

(331)(a) Pedro mató a perros muertos.
  (b)*Pedro mató perros muertos.

Die Gründe für die Extraexspektativität können von ganz unterschiedlicher Natur sein. In (332) beispielsweise beruht sie darauf, daß behauptet wird, daß ein Blinder Pferde sieht, obwohl Blinde nicht sehen
können, während (334)(b) im Unterschied zu (333)(a) deshalb im zweiten Satz ein extraexspektatives Verb hat, weil es normalerweise außerhalb der Erwartung liegt, daß ein Mensch in kurzer Zeit so viele Hunde sieht:

(332)(a) Un día un ciego vio a dos caballos.
  (b)*Un día un ciego vio dos caballos.

(333)(a) Un día Pedro fue al campo, donde vio dos perros.
  (b)*Un día Pedro fue al campo, donde vio a dos perros.

(334)(a)*Un día Pedro fue al campo, donde vio tres mil
        quinientos cincuenta y dos perros.
  (b) Un día Pedro fue al campo, donde vio a tres mil
        quinientos cincuenta y dos perros.

Die folgenden Texte, in denen das zweite Verb jeweils extraexspektativ ist, zeigen, daß in Sätzen mit unbelebtem Objekt die Extraexspektativität keinen Einfluß auf die Setzung der Präposition hat, denn
(335)(b) ist abweichend:

(335)(a) Un día Pedro fue a un desierto, donde vio una casa.
  (b)*Un día Pedro fue a un desierto, donde vio a una casa.

Wir wollen nun annehmen, daß die Grammatik folgende Basisregeln enthält, die Merkmale in komplexe Symbole einführen:

$$(336)(a) \quad [-\text{TRIVIAL(G)}] \longrightarrow \begin{Bmatrix} [+\text{SPECIAL(G)}] \\ [-\text{SPECIAL(G)}] \end{Bmatrix}$$

$$(b) \quad [+\text{SPECIAL(G)}] \longrightarrow \begin{Bmatrix} [+\text{EXTRASP(G)}] \\ [-\text{EXTRASP(G)}] \end{Bmatrix}$$

Während wir angenommen hatten, daß alle Verben entweder [+TRIVIAL(G)]

oder [-TRIVIAL(G)] im grammatischen Glied des komplexen Symbols enthalten, besagen die Regeln (336), daß die Merkmale [+SPECIAL(G)] und
[-SPECIAL(G)] nur in diejenigen komplexen Symbole eingeführt werden,
die bereits das Merkmal [-TRIVIAL(G)] enthalten. Ferner wird das
Merkmal für Extraexspektativität nur in solche komplexen Symbole eingeführt, in denen bereits [+SPECIAL(G)] enthalten ist. Die Markierungsregel (291)(vgl. § 9.4.) wird dann ersetzt durch folgende Regel:

(337)

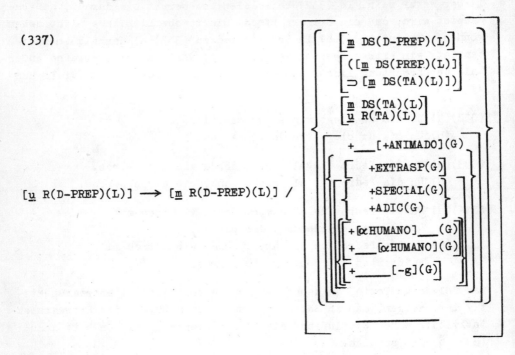

$$[\underline{u}\ R(\text{D-PREP})(L)] \longrightarrow [\underline{m}\ R(\text{D-PREP})(L)]\ /$$

Nach Anwendung von (337) entsteht in den in der Umgebungsangabe angegebenen Fällen das Merkmal [m R(D-PREP)(L)], welches besagt, daß
die Entpräpositionalisierung nicht angewendet werden darf. Ist (PREP)
angewendet und (D-PREP) nicht angewendet worden, dann wird die strukturelle Beschreibung der G-Regel (TA) erfüllt und (TA) muß angewendet werden. d.h. vor das Objekt wird die Präposition a eingeführt.[109]
Im Unterschied zu (291) wird nun durch (337) zusätzlich auch in allen
denjenigen Fällen die Nicht-Anwendung von (D-PREP) prädiziert, in
denen nach den in diesem Kapitel formulierten Annahmen die Präposition a vor dem Objekt stehen muß.[110]

10. ERGEBNIS

10.1. EIN MASS FÜR GRAMMATIKALITÄTSGRADE

Wir kehren nun zu den eingangs in § 2.1. genannten Fakten zurück.
Um einige nicht-triviale Aussagen über die konstatierten Unterschiede in der Grammatikalität machen zu können, wollen wir zunächst kurz
in einer Liste die Bedingungen skizzieren, unter denen die dort mit
Sternchen versehenen Sätze von unserem Regelmechanismus erzeugbar
sind. Hierbei nehmen wir an, daß das Verb _ver_ im Lexikon für Sätze
mit nur einem Objekt zu den Regeln (PREP), (D-PREP) und (TA) nur mit
'_u_' markierte DS- und R-Merkmale enthält, so daß ein '_m_' vor einem
solchen Merkmal gegebenenfalls nur durch die Markierungsregeln zustandekommen kann.

(338) <u>Pedro vio al gato.</u> (=(1)(b))

	Subjekt	Verb	Objekt
1.	+ANIMADO(G) +HUMANO(G)	-SPECIAL(G)	+ANIMADO(G) -HUMANO(G) -g(G) -n(G) +id(G) -E(G) +DS(EL-S/+id)(T) -R(EL-S/+id)(T)
2.	+ANIMADO(G) +HUMANO(G)	-TRIVIAL(G)	+ANIMADO(G) -HUMANO(G) +E(G)
	(mit Textverletzung hinsichtlich (EMPHASE))		
3.	+ANIMADO(G) +HUMANO(G)	+SPECIAL(G) -EXTRASP(G)	+ANIMADO(G) -HUMANO(G) -g(G) +n(G) +k(G) -E(G)
4.	+ANIMADO(G) +HUMANO(G)	+SPECIAL(G) +EXTRASP(G)	+ANIMADO(G) -HUMANO(G) -E(G)

Bei 1. bis 4. keine Verletzung von G-Regeln.

(339) <u>Pedro vio a la casa.</u> (=(1)(c))

	Subjekt	Verb	Objekt
1.	+ANIMADO(G) +HUMANO(G)	-TRIVIAL(G)	-ANIMADO(G) -CONT(G) -ABSTR(G) -g(G) -n(G) +id(G) +c(G) -E(G) +DS(EL-S/+id)(T) -R(EL-S/+id)(T) +DS(EL-S/+c)(T) -R(EL-S/+c)(T)
2.	+ANIMADO(G) +HUMANO(G)	-TRIVIAL(G)	-ANIMADO(G) -CONT(G) -ABSTR(G) +E(G)
	(mit Textverletzung hinsichtlich (EMPHASE))		

Bei 1. und 2. keine Verletzung von G-Regeln.

(340) <u>Pedro vio al accidente.</u> (=(1)(d))

Subjekt	Verb	Objekt
+ANIMADO(G) +HUMANO(G)	+DS(PREP)(G) +R(PREP)(G) +DS(D-PREP)(G) -R(D-PREP)(G) +DS(D-PREP)(L) +R(D-PREP)(L) +R(TA)(G)	-ANIMADO(G) +ABSTR(G) +PROC(G)

Verletzung der G-Regel (D-PREP).
Keine mögliche korrekte Analyse.

(341) <u>Pedro vio a un gato.</u> (=(2)(b))

	Subjekt	Verb	Objekt
1.	+ANIMADO(G) +HUMANO(G)	-TRIVIAL(G)	+ANIMADO(G) -HUMANO(G) +E(G)
	(mit Textverletzung hinsichtlich (EMPHASE)		

2.	+ANIMADO(G) +HUMANO(G)	+SPECIAL(G) -EXTRASP(G)	+ANIMADO(G) -HUMANO(G) -g(G) +n(G) -k(G) -E(G)
3.	+ANIMADO(G) +HUMANO(G)	+SPECIAL(G) +EXTRASP(G)	+ANIMADO(G) -HUMANO(G) -E(G)

Bei 1. bis 3. keine Verletzung von G-Regeln.

(342) <u>Pedro vio a una casa.</u> (=(2)(c))

	Subjekt	Verb	Objekt
1.	+ANIMADO(G) +HUMANO(G)	-TRIVIAL(G)	-ANIMADO(G) -CONT(G) -ABSTR(G) +E(G)
	(mit Textverletzung hinsichtlich (EMPHASE))		

Bei 1. keine Verletzung von G-Regeln.

(343) <u>Pedro vio a un accidente.</u> (=(2)(d)) (wie (340))

Keine mögliche korrekte Analyse.

(344) <u>Pedro vio la mujer.</u> (=(1)(a))

	Subjekt	Verb	Objekt
1.	+ANIMADO(G) +HUMANO(G)	+TRIVIAL(G)	+ANIMADO(G) +HUMANO(G) -E(G)
2.	+ANIMADO(G) +HUMANO(G)	-TRIVIAL(G)	+ANIMADO(G) +HUMANO(G) +E(G)
	(mit Textverletzung hinsichtlich (EMPHASE))		

Bei 1. und 2. keine Verletzung von G-Regeln.

Selbstverständlich haben diese Sätze in unserer Grammatik noch weitere, inkorrekte Analysen, die wir nicht aufgezählt haben. In unserem
Zusammenhang interessieren uns im Augenblick jedoch in erster Linie
die genannten Analysen, da sie zeigen, unter welchen Bedingungen -
wenn überhaupt - der jeweilige Satz "korrekt" ist.

In § 2.1. hatten wir festgestellt, daß der Satz Pedro vio al gato
besser ist als der Satz Pedro vio a la casa, sowie daß Pedro vio a
la casa besser ist als Pedro vio al accidente. Nun zeigt sich bei
einem Vergleich zwischen (338) und (339), daß Pedro vio al gato in
unserer Grammatik mehr korrekte Analysen hat als Pedro vio a la casa.
Ferner hat Pedro vio a la casa mehr korrekte Analysen als Pedro vio
al accidente (=(340)), denn in (339) werden zwei mögliche Analysen
aufgezählt, die nur deshalb nicht zutreffend sind, weil der Satz
nicht in einem Text steht, in dem er diese Bedingungen erfüllt, während es für (340) in der Grammatik keinen Text gibt, in dem Pedro
vio al accidente ohne Verletzung erzeugt werden kann. Das heißt im
letzteren Falle ist die Anzahl der möglichen korrekten Analysen gleich
Null. Andererseits zeigt (341) mehr mögliche korrekte Analysen als
(342), und (342) wiederum mehr korrekte Analysen als (343). Auch diese Tatsache entspricht in derselben Weise wie die oben genannten Fälle unseren Beobachtungen hinsichtlich der intuitiven Besser-als-Beziehungen, d.h. von den verglichenen Sätzen ist jeweils der als besser bewertete Satz gleich demjenigen Satz, der in unserer Grammatik
eine größere Anzahl von korrekten Analysen in möglichen Texten hat
als der mit ihm verglichene Satz.

Diese Beobachtungen legen nahe, zu dem Begriff der "Grammatikalität"
folgende Definitionen zu formulieren:

(345) 1. Ein Satz S ist in einem Text T vollständig grammatisch
         in bezug auf eine Grammatik G, wenn T in G mindestens
         eine Analyse hat, in der S keine Verletzung enthält und
         nicht an einer Textverletzung partizipiert.
      2. Ein Satz S ist in einem Text T ungrammatisch in bezug
         auf eine Grammatik G, wenn T in G keine Analyse hat,
         in der S weder eine Verletzung enthält noch an einer
         Textverletzung partizipiert.
      3. Ein Satz S ist total ungrammatisch in bezug auf eine
         Grammatik G, wenn es keinen Text T gibt, der S enthält

und in G eine korrekte Analyse hat.

4. Ein isolierter Satz S ist partiell grammatisch in
   bezug auf eine Grammatik G, wenn es mindestens einen
   Text T gibt, der S enthält und in G eine Analyse hat,
   in der S keine Verletzung enthält und nicht an einer
   Textverletzung partizipiert.

5. Ein isolierter Satz S hat einen höheren Grammatikalitätsgrad in bezug auf eine Grammatik G als ein
   isolierter Satz S', wenn die Anzahl von korrekten
   Analysen, die S in möglichen Texten in G hat, in
   denen S an keiner Textverletzung partizipiert, größer ist als die Anzahl von korrekten Analysen, die
   S' ohne Partizipation an Textverletzungen in Texten
   in G besitzt.

Unter "Partizipation an einer Textverletzung" sind diejenigen Fälle
zu verstehen, in denen - wie beispielsweise bei Emphasesätzen -
nicht der Satz selber die Verletzung enthält, sondern in denen eine
Textverletzung hinsichtlich einer Textregel zwischen ihm und einem
voraufgehenden Satz definiert wird.

Der Satz Pedro vio a un accidente ist ein in bezug auf unsere Grammatik total ungrammatischer Satz, denn er hat in keinem möglichen
Text eine korrekte Analyse (vgl. (343) und (340)). Pedro vio a una
casa ist dagegen als isolierter Satz zwar sehr stark abweichend,
er ist aber ein partiell grammatischer Satz, denn er hat in bestimmten Texten eine korrekte Analyse, nämlich als Emphasesatz mit quasi-
identischem Vorgänger, der ebenfalls die Präposition vor dem Objekt
enthält (vgl. (342)). Dies Ergebnis ist nicht trivial, denn der Satz
wird als so stark abweichend empfunden, daß man es nicht für möglich
hält, daß er eine korrekte Analyse haben könnte.

Aus den Definitionen (345) 1. und 2. folgt nun ferner, daß ein ungrammatischer Satz in einem Text T durchaus in einem anderen Text T'
vollständig grammatisch sein kann sowie daß ein in einem Text T vollständig grammatischer Satz in einem anderen Text T' ungrammatisch
sein kann. Nehmen wir zur Illustration einmal an, daß der Satz Pedro
vio a una mujer einen korrekten Text bildet - obwohl dies sich trotz
der Akzeptierbarkeit des Satzes als "Satz" durchaus als unmöglich
erweisen könnte. Da wir angenommen haben, daß der Text korrekt ist,

d.h. in der Grammatik eine korrekte Analyse hat, ist der Satz, aus
dem er besteht, vollständig grammatisch im Sinne von (345) 1. In
einem Emphasetext, in dem der Satz Pedro vio a una mujer ein Emphasesatz ist, dem ein nicht die Präposition vor dem Objekt enthaltender
quasi-identischer Vorgängersatz vorausgeht, ist der Satz dagegen ungrammatisch.

Sämtliche in § 2.1. zitierten Besser-als-Beziehungen können wir nun
durch die Annahme erklären, daß Besser-als-Beziehungen zwischen Sätzen auf Unterschiede in der Höhe des Grammatikalitätsgrades zurückgeführt werden können. Ist der Grammatikalitätsgrad eines Satzes S
höher als der Grammatikalitätsgrad eines Satzes S', so wird S als
"besser" empfunden als S'.

Die Aussage, daß ein gegebener Satz ein partiell grammatischer Satz
ist oder nicht, reflektiert nun in jedem Fall linguistisch signifikante Regularitäten. Es ist jedoch dabei erforderlich, solche Aussagen mit Hilfe von Verifikationsverfahren nachprüfbar zu machen.
Hierzu ergibt sich nun aus unseren Beobachtungen folgende Hypothese
hinsichtlich der Testbarkeit von Aussagen über isolierte - d.h. unabhängig von Textzusammenhängen betrachtete - Sätze:

(346) Es ist prinzipiell unmöglich, ein Verfahren auszuar-
      beiten, mit dessen Hilfe ohne Bezugnahme auf Texte
      getestet werden kann, ob ein gegebener isolierter
      Satz ein partiell grammatischer Satz ist oder nicht.

Diese Hypothese basiert auf der Tatsache, daß die sprachliche Kompetenz der Sprecher einer Sprache nicht ausreichend ist, um prinzipiell
für jeden beliebigen Satz entscheiden zu können, ob es Texte in der
betreffenden Sprache gibt, in denen der Satz wohlgeformt ist, oder
nicht. So wird z.B. ein Satz wie Pedro vio a una casa als in so hohem Grade abweichend empfunden, daß in diesem Falle nicht nur eine
Testfrage wie

(347) Halten Sie diesen Satz für korrekt?

sondern auch Fragen wie

(348) Halten Sie es für möglich, daß dieser Satz Ihnen in
      irgendeinem Text als korrekt gebildet erscheinen könnte?

von einem Sprecher der spanischen Sprache normalerweise ohne Zögern
mit Nein beantwortet werden. Wir wissen jedoch, daß der Satz ein partiell grammatischer Satz ist, da er in bestimmten Texten als Emphasesatz vollständig grammatisch sein kann.

Selbst eine bejahende Antwort auf (348) führt noch nicht zur Auffindung von Emphasetexten. Da jedoch zum Beweis der partiellen Grammatikalität von Pedro vio a una casa die Auffindung von Emphasetexten
erforderlich ist, ist jede beliebige Testfrage zu dem isolierten Satz
für diesen Zweck nutzlos. Nur ein Verfahren, das Satzfolgen in bezug
auf ihre Texteigenschaften testet, hat Aussicht darauf, den Nachweis
für die partielle Grammatikalität dieses Satzes zu erbringen.

Ein Satz mit einem sehr niedrigen Grammatikalitätsgrad ist oft schon
als isolierter Satz nicht mehr akzeptierbar. Dies ist deutlich der
Fall bei Pedro vio a una casa, der nur in bestimmten Emphasetexten
korrekt ist. Andererseits wird ein Satz mit einem sehr hohen Grammatikalitätsgrad auch als isolierter Satz akzeptierbar sein. Ein Beispiel hierfür wäre ein Satz wie Pedro vio a una mujer, der einerseits
in bezug auf unsere Grammatik (d.h. unter Berücksichtigung der Markierungsregeln, der Anwendbarkeit dieser Regeln auf ver, da dieses
Verb im Lexikon hinsichtlich der von diesen Regeln behandelten Merkmale keine Ausnahmemarkierung enthält, der Regeln (PREP), (D-PREP)
usw.) einen sehr hohen Grammatikalitätsgrad hat und andererseits auch
als isolierter Satz eindeutig akzeptierbar ist, obwohl es Texte gibt,
in denen er ungrammatisch ist.

Nun ist jedoch die Akzeptierbarkeit eines Satzes prinzipiell nicht
identisch mit der Grammatikalität des Satzes:

"The more acceptable sentences are those that are more likely to be
produced, more easily understood, less clumsy, and in some sense
more natural. The unacceptable sentences one would tend to avoid
and replace by more acceptable variants, wherever possible, in actual discourse.
The notion "acceptable" is not to be confused with "grammatical".
Acceptability is a concept that belongs to the study of performance,
whereas grammaticalness belongs to the study of competence. ... Like
acceptability, grammaticalness is, no doubt, a matter of degree
(...), but the scales of grammaticalness and acceptability do not
coincide. Grammaticalness is only one of many factors that interact

to determine acceptability. ... The unacceptable grammatical sentences often cannot be used, for reasons having to do, not with grammar,
but rather with memory limitations, intonational and stylistic factors, "iconic" elements of discourse, and so on. Note that it would
be quite impossible to characterize the unacceptable sentences in
grammatical terms. For example, we cannot formulate particular rules
of the grammar in such a way as to exclude them." (Chomsky(1965),
p. 11-12)

Diese Feststellungen sind für das Verständnis unseres Regelmechanismus von großer Bedeutung. Obwohl Chomsky (1965) den Begriff "Grammatikalität", den er als Terminus technicus verwendet, nicht in Abhängigkeit von dem Begriff "Text" definiert, gelten seine soeben zitierten Formulierungen auch für unseren im Hinblick auf Textregularitäten
näher spezifizierten Begriff "Grammatikalität". Wichtig für unseren
Regelmechanismus ist insbesondere die Feststellung, daß die Grammatik
nicht die Akzeptierbarkeit von Sätzen erklärt, sondern einzig und allein deren Grammatikalität sowie ihre syntaktischen, semantischen und
phonologischen Eigenschaften. Da die Akzeptierbarkeit eines Satzes
von vielen heterogenen außerlinguistischen Faktoren abhängig ist,
gibt es grammatische Sätze, die nicht akzeptierbar sind. Mit den Begriffen unseres Regelmechanismus ausgedrückt besagt das, daß es Sätze
gibt, die von der Grammatik ohne Verletzungen erzeugbar und gleichzeitig nicht akzeptierbar sind.

Nehmen wir als Beispiel die folgenden Sätze:

(349) Pedro vio a perros.

(350) Pedro vio perros.

Der Satz (350) ist besser als (349). Dieses Faktum können wir erklären, denn (350) hat in bezug auf unsere Grammatik einen höheren Grammatikalitätsgrad als (349):

(351) Relevante Analysen für den Satz (349):

	Subjekt	Verb	Objekt
1.	+ANIMADO(G) +HUMANO(G)	-TRIVIAL(G)	+ANIMADO(G) -HUMANO(G) +E(G)
	(Ist korrekt, falls der quasi-identische Vor- gängersatz die Präposition vor dem Objekt enthält.)		
2.	+ANIMADO(G) +HUMANO(G)	+SPECIAL(G) +EXTRASP(G)	+ANIMADO(G) -HUMANO(G) +PLUR(G) +g(G) -k(G) -E(G)

Bei 1. und 2. keine Verletzung von G-Regeln.

(352) Relevante Analysen für den Satz (350):

	Subjekt	Verb	Objekt
1.	+ANIMADO(G) +HUMANO(G)	-TRIVIAL(G)	+ANIMADO(G) -HUMANO(G) +E(G)
	(Ist korrekt, falls der quasi-identische Vor- gängersatz nicht die Präposition vor dem Ob- jekt enthält.)		
2.	+ANIMADO(G) +HUMANO(G)	+TRIVIAL(G)	+ANIMADO(G) -HUMANO(G) +PLUR(G) +g(G) -k(G) -E(G)
3.	+ANIMADO(G) +HUMANO(G)	-TRIVIAL(G) -SPECIAL(G)	+ANIMADO(G) -HUMANO(G) +PLUR(G) +g(G) -k(G) -E(G)

4.	+ANIMADO(G) +HUMANO(G)	+SPECIAL(G) -EXTRASP(G)	+ANIMADO(G) -HUMANO(G) +PLUR(G) +g(G) -k(G) -E(G)

Bei 1. bis 4. keine Verletzung von G-Regeln.

Nun läßt sich beobachten, daß (349) nicht akzeptierbar ist. Dagegen
wird (350) auch als isolierter Satz akzeptiert. Da kein Emphasetext
vorliegt, können wir die Nicht-Akzeptierbarkeit von (349) nur dann
erklären, wenn wir annehmen, daß der Sprecher-Hörer, der mit dem
Satz konfrontiert wird, nicht geneigt ist, die korrekte Analyse (351)
2. aufzunehmen, das heißt er versieht den Satz normalerweise nicht
mit einer besonderen Interpretation, die darüber hinaus besagt, daß
das von dem Satz Ausgesagte außerhalb der Erwartung liegt. Anders
formuliert, der Sprecher ist geneigt, den Satz mit der Analyse (352)
3. oder (352) 4. zu apperzipieren, d.h. mit einer Analyse, bei der
dieser in unserer Grammatik stets eine Verletzung enthält.

Inkorporieren wir den Satz (349) in einen größeren Text bestimmter
Art, in dem er nicht Anfangssatz ist, oder versehen wir ihn mit
kleinen Veränderungen - wie etwa durch Anfügen des Adjektivs invisibles an das Nomen perros - so erhöht sich die Akzeptierbarkeit
des Satzes. Offenbar ist die Verwendung des Symbols [+EXTRASP(G)]
nicht dem Belieben des Sprecher-Hörers überlassen. Die Beschränkun-
gen, die der Wahl dieses Symbols auferlegt sind, lassen sich jedoch
nicht mit rein grammatischen Mitteln beschreiben. Weitgehende Kenntnisse von der Struktur des Universums im allgemeinen sind hierbei
ebenso von Bedeutung wie stilistische Faktoren im besonderen. Hier
haben wir ein Beispiel, das besonders deutlich Chomskys Feststellung
demonstriert: "Grammaticalness is only one of many factors that interact to determine acceptability."[111]

Hiermit ist nun nicht gemeint, daß in solchen Fällen die Setzung der
Präposition a vor dem direkten Objekt direkt von stilistischen Faktoren abhängig ist. Es handelt sich im wesentlichen nicht um eine
stilistische Erscheinung, denn es wäre wenig sinnvoll, die grammatischen Regeln, die zur Einsetzung von Präpositionen in bestimmte Strukturen führen, als stilistische Regeln aufzufassen, da damit die Grammatik aufhören würde, eine Erklärung für die Sprachkompetenz zu sein.

Bei einer Struktur wie (351) 2. erzeugt unsere Grammatik jeweils
einen Satz ohne Verletzungen - wobei sie die in § 9.5. zitierten Beobachtungen erklärt -; wann jedoch der Sprecher eine Struktur wie
(351) 2. wählt, d.h. insbesondere wann und unter welchen Bedingungen
er das Symbol [+EXTRASP(G)] bei der Verwendung seiner Grammatik be-
nutzt, liegt außerhalb der Explicanda der Grammatiktheorie.

Die in § 2.1. genannten Besser-als-Beziehungen, die Ausgangspunkt
unserer Untersuchung waren, sind durch Unterschiede in der Höhe des
Grammatikalitätsgrades im Sinne von (345) 5. erklärbar. Dies bedeutet jedoch nicht, daß jede beliebige Besser-als-Beziehung zwischen
Sätzen auf diese Weise zu erklären ist. Prinzipiell gehören Besser-
als-Beziehungen in den Bereich der Akzeptierbarkeit, zu deren Erklärung die Grammatikalität als ein bedeutender - wenn auch nicht al-
leiniger - Faktor beiträgt.[112]

10.2. TEXTTHEORIE UND PRÄPOSITIONALITÄT

Kernstück des in den voraufgehenden Kapiteln entwickelten Regelmechanismus sind die Transformationsregeln (PREP), (D-PREP) und (TA)
sowie die Markierungsregeln, die das 'u' vor den lexikalischen R-
und DS-Merkmalen zu (PREP) und (D-PREP) in 'm' verwandeln.[113] Hierbei stellte sich heraus, daß das präpositionale direkte Objekt im
wesentlichen auf ein kompliziertes Zusammenwirken von vier Faktoren
zurückzuführen ist:

1. Zugehörigkeit der Zentralnomina von Subjekt und Objekt zu bestimmten Nominalklassen,
2. Kontextbeziehungen zwischen den Sätzen eines Textes, insbesondere Referenzeigenschaften der Nomina im Objekt,
3. Zugehörigkeit der Verben zu bestimmten durch syntaktisch-seman-
   tische Merkmale charakterisierbaren Verbalklassen,
4. Idiosynkratische Eigenschaften einzelner Verben, die im Lexikon als Ausnahmen zu kennzeichnen sind.

Besondere Bedeutung kommt dem zweiten Faktor zu, der zu der Annahme
führt, daß die Grammatik nicht nur Sätze, sondern Texte erzeugen muß.
Die Argumente, auf denen diese Annahme beruht, sind nicht deshalb
zwingend, weil sie die Darstellbarkeit von Textregularitäten als solchen demonstrieren, sondern weil sie zeigen, daß die innere Struktur
einzelner Sätze von der Struktur des jeweiligen Textes abhängig ist,

in dem sie auftreten. Diese Abhängigkeit ist solcher Art, daß sie
Eigenschaften der Sprachkompetenz (wie z.B. in unserem Falle die
Setzung einer Präposition vor dem direkten Objekt) reflektiert.[114]
Die Erklärung solcher Erscheinungen kann also prinzipiell nicht auf
eine Theorie der Sprachverwendung abgeschoben werden.

Unsere Arbeit liefert somit einen zwingenden Beweis für die Annahme,
daß die Grammatik einer natürlichen Sprache nicht nur Sätze, sondern
Texte erzeugen muß. Den Beweis haben wir dadurch angetreten, daß wir
in § 2.2. und in § 2.4. verschiedene Regelmechanismen entwickelt haben, die in plausibler Weise eine Menge von wesentlichen Fakten erklären, ohne auf Texteigenschaften zu rekurrieren. Diese Regelmechanismen waren jedoch nicht in der Lage, die in § 2.1. beobachteten
Unterschiede hinsichtlich der Grammatikalität von Sätzen zu erklären.
In den darauf folgenden Kapiteln haben wir dann gezeigt, daß diese
Fakten erklärt werden können, wenn man nicht von Sätzen, sondern von
Texten ausgeht. Die in § 2.3.1. und § 2.4.3. formulierten Einwände
gegen die beiden Regelmechanismen gelten mutatis mutandis für jeden
beliebigen Regelmechanismus, der nicht Texteigenschaften reflektiert.
Mit anderen Worten, wir haben den Beweis für die Annahme, daß die
Grammatik einer natürlichen Sprache Texte erzeugen muß, dadurch ge-
liefert, daß wir nicht nur gezeigt haben, daß es eine Menge von Fakten gibt, die durch die Bezugnahme auf Texteigenschaften erklärt
werden können, sondern gleichzeitig auch gezeigt haben, daß dieselbe Menge von Fakten ohne auf Texteigenschaften zu rekurrieren
nicht erklärt werden kann. Die Annahme ist also nicht lediglich plausibel gemacht, sondern zwingend bewiesen.[115]

Dieser Beweis gilt unabhängig davon, ob die von uns formulierten Regeln (PREP), (D-PREP) und (TA) sowie die mit diesen Regeln in unmit-
telbarem Zusammenhang stehenden zusätzlichen Annahmen für die Erklärung des präpositionalen direkten Objekts im Spanischen in jeder Hinsicht angemessen sind. Angesichts des gegenwärtigen Tempos der Er-
forschung der universalen Eigenschaften von Grammatiken muß sogar mit
Sicherheit angenommen werden, daß ein Teil unserer Annahmen zu revidieren ist. Andererseits können auch aus rein empirischen Gründen
Modifizierungen unseres Regelmechanismus erforderlich werden, da -
wie im Falle einer jeden in Raum und Zeit begrenzten Untersuchung -
viele Fakten von der Beobachtung ausgeschlossen bleiben mußten.[116]

Wenn wir nun die im Laufe dieser Arbeit genannten Textregeln
(EL-S/+id), (EL-S/+c) usw. näher betrachten, so zeigt sich, daß sie
keine speziellen Eigenschaften der spanischen Sprache reflektieren,
sondern Teil einer generellen Charakterisierung des Begriffes "Text
einer natürlichen Sprache" sind. Dasselbe kann auch für die Textregel (EMPHASE) vermutet werden, wenn man annimmt, daß jede Sprache
die Möglichkeit der "Hervorhebung" eines Elementes in einem Satz besitzt. Dieses hervorgehobene bzw. hervorzuhebende Element wird dann
durch die universale Textregel (EMPHASE) formal gekennzeichnet, wobei diese Kennzeichnung danach durch für jede Sprache gesondert zu
formulierende G-Regeln in entsprechende Oberflächenstrukturen über-
führt wird. Im Unterschied zu den Textregeln selbst sind dagegen die
Eintragungen in die Liste der Kombinationsbeschränkungen für Textregeln - soweit wir aus unserem Beispiel, der Eintragung zu (EMPHASE)
für die spanische Grammatik, ersehen können - Charakterisierungen von
speziellen Eigenschaften einzelner Sprachen.

Sollten sich diese - weitgehend spekulativen - Überlegungen als richtig erweisen, dann liefern sie eine gewisse Plausibilität für folgende Hypothesen:[117)]

(353) a. <u>Textregeln</u> sind universale Transformationsregeln, die
         aus Basistextmarkern abgeleitete Textmarker erzeugen,
         die Eingabe in den Transformationsteil der Grammatik
         sind.
      b. Zur Grammatik G einer jeden Sprache L gibt es eine
         <u>Liste der Kombinationsbeschränkungen für Textregeln,</u>
         die für jede Textregel T, für die es zu G eine Ein-
         tragung gibt, festlegen, welche Strukturen bei An-
         wendung von T in G erlaubt sind.[118)]

Mit diesen Hinweisen wollen wir unsere Untersuchung beenden. Wir haben uns bemüht, unsere Annahmen explizit und nachprüfbar zu machen.
Dadurch wird gegebenenfalls jeder einzelne Schritt widerlegbar. Der
provisorische Charakter der meisten unserer Annahmen, auf den wir
mehrfach hingewiesen haben, ist dann hierbei offensichtlich:

"Nevertheless, within modern linguistics, it is chiefly within the
last few years that fairly substantial attempts have been made to
construct explicit generative grammars for particular languages and
to explore their consequences. No great surprise should be occasioned

by the extensive discussion and debate concerning the proper formu-
lation of the theory of generative grammar and the correct descrip-
tion of the languages that have been most intensively studied. The
tentative character of any conclusions that can now be advanced concerning linguistic theory, or, for that matter, English grammar,
should certainly be obvious to anyone working in this area."

(Chomsky (1965), p.V)

In diesem Sinne ist auch diese Arbeit über das präpositionale direkte Objekt im Spanischen weder eine abgeschlossene noch abschließbare
Untersuchung, sondern ein Beitrag zur Diskussion.

1)

Ausgangspunkt für die zitierten Urteile über Eigenschaften bestimmter spanischer Sätze war hier - wie grundsätzlich bei allen
in der Arbeit genannten Fakten - zunächst die intuitive Kenntnis,
die der Autor selber von der spanischen Sprache, die er täglich
spricht, hat. Zusätzlich wurden jedoch in jedem Falle entsprechende Tests mit muttersprachlichen Sprechern des Spanischen - jungen
Wissenschaftlern und Studenten aus Peru und Argentinien - durchgeführt. Alle im Laufe dieser Arbeit genannten Fakten sind somit
Resultate von Tests. Ein Testergebnis wurde erst dann in die Arbeit als Faktum übernommen, wenn es bei mehreren - zeitlich unabhängig voneinander vorgenommenen - identischen Tests gleich lau-
tete.

In der überwiegenden Mehrzahl der im Laufe der Arbeit zitierten
Fälle erwies es sich als unmöglich, zu einem einzelnen Satz mit
oder ohne die Präposition auf Fragen wie

(i) Ist dieser Satz korrekt?
(ii) Ist dieser Satz inkorrekt?

eine eindeutige Antwort zu erhalten. Wir haben deshalb außer den
Fragen zu den bereits genannten Besser-als-Beziehungen zwischen
Sätzen mit unterschiedlicher lexikalischer Belegung des Objekts
folgendes Verfahren angewandt: Wir stellen jeweils zwei Sätze,
einen Satz S mit der Präposition a vor dem Objekt und einen präpositionslosen Satz S', einander gegenüber, wobei S und S' bis
auf die Anwesenheit bzw. Abwesenheit der Präposition identisch
sind. Zu solchen Satzpaaren werden dann Fragen gestellt wie:

(iii) Welcher von beiden Sätzen ist normaler bzw. natürlicher?

Jeden unter diesen Bedingungen als "weniger normal" bzw. "weniger
natürlich" bewerteten Satz haben wir mit * gekennzeichnet. Wir
nennen einen solchen Satz "abweichend", wobei die Grade der Abweichung - da sie nicht unmittelbar meßbar sind - im wesentlichen
unberücksichtigt bleiben. Die Grammatik wird dann so aufgebaut,
daß sie die "abweichenden" von den "nicht-abweichenden" Sätzen
unterscheidet. Das Zeichen * vor einem Satz und der Terminus "abweichend" bedeuten also nicht in jedem Falle, daß zu dem betreffenden Satz die Frage (i) negativ beantwortet wird. Auf eine Weise, die wir an dieser Stelle nicht vorwegnehmen können, ermöglicht
gerade dieses Verfahren, im Laufe der Untersuchung nicht-triviale
Aussagen über Grammatikalitätsgrade zu erarbeiten.

Die einzige Ausnahme bei der Verwendung des Zeichens * macht das
Satzpaar (1)(b). Hier haben wir willkürlich - da selbst die Beantwortung von (iii) Schwierigkeiten bereitet - aus rein darstel-
lungstechnischen Gründen Pedro vio al gato mit dem Sternchen gekennzeichnet. In den folgenden Kapiteln betrachten wir diesen Satz
vorläufig als "abweichend", wobei es sich im Laufe der Untersuchung - insbesondere ab § 2.5. - herausstellen wird, in welchem
Sinne dieser Satz "nicht-abweichend" ist. Das "endgültige" Ergebnis können wir erst in § 10. formulieren.

2)

Hier ist es besonders wichtig, daß Testfragen dieser Art unabhängig voneinander gestellt werden. Andernfalls könnte der Fall ein-

treten, daß die Beurteilung der Sätze (a) beispielsweise fälschlich übertragen wird auf die übrigen Sätze und ein Satz wie (1)
(d)* gewaltsam etwa so interpretiert wird, als wäre accidente
nicht ein Unfall sondern der Spitzname einer Person. Mit einer
solchen - allerdings recht ausgefallenen - Interpretation wäre
der Satz wieder in gewissem Sinne als nicht-abweichend zu betrachten. Er hätte dann jedoch weniger mit seinem präpositionslosen
Partner als vielmehr mit dem nicht-abweichenden Satz (1)(a) zu
tun. In allen Fällen, in denen ich Sprechern der spanischen Sprache diese Testfragen unabhängig voneinander stellte, erhielt ich
die genannten Antworten für den Normalfall: die Sätze (d)* wurden
einerseits als inkorrekt angesehen und andererseits als gleichbedeutend mit ihrem präpositionslosen Partner interpretiert.

3)
Die Angabe [+DEFINIDO oder -DEFINIDO] unter ART in der Struktur
(3) ist hier eine vereinfachende Schreibweise für zwei Stammbäume,
die sich nur darin unterscheiden, daß in dem einen die Konstituente ART ein komplexes Symbol mit dem Merkmal [+DEFINIDO] und in dem
anderen dieselbe Konstituente ein komplexes Symbol mit dem Merkmal
[-DEFINIDO] dominiert. Von den verwendeten Symbolen steht 'S' für
"Satz", 'NP' für "Nominalphrase", 'VP' für "Verbalphrase", 'N' für
"Nomen", 'V' für "Verb" und 'ART' für "Artikel". Für weitere technische Einzelheiten über Sinn und Funktion der Basisstrukturen
vgl. § 2.4.

4)
Da durch diese Konvention beliebige lexikalische Einheiten in die
lexikalischen Glieder komplexer Symbole eingesetzt werden, muß die
Grammatik einen Mechanismus enthalten, durch den die gewünschten
Fälle von den nicht gewünschten unterschieden werden. Mit anderen
Worten, die erzeugten Sätze müssen in der Grammatik in irgendeiner
Weise danach gekennzeichnet werden, ob sie abweichend sind oder
nicht. Dies geschieht hier dadurch, daß komplexe Symbole in der
Tiefenstruktur durch folgende Gesichtspunkte charakterisiert wer-
den:

a) Stimmen alle lexikalischen syntaktischen Merkmale einer in
   das lexikalische Glied eines komplexen Symbols eingesetzten
   lexikalischen Einheit im Vorzeichen überein mit den entsprechenden grammatischen syntaktischen Merkmalen desselben von
   der Basis entwickelten komplexen Symbols, so nennen wir die
   beiden Glieder miteinander vereinbar.

b) Enthält das grammatische Glied eines komplexen Symbols ein Merkmal, das unvereinbar ist mit dem entsprechenden lexikalischen
   Merkmal des lexikalischen Gliedes desselben komplexen Symbols,
   so sagen wir, daß das komplexe Symbol eine Verletzung definiert.

c) Jeden von der Grammatik erzeugten Satz, der eine oder mehrere
   Verletzungen enthält, nennen wir ungrammatisch.

Nehmen wir zur Illustration einige - stark vereinfachte - Beispiele:

(i) $\left[\begin{array}{l}\text{+N (G)} \\ \text{+HUMANO (G)} \\ \\ \text{,}\end{array}\right.$

(ii) $\left[\begin{array}{ll}\text{+N (G)} & \text{+N (L)} \\ \text{+HUMANO (G)} & \text{+HUMANO (L)} \\ & \text{, } \underline{\text{mujer}}\end{array}\right.$

(iii) $\left[\begin{array}{ll}\text{+N (G)} & \text{+N (L)} \\ \text{+HUMANO (G)} & \text{-HUMANO (L)} \\ & \text{, } \underline{\text{casa}}\end{array}\right.$

(iv) $\left[\begin{array}{ll}\text{+N (G)} & \text{+N (L)} \\ \text{-HUMANO (G)} & \text{+HUMANO (L)} \\ & \text{, } \underline{\text{mujer}}\end{array}\right.$

Beispiel (i) zeigt ein komplexes Symbol so wie es von den Basisregeln der Grammatik erzeugt wird. Das lexikalische Glied ist
dementsprechend noch leer. Die Beispiele (ii) bis (iv) zeigen
komplexe Symbole nach Einsetzung einer lexikalischen Einheit in
das lexikalische Glied und nach erfolgter Interpretation der Vorzeichen u und m der lexikalischen Merkmale in entsprechende "+"
oder "-". In (ii) stimmen die Vorzeichen der grammatischen Merkmale mit den Vorzeichen der entsprechenden lexikalischen Merkmale
überein. (ii) enthält also keine Verletzung, und die beiden Glieder von (ii) sind miteinander vereinbar. Die Beispiele (iii) und
(iv) enthalten dagegen je eine Verletzung, da die Vorzeichen der
Merkmale [HUMANO] nicht übereinstimmen.

5)

Wir haben hier vernachlässigt, daß es Fälle gibt, in denen es
wünschenswert ist, daß in das lexikalische Glied eines komplexen
Symbols keine lexikalische Einheit aus dem Lexikon eingesetzt
wird. Dies betrifft Fälle wie Nominalisierungen u.a. Das hierzu
erforderliche Verfahren - das für unseren Zusammenhang irrelevant
ist - deuten wir in § 2.4.1. an.

6)

Zu den Begriffen "Verletzung", "vereinbar" usw. vgl. Anmerkung 4).

7)

Hier wird natürlich vorausgesetzt, daß der Satz nicht zusätzlich
weitere Verletzungen enthält. Ferner setzen wir an dieser Stelle
zunächst noch voraus, daß es eine generelle Konvention gibt, nach
der eine obligatorische Transformationsregel angewendet werden
muß, falls die strukturelle Beschreibung der Regel erfüllt ist.
Später werden wir diese Konvention aus bestimmten Gründen modifizieren.

8)

Es handelt sich bei diesen Interpretationsregeln um fünf Metaregeln, die wir bereits in § 1. aufgeführt haben. Für weitere Einzelheiten zu den R- und DS-Merkmalen vgl. Lakoff (1965).

9)

Rein technisch ließe sich natürlich ein Mechanismus aufzeigen,
der auf Grund von mehreren Verletzungen in der Tiefenstruktur
Sätze wie (4)(a) mittels Anwendung von (R 1) erzeugt. Ein solcher
Mechanismus wäre jedoch willkürlich und würde nicht unsere intuitive Auffassung von solchen Sätzen widerspiegeln, die besagt, daß
hier eine Regel - nämlich die, welche die Präposition a einführt -
unabhängig vom Merkmal [+HUMANO] angewendet wurde.

10)

Nach Lakoff (1965) gibt es zwei Arten von Transformationsregeln:
Hauptregeln und Nebenregeln. Hauptregeln werden auf Normalfälle
angewendet, nicht aber auf Ausnahmen. Nebenregeln werden dagegen
nur auf Ausnahmen, nicht aber auf Normalfälle angewendet. Auf weitere Einzelheiten hierzu werden wir noch näher eingehen.

11)

Es ergibt sich noch eine vierte Möglichkeit:

(d) Die strukturelle Beschreibung von (R 2) ist nicht erfüllt
    und (R 2) ist angewendet worden.

Diese Möglichkeit ist aber auf Grund der generellen Definition
des Begriffes "Transformationsregel" ausgeschlossen: Die strukturelle Veränderung einer Transformationsregel kann nur dann erfolgen, wenn die strukturelle Beschreibung erfüllt ist. Es ergibt deshalb keinen Sinn, ein mit minus markiertes grammatisches
DS-Merkmal neben einem mit plus markierten grammatischen R-Merkmal zu haben, und eine Kombination wie [-DS(Ri)(G) und +R(Ri)(G)]
wird also nie vorkommen.

12)

Hier wird angenommen, daß die uns interessierende Information
über die Anwendung bzw. Nicht-Anwendung unserer Regel (R 2) und
über die damit verbundenen Verletzungen im komplexen Symbol unter N in der Position des Objekts enthalten ist. Diese Annahme
operiert mit dem von Lakoff (1965) vorgeschlagenen Begriff der
"Regelrektion": In jedem P-Marker, auf den eine Transformationsregel angewendet wird, ist eine und nur eine lexikalische Einheit
enthalten, die diese Regel regiert. Nur diese lexikalische Einheit kann eine Ausnahme zu der Regel sein.

13)

Genau genommen ist dies nicht ganz korrekt, denn der präpositionslose Satz von (2)(a) ist nicht als abweichend bewertet worden und
würde nach den eben formulierten Annahmen dennoch eine Verletzung
enthalten: mujer enthält das Merkmal [+HUMANO (L)], und das betreffende komplexe Symbol enthält im Falle der Nicht-Anwendung
von (R 2) eine Verletzung, d.h. die Kombination (I)(b). Unser
jetziger Regelmechanismus ist also in diesem Punkte empirisch
nicht angemessen.

Wir wollen annehmen, daß es zu jeder Grammatik eine Liste gibt,
in der alle fakultativen Regeln eingetragen sind, und daß eine
generelle Prozedur garantiert, daß in den betreffenden Fällen
keine Verletzung zustandekommt. Zur Erklärung von Fällen wie

(2)(a) im Unterschied zu allen übrigen Fällen müßte eine solche
Prozedur besagen, daß Regel (R 2) fakultativ ist, wenn die die
Regel regierende lexikalische Einheit ein Nomen ist, das das
Merkmal [+HUMANO(L)] enthält und den unbestimmten Artikel vor
sich hat. Die Prozedur müßte also nicht nur auf bestimmte Merkmale des betreffenden komplexen Symbols, sondern auch auf Eigenschaften der Konstituentenstruktur des abgeleiteten Satzes Bezug
nehmen.

Versuchen wir zunächst anzugeben, wie die entsprechende Eintragung in die Liste der fakultativen Regeln aussehen könnte. Wir
nehmen an, jede solche Eintragung besteht aus einem geordneten
Paar (A, B), wobei A ein Regelname und B eine auf die Oberflächenstruktur bezogene Umgebungsangabe ist. B kann auch leer sein.
In unserem Fall können wir dann folgende Eintragung annehmen:

"(R 2); [-DEFINIDO] [+N, +HUMANO, _____]"

Die generelle Prozedur für Eintragungen der Liste der fakultativen Regeln nimmt diese Eintragung als Eingabe und gibt folgende
Regel aus:

$$[\underline{u}\ R(R\ 2)(L)] \longrightarrow [\alpha R(R\ 2)(L)]\ /\ [-DEFINIDO] \begin{bmatrix} \underline{u}\ DS(R\ 2)(L) \\ \alpha\ R(R\ 2)(G) \end{bmatrix}$$

Diese Regel assimiliert das Vorzeichen des lexikalischen Regelmerkmals, falls es im Lexikon mit u markiert war, an das Vorzeichen des grammatischen Regelmerkmals derselben Regel. Da das
grammatische Regelmerkmal an der Stelle, wo diese Regel angewendet wird - d.h. nach Abschluß der transformationellen Ableitung
eines Satzes - die Information über Anwendung oder Nicht-Anwendung von (R 2) enthält, wird dadurch, daß die obige Regel die
Gleichheit der betreffenden Vorzeichen erzeugt, gleichzeitig garantiert, daß diese Vorzeichen in keinem Falle eine Verletzung
definieren können. Mit anderen Worten, weder durch Anwendung noch
durch Nicht-Anwendung der fakultativen Regel kann eine Verletzung
entstehen.

14)
Genau genommen sind die Vorzeichen u und m bei den lexikalischen
syntaktischen Merkmalen von (6) - im Unterschied zu den Markierungen vor DS- und R-Merkmalen - an dieser Stelle nicht mehr gegeben, da sie bereits in der Tiefenstruktur als '+' oder '-'
interpretiert worden sind.

15)
Nach der sogenannten "universal base hypothesis" sind die Basisregeln universal und müssen als Teil einer generellen Charakterisierung des Begriffes "menschliche Sprache" angesehen werden. Da
jedoch einerseits die Konsequenzen einer solchen Hypothese zur
Zeit noch nicht in vollem Umfang übersehen werden können und da
andererseits über die konkrete Form der erforderlichen Basisregeln noch zu wenig bekannt ist, wollen wir die hier aufgeführten
Regeln lediglich als ein provisorischer Vorschlag für eine Auswahl von möglichen Basisregeln der spanischen Grammatik verstanden wissen.

16)
Für die Annahme einer Konstituente SA findet sich eine Motivierung in Katz-Postal (1964). Diese Konstituente enthält Angaben

wie NEG für die Negation, Q für Fragesätze oder I für Imperativ-
sätze.

17)

Zur Illustration des Unterschiedes zwischen den von den Basisregeln erzeugten Tiefenstrukturen einerseits und den Oberflächenstrukturen andererseits sei hier auf das Standardbeispiel der
Passivkonstruktionen hingewiesen: Was in der Tiefenstruktur Objekt eines Aktivsatzes ist, wird durch die Passivtransformation
zum Subjekt eines Passivsatzes. Darüber hinaus ist grundsätzlich
das zu beachten, was Postal (1966) folgendermaßen formuliert:

"In such a grammar it makes no sense to ask such traditional
questions as: 'Is such and such occurrence of form F a noun?'.
It only makes sense to ask such questions contextually with
respect to a specified structure. That is, one can ask whether
such and such occurrence of a form F is a noun in the Deep
structure, a noun in such and such intermediate structure, a
noun in the Surface structure of the sentence, etc. The answer
to some of these questions may be yes, to others no without
contradiction. Furthermore and equally importantly, the fact
that an element is present in the Surface form does not mean
it was present in the Deep structure and, conversely, absence
from the Surface form does not necessarily entail absence from
the Deeper aspect of grammatical structure."

18)

Wir benutzen im folgenden den Terminus "syntaktisches Merkmal"
für alle Merkmale, die durch Basisregeln eingeführt werden,
unabhängig davon, daß einige dieser Merkmale gleichzeitig eine
semantische Interpretation haben. Denselben Terminus verwenden
wir für die diesen Merkmalen entsprechenden lexikalischen Merkmale wie [+HUMANO(L)] usw.

19)

Verben und Adjektive gehören zur gleichen Hauptkategorie:

$$
\underset{\begin{bmatrix} +V(G) \\ +ADJ(G) \\ \underline{grande} \end{bmatrix}}{\overset{VERB}{|}}
\qquad
\underset{\begin{bmatrix} +V(G) \\ -ADJ(G) \\ \underline{mirar} \end{bmatrix}}{\overset{VERB}{|}}
$$

Diese - von Paul Postal vorgeschlagene - Annahme ist recht gut
motiviert (vgl. Lakoff (1965), Appendix A).

20)

Beispiele:

[+STAT(G)]: implicar, saber, grande, alto, ...

[-STAT(G)]: correr, arrastrar, amable, bullicioso, ...

(Vgl. hierzu Lakoff (1966))

21)

[-REFL(G)]: lavar una cosa, ...

[+REFL(G)]: imaginarse una cosa, ...

Verben, die in der Tiefenstruktur [+REFL(G)] haben, können das
Reflexivum nicht mit a sí mismo usw. verstärken:

(i)   Pedro se lavó.
(ii)   Pedro se lavó a sí mismo.
(iii) Pedro se imaginó una cosa.
(iv) *Pedro se imaginó a sí mismo una cosa.

22)

Adverbien werden wir in Zusammenhang mit unserem Problem nicht
untersuchen. Lakoff (1965) nimmt an, daß Adverbien in der Tiefenstruktur Adjektive sind und auf übergeordnete Sätze zurückgehen. Wenn diese Annahme korrekt ist, dann enthalten Tiefenstrukturen keine Konstituente "ADVERB". Wir werden diese Probleme nicht näher diskutieren.

23)

Eine Regel, die auf alle transitiven Verben - unabhängig von der
Anzahl der Objekte - Bezug nimmt, wird auf das Merkmal [+TRANS(G)]
rekurrieren. Gäbe es dieses Merkmal nicht, dann müßte eine jede
solche Regel disjunktiv auf zwei Merkmale - d.h. [+__NP(G)]
und [+__NP NP(G)] - rekurrieren, wobei die Grammatik eine Generalisierung vermissen lassen würde.

24)

Das Symbol 'S' ist ein rekursives Element, d.h. auf jedes von
einer Regel wie (vi) erzeugte 'S' werden die Basisregeln von der
ersten Regel an noch einmal angewendet. Eine so erzeugte Gesamtstruktur heißt generalisierter P-Marker. Die Grammatik enthält
dann eine Menge von Transformationsregeln, die die Wirkungsweise
eines Filters haben, d.h. sie überführen die Teilmenge der erzeugten generalisierten P-Marker in wohlgeformte Oberflächenstrukturen, während diejenigen generalisierten P-Marker, die von den
Transformationsregeln nicht in wohlgeformte Oberflächenstrukturen
verwandelt werden können, blockiert sind. Für weitere Einzelheiten zu dieser sogenannten "blocking grammar" vgl. Chomsky (1965).
Unser Modell weicht von den in Chomsky (1965) entwickelten Vorstellungen vor allem insofern ab, als es auf dem von Postal vorgeschlagenen Prinzip der direkten Erzeugung von partiell abweichenden Sätzen beruht, das wir im voraufgehenden Kapitel bereits
erläutert haben, d.h. viele abweichende Sätze werden von der Grammatik nicht blockiert, sondern direkt erzeugt und durch entsprechende Verletzungen in bezug auf die Art der Abweichung gekennzeichnet.

25)

Die Kreuzklassifizierung der Merkmale [ABSTR] und [ANIMADO] ermöglicht u.a. Unterscheidungen folgender Art:

(a) humanidad: +ABSTR, +ANIMADO, +HUMANO, ...

(b) humanidad: +ABSTR, -ANIMADO, ...

Die Teilcharakterisierung (a) hat humanidad in (i) und (b) in
(ii):

(i)   La humanidad ha aprendido mucho.
(ii) Los prisioneros fueron tratados con humanidad.

26)

Das Zentralnomen des Subjekts determiniert die Verbkongruenz:

(i)   *En la jarra está tres litros de leche.
(ii)   En la jarra están tres litros de leche.

Es gibt Nomina, die normalerweise keine Normalnomina sein können:

(iii) *He visto tres litros.
(iv) He visto tres litros de leche.

Die Präposition de zwischen dem Zentralnomen (litros) und dem
folgenden Nomen (leche) ist durch eine Transformation einzuführen.

27)

Steht im Zentralnomen des Subjekts - d.h. der unmittelbar vor
dem Verb stehenden NP - beispielsweise das Merkmal [+ANIMADO(G)],
so wird Regel (xv) dem Verb das Merkmal [+[+ANIMADO]___(G)] zu-
schreiben. Ein solches Merkmal besagt dann, daß das Verb ein belebtes Subjekt hat. Ebenso würde ein Merkmal wie [+[-ANIMADO]___
(G)] besagen, daß das Verb ein unbelebtes Subjekt hat.

28)

Ein Verb, dessen erstes Objekt z.B. im Zentralnomen [-ABSTR(G)]
und dessen zweites Objekt im Zentralnomen [+ABSTR(G)] enthält,
bekommt dann durch (xvi) das Merkmal [+___[-ABSTR](G)] und durch
(xvii) das Merkmal [+___NP[+ABSTR](G)].

29)

Beispiele für Selektionsmerkmale sind die in Anmerkung 27) und
28) genannten Merkmale [+[+ANIMADO]___(G)], [+[-ANIMADO]___(G)],
[+___[-ABSTR](G)], [+___NP[+ABSTR](G)]. Unsere Selektionsregeln
berücksichtigen das von Lakoff (1965) vorgeschlagene Prinzip der
Analysierbarkeit von kontextuellen Merkmalen, d.h. z.B. an Stelle eines Selektionsmerkmals, das besagt, daß ein Verb ein belebtes Subjekt, ein nicht-abstraktes erstes Objekt und ein abstrak-
tes zweites Objekt hat, gibt es für ein solches Verb die drei
Selektionsmerkmale [+[+ANIMADO]___(G)], [+___[-ABSTR](G)] und
[+___NP[+ABSTR](G)]. Die Probleme der strikten Subkategorisierung, die wir mit unseren in erster Linie illustrativen Regeln
keineswegs gelöst haben, bereiten einige nicht unerhebliche
Schwierigkeiten (vgl. hierzu z.B. Heidolph (1967)).

30)

Lakoff (1965) hat überzeugend nachgewiesen, daß das C der lexikalischen Einheiten (D,C) nicht lediglich eine Menge von Merkmalen ist, sondern Boolesche Funktionen über Merkmale enthalten muß.
Wir kommen hierauf noch in § 9. zurück.

31)

Wie aspirar in (10)(c) verhalten sich u.a. noch folgende Verben:
recurrir a un medio ilegal, asistir a la reunión, acudir a un
remedio, condescender a los ruegos, asentir a un dictámen,
contravenir a una ley, ...

32)

Für die Annahme, daß Artikel nicht bereits in Tiefenstrukturen
gegeben sondern transformativ einzuführen sind, finden sich über-
zeugende Motivierungen in Postal (1966). Zu (TA) vgl. Anm. 116).

33)

Die Verben und Adjektive dieses Typs haben charakteristischer-
weise auch dann die Präposition vor dem Objekt, wenn das Objekt
aus einem que-Satz besteht. Vgl. hierzu die Beispiele in Tarr
(1922).

34)

Wir beschränken uns hier auf die Betrachtung von Sätzen mit nur
einem Objekt. Zur Behandlung der Präpositionalität von Verben
mit zwei Objekten vgl. § 9.2.

35)

Auf einige Aspekte der Referenzeigenschaften werden wir in den
nächsten Kapiteln noch näher eingehen.

36)

'S' ist das rekursive Element. Vgl. Anmerkung 24).

37)

Daß der Artikel erst nach der Regel (R 3) eingeführt werden muß
ist eine notwendige Annahme, die sich aus der Formulierung von
(R 3) ergibt. In bezug auf (TA) ist es dagegen gleichgültig, ob
der Artikel vor oder nach (TA) eingeführt wird.

38)

Es handelt sich hier nach wie vor um die erste Annäherung an
unser Problem. In den folgenden Kapiteln werden wir noch wie-
derholt auf Sätze mit menschlichem Objekt zurückkommen.

39)

Dies bedeutet, daß recurrir in einer Bedeutung wie in (14)(a)
stets ein Objekt haben muß, vor dem die Präposition a steht.
Es läßt folglich auch keine Passivkonstruktion zu:

(i) *El medio ilegal fue recurrido por Pedro.

40)

Ein wohlgeformter Satz wie

(i) Pedro recurrió a un juez.

kann in unserer Grammatik auf mindestens zwei Wegen erzeugt werden: (1) Die DS von (R 3) ist erfüllt und (R 3) ist angewendet
worden, die DS von (TA) ist ebenfalls erfüllt und (TA) ist auch
angewendet worden. (2) Die DS von (R 3) ist - wegen der Anwesenheit von [+PREP(G)] - nicht erfüllt, die DS von (TA) ist erfüllt
und (TA) ist angewendet worden. Im Falle der Analyse (1) enthält
der Satz (i) Verletzungen, im Falle der Analyse (2) enthält (i)
keine Verletzung. Mit anderen Worten, ein Satz der Oberflächenstruktur - als Folge von Morphemen betrachtet - kann in der Grammatik mehrere Analysen haben, von denen einige korrekt und einige
inkorrekt sein können. So ist (2) eine korrekte Analyse von (i),
während (1) eine mögliche, aber inkorrekte Analyse von (i) ist.
Dieser Sachverhalt ist eine natürliche Konsequenz unseres Gramma-
tikmodells:
"We will say that a sentence, S, is fully grammatical with
 respect to a grammar, G, if it has at least one correct analysis with respect to G (that is, if it has at least one de-
 rivation in G with no incompatibilities). No matter how many
 possible incorrect analyses a sentence may have, we will still
 consider it fully grammatical if it has one correct analysis."
 (Lakoff (1965), Appendix B, p. B-3)

41)

Diese Beispiele zeigen deutlich, daß der abweichende Satz *Pedro
recurrió un medio ilegal auf mindestens zwei Wegen erzeugbar ist:

(i) Tiefenstruktur: $\begin{bmatrix} \text{+PREP(G)} & \text{+PREP(L)} \end{bmatrix}$

   Oberflächenstruktur: $\begin{bmatrix} \text{+DS(TA)(G)} & \text{+DS(TA)(L)} \\ \text{-R(TA)(G)} & \text{+R(TA)(L)} \end{bmatrix}$

(ii)Tiefenstruktur: $\begin{bmatrix} \text{-PREP(G)} & \text{+PREP(L)} \end{bmatrix}$

   Oberflächenstruktur: $\begin{bmatrix} \text{-DS(TA)(G)} & \text{+DS(TA)(L)} \\ \text{-R(TA)(G)} & \text{-R(TA)(L)} \end{bmatrix}$

(i) und (ii) sind zwei von mehreren möglichen inkorrekten Analysen des Satzes (unter Vernachlässigung vieler Einzelheiten). Da
die in den verschiedenen inkorrekten Analysen auftretende Anzahl
von Verletzungen unterschiedlich ist (die Analyse (ii) enthält
eine Verletzung mehr als (i)), würde das bedeuten, daß die Grammatik ein und demselben Satz unterschiedliche "Grade" oder "Arten" von Abweichung zuordnet. Dies stünde jedoch im Widerspruch
zu unserer intuitiven Auffassung von solchen Sätzen, denn es wird
nur eine ganz bestimmte Art von Abweichung empfunden: "Nach dem
Verb recurrió fehlt die Präposition a". Es muß also in der allgemeinen Grammatiktheorie entschieden werden, wie solche Fälle
angemessen zu behandeln sind. Wir wollen hierzu folgendes annehmen:
"We can define the notion 'degree of incorrect analysis' as the
number of incompatibilities in the sentence. ... We will say
that a sentence is 'deviant' or partially grammatical with respect to G if it has no fully correct analysis in G. Furthermore, we will define the degree of grammaticalness of a sentence as the lowest degree of incorrect analysis that it has."
(Lakoff (1965), Appendix B, p. B-2 f.)

Nach diesen Annahmen wird für unseren Beispielsatz die Analyse
(i) gezählt, nicht aber die Analyse (ii), den (i) enthält den
niedrigsten Grad von inkorrekter Analyse, d.h. die geringste Anzahl von Verletzungen. In § 10. werden wir zeigen, daß diese Annahmen nicht ausreichend sind, um die mit "Graden der Abweichung"
verbundenen Fakten zu erklären.

42)
Von dem Beispiel (21)(b)1. an handelt es sich jeweils um aus drei
Sätzen bestehende Texte. Zum Verständnis der angegebenen Bewertungen ist dabei folgendes zu beachten. Jeder nicht-erste Satz
dieser Texte darf nur mit einem einzigen stark hervortretenden
Satzakzent gesprochen werden, wobei die übrigen Akzente stark
herabgesetzt sind. (In Text (21)(b)1. tragen z.B. niña und mujer
den jeweils einzigen stark hervortretenden Satzakzent des zweiten
bzw. dritten Satzes.) Die unter diesen Bedingungen gestellten
Testfragen beziehen sich nicht auf einzelne Sätze, sondern jeweils
auf den gesamten Text. Hier werden also statt Satzpaaren Textpaa-
re bzw. Texttripel miteinander verglichen, wobei das Sternchen jeweils denjenigen Text kennzeichnet, der bei den genannten Akzentverhältnissen - und nur bei diesen Akzentverhältnissen - als abweichend bewertet wird. Die Testbedingungen für diese Texte wurden also von vorneherein so gestaltet, daß jegliche Bewertung bei
anderen als den genannten Akzentverhältnissen ausgeschlossen ist.

43)

Vergleichen wir folgende Emphasetexte:

(i)   Pedro vio a la niña. Pedro vio a la mujer. Pedro vio a
      la arena.
(ii) Pedro vio a la niña. Pedro vio a la mujer. Pedro vio la
      arena.
(iii) Pedro vio al sastre. Pedro vio al zapatero. Pedro vio
      al vino.
(iv) Pedro vio al sastre. Pedro vio al zapatero. Pedro vio
      el vino.

Unter den in Anmerkung 42) angegebenen Akzentverhältnissen werden diese Texte so interpretiert, daß das jeweils letzte Wort in
(i) und (iii) ein Diskontinuativum (arena = "Arena" oder "bestimmte Sandsorte" im Unterschied zu anderen Sandsorten, vino =
"bestimmte Weinsorte") und in (ii) und (iv) ein Kontinuativum
ist (arena = "Sand" im Unterschied zu "Wasser", "Holz", "Wein"
usw., vino = "Wein" im Unterschied zu "Wasser", "Sand" usw.).
Daß abstrakte Diskontinuativa, die keinen Vorgang bezeichnen,
sich wie konkrete Diskontinuativa verhalten, zeigen Beispiele
wie sustantivo in Emphasetexten folgender Art:

(v)   Pedro estudió a una niña. Pedro estudió a una mujer.
      Pedro estudió a un sustantivo.

44)

So ist z.B. der abweichende Text (24)(c)2. besser als der abweichende Text (25)(a)1.

45)

Möglicherweise sollte auch eine Rekursivität von TEXT angenommen
werden, um beispielsweise Fälle wie "quotes contexts" zu erklären, in denen Texte in Texte eingebettet erscheinen. Wir wollen
diese Probleme hier vernachlässigen.

46)

Der hier vorgeschlagene Begriff "generalisierter P-Marker" ist
eine natürliche Erweiterung des Begriffes "generalized Phrasé-
marker" in Chomsky (1965).

47)

Die G-Regeln sind im wesentlichen identisch mit den Regeln, die
Chomsky (1965) "singulary transformations" nennt. Sie werden in
folgender Weise angewendet:
"These [the singulary transformations] apply to generalized
Phrase-markers cyclically, in the following manner. First,
the sequence of transformational rules applies to the most
deeply embedded base Phrase-marker.(...) Having applied to
all such base Phrase-markers, the sequence of rules reapplies
to a configuration dominated by S in which these base Phrase-
markers are embedded (...), and so on, until finally the sequence of rules applies to the configuration dominated by the
initial symbol S of the entire generalized Phrase-marker."
(Chomsky (1965), p.134 f.)

48)

Wir vernachlässigen hier zunächst die Fälle, in denen ein Nomen
ein "Synonym" eines anderen Nomens ist und in einem Text auf denselben Gegenstand referiert wie dieses Nomen. Vgl. hierzu § 4.

49)

Wir wollen annehmen, daß alle Textregeln obligatorische Regeln
sind. Diese Annahme ist möglicherweise zu streng (vgl. dazu Anmerkung 56)).

50)

Regeln von der Art wie (32) sind möglicherweise als universale
Transformationsregeln zu betrachten. Selbstverständlich muß die
konkrete Form auch dieser Regeln vorläufig als sehr provisorisch
angesehen werden.

51)

Wir wollen annehmen, daß EMP in Tiefenstrukturen von der Konstituente SA dominiert wird. Wahrscheinlich muß SA dann noch weitere
Struktur enthalten, die "Bedeutungseigenschaften" von Emphasesätzen mit zu erklären hätte.

52)

Zu Problemen der Intonation und des Akzents vgl. Bierwisch
(1966).

53)

Vgl. § 2.5.1.

54)

"∧" ist ein Symbol für "und" und "∨" ein Symbol für "oder".

55)

Die Formulierung der Bedingungen 4) bis 7) ließe sich noch vereinfachen. In § 2.5.5. werden wir jedoch zeigen, aus welchen
Gründen diese Formulierung ohnehin als provisorisch angesehen
werden muß.

56)

Statt wie in (37)3. könnte der Begriff "Verletzung einer Textregel (Ri)" auch als ein Widerspruch zwischen Merkmalen definiert werden. Es könnte angenommen werden, daß nach einer generellen Konvention alle lexikalischen Einheiten mit '$\underline{u}$' markierte DS- und R-Merkmale zu Textregeln enthalten, auf die dann nach
erfolgter Ableitung einer Oberflächenstruktur folgende Konventionen angewendet werden:

(i) $[\underline{u}\,R(Ri)(T)] \longrightarrow [\alpha\,R(Ri)(T)]$ / $\left[\overline{\alpha\,DS(Ri)(T)}\right]$

(ii) $[\underline{u}\,DS(Ri)(T)] \longrightarrow [\alpha\,DS(Ri)(T)]$ / $\left[\overline{\alpha\,DS(Ri)(T)}\right]$

Wenn wir die DS- und R-Merkmale als konjunktiv verbunden betrachten und annehmen, daß [-R(Ri)] = nicht [+R(Ri)] ist, ergibt sich
hierbei immer dann, wenn das komplexe Symbol die Kombination
[+DS(Ri)(T)] und -R(Ri)(T)] enthält, der Widerspruch "[+R(Ri)(T)]
und nicht [+R(Ri)(T)]", denn (i) behandelt die mit '$\underline{u}$' verseh-
nen Regelmerkmale zu Textregeln analog zu der Art, in der obligatorische G-Regeln behandelt werden. Sollte es sich herausstellen, daß es neben den obligatorischen auch fakultative Textregeln gibt, dann müßte angenommen werden, daß diese in einer
Liste erfaßt sind und für jede solche fakultative Textregel (Ri)
an Stelle von (i) folgende Konvention anzuwenden ist:

(iii) $[\underline{u} \, R(Ri)(T)] \longrightarrow [\alpha \, R(Ri)(T)] \,/\, \boxed{\overline{\alpha R(Ri)(T)}}$

Zum gegenwärtigen Zeitpunkt ist mir kein Fall bekannt, in dem man eine fakultative Textregel annehmen müßte. Diese spekulativen Überlegungen mögen auf einige denkbare Möglichkeiten hinweisen. Im folgenden wollen wir jedoch zunächst weiterhin mit den in (37) formulierten Annahmen operieren.

57)

Zu Regeln dieser Art vgl. Lakoff-Peters (1966).

58)

Ferner müßte angenommen werden, daß die Kontrollprozedur, die die Emphasesätze und deren quasi-identische Vorgänger einerseits mit der Eintragung der Liste der Kombinationsbeschränkungen für Textregeln andererseits vergleicht, vor der Eliminierung von Subjekt und Verb des Emphasesatzes angewendet wird, da sie bei Fehlen des Verbs nicht korrekt anwendbar wäre. Hieraus ergeben sich weitere Probleme, auf die wir an dieser Stelle nicht näher eingehen können.

59)

Es ist sehr wahrscheinlich, daß der Reihenfolge der Satzglieder ebenfalls Textregularitäten zugrunde liegen. Vgl. hierzu am Beispiel des Deutschen Heidolph (1966).

60)

Möglicherweise könnten auch auf dem Wege über eine "semantische" Analyse von Emphasetexten weitere Einsichten hinsichtlich der Emphasepräpositionalität gewonnen werden.

61)

Kaum Berührungspunkte mit dem, was wir "Emphasepräpositionalität" genannt haben, hat die in der Literatur zum Problem des präpositionalen direkten Objekts im Spanischen häufig anzutreffende Auffassung von der Setzung der Präposition als einem Mittel der "Hervorhebung", "Emphase", "mise en relief" und dergleichen. Vgl. hierzu Brauns (1909) p.2, Brøndal (1950) p.90, Niculescu (1959) p.176 u.a.

62)

Auf das Problem der Grammatikalitätsgrade kommen wir noch in § 10.1. zurück.

63)

Die Interpretation der Symbole [g(G)] und [k(G)] ließe sich folgendermaßen provisorisch umschreiben:

[+g(G)]: vermittelte bzw. indirekte Referenz auf (potentielle) Individuen; indirekte Referenz ist neutral hinsichtlich dessen, ob das, worauf das Nomen referiert, dem Sprecher bekannt ist oder nicht. (Das Symbol entspricht in etwa dem Symbol [-specific] bei LeRoy Baker (1966)).

[-g(G)]: nicht-vermittelte bzw. direkte Referenz auf Individuen; direkte Referenz schließt ein, daß die Individuen (im Grenzfall ein Individuum), auf die das betreffende Nomen referiert, dem Sprecher bekannt sind. (Dem Symbol entspricht annähernd das [+specific] bei LeRoy Baker (1966).)

[+k(G)]: der Sprecher nimmt an, daß das, worauf das Nomen referiert, dem Hörer bekannt ist.
[-k(G)]: der Sprecher nimmt an, daß das, worauf das Nomen referiert, dem Hörer nicht bekannt ist.
[+g(G), +k(G)]: das Nomen referiert potentiell auf eine gesamte
Klasse, wobei die Art der Potentialität von der
Verbbedeutung mit determiniert wird; der Sprecher
nimmt stets an, daß dem Hörer eine gesamte Klasse als solche bekannt ist. Notfalls muß die Klasse im voraufgehenden Teil des Textes "definiert"
werden.

In einem Satz wie Ayer vi a Pedro hat nicht nur Pedro eine direkte Referenz, sondern der Sprecher nimmt auch an, daß das
Individuum 'Pedro' dem Hörer bekannt ist, während in einem Satz
wie Ayer vi a un hombre que se llama Pedro der Sprecher einerseits das mit hombre bezeichnete Individuum kennt und andererseits annimmt, daß es dem Hörer nicht bekannt ist. Den Unterschied zwischen indirekter und direkter Referenz illustriert
deutlich das Nomen médico in den bekannten Beispielen (i) und
(ii), die Bello (1847) p.253 zitiert:

(i) Fueron a buscar un médico experimentado, que conociera
     bien las enfermedades del país.
(ii) Fueron a buscar a un médico extranjero que gozaba de una
     grande reputación.

Bei indirekter Referenz wird die Interpretation der Referenz
mitbestimmt und differenziert von der Verbbedeutung. Hierbei
kann die Existenz von Individuen (oder im Grenzfall eines Individuums) unter anderem realiter behauptet, verneint, gewünscht oder hypothetisch angenommen werden usw. So wird z.B.
in einem Satz wie Pedro vio una mujer vom Sprecher die Existenz
eines Individuums behauptet, das zur Klasse der "Frauen" gehört
und für das gilt, daß Pedro es sah (ohne daß der Sprecher behauptet, dieses Individuum zu kennen), während in (i) der Sprecher nicht die Existenz eines Individuums "Arzt" behauptet, sondern lediglich behauptet, daß die Existenz eines Individuums,
das zur Klasse der "Ärzte" gehört (und die übrigen ihm in (i)
zugeschriebenen Eigenschaften besitzt), vom Subjekt des Satzes
gewünscht wird. Wir werden im Laufe dieser Arbeit unter einem
"generellen Nomen" stets ein Nomen mit indirekter Referenz im
hier angedeuteten Sinne verstehen.

64)
Wir vernachlässigen hier zunächst einige Fakten, auf die wir in
§ 6.3. näher eingehen werden.

65)
Ausnahmen zu (82) werden wir in einem späteren Kapitel behandeln.

66)
Die Annahme, daß es Referenzzahlen gibt, wurde aus unabhängigen
Gründen (zur Erklärung von Problemen der Reflexivierung und
Pronominalisierung) zuerst von Chomsky (1965), p.145 formuliert.

67)
Wie wir gleich zeigen werden, besteht der Hauptgrund hierfür
darin, daß wir an der direkten Erzeugung von partiell ungrammatischen Sätzen und Texten interessiert sind.

68)

In der Sprachverwendung werden inkorrekte Texte dieser Art bei verschiedenen Bedingungen unterschiedlich ausgenutzt:

(i)   Un día Pedro encontró a un amigo, a quien saludó cordialmente. De repente dio al hombre una bofetada.
(ii) *Un día Pedro encontró a un amigo, a quien saludó cordialmente. De repente dio al perro una bofetada.
(iii)*Un día Pedro encontró a un amigo, a quien saludó cordialmente. De repente dio al árbol una bofetada.

In der korrekten Analyse von (i) hat <u>hombre</u> die gleiche Referenz wie <u>amigo</u>. Text (ii), der in einer seiner inkorrekten Analysen die Behauptung impliziert, daß der im ersten Satz genannte Freund ein "Hund" ist, ist in der Sprachverwendung eher zu erwarten als ein Text wie (iii) (daß ein Mensch als <u>árbol</u> bezeichnet wird, ist heutzutage weder eine Beleidigung noch dient es sonstigen stilistischen Zwecken). Von der Grammatik ist hierbei jedoch zu erklären, daß in einem Text wie (iii) <u>árbol</u> so verstanden werden kann, daß es die gleiche Referenz hat wie <u>amigo</u>.

69)

Vgl. § 2.6. zu unserer Beobachtung hinsichtlich des Unterschiedes zwischen Basisverletzung und Textverletzung.

70)

Die Erklärung der Präpositionalität in Sätzen wie der letzte Satz von (107)(a) bzw. (b) wird unter Hinzuziehung von bisher nicht berücksichtigten Fakten zu modifizieren sein (vgl. Anmerkung 106)). Das Sternchen vor (107)(b) bedeutet nicht, daß (107)(b) inkorrekt ist (vgl. zur Verwendung des Sternchens Anmerkung 1)). Bei den sogenannten "geographischen Eigennamen" ist zu beachten, daß sie häufig eine Art Kollektiv von Menschen bezeichnen und dann auch das Merkmal [+ANIMADO(G)] bekommen müssen:

(i) Pedro alabó a Berlín por sus éxitos en el festival de teatro.

Andererseits werden geographische Eigennamen mit Artikel (<u>el Perú</u>, <u>la Alemania de hoy</u> u.a.) von der Grammatik wie Appellativa behandelt:

(ii) Pedro tenía siempre el deseo de conocer <u>el Perú</u>. Un día, cuando vio <u>el Perú</u>, se dio cuenta de que es un país muy grande.

Wir wollen deshalb annehmen, daß geographische Eigennamen mit Artikel an der Stelle der Grammatik, an der die Regel (R 7) angewendet wird, Appellativa sind.

71)

Zur Teil-von-Relation vgl. Bierwisch (1965). Die durch (113) eingeführten Merkmale sind keine komplexen Merkmale, so daß sich unsere Annahmen in dieser Hinsicht wesentlich von der in Bierwisch (1965) entwickelten Analyse der Teil-von-Relation unterscheiden. Für unsere Analyse spricht unter anderem die Tatsache, daß es Verbindungen zwischen Nomina gibt, die sich nicht gut transformativ erklären lassen (z.B. <u>un litro de leche</u>, u.a.). Die Relationen, die zwischen Nomina auftreten können, sind bisher noch wenig erforscht, so daß die mit (113) verbundenen Annahmen als sehr provisorisch betrachtet werden müssen. (Vgl. ferner die Behandlung "relationaler Nomina" in Fillmore (1967).)

72)
   Die Annahme von Repetitionsnomina erscheint auch für einige weitere Fälle sinnvoll, auf die wir jedoch an dieser Stelle nicht näher eingehen können.

73)
   Für die Formulierung dieser Regel müßte auch die Ist-ein-Beziehung ausgenutzt und entsprechend präzisiert werden.

74)
   Nach den im Laufe der letzten Kapitel formulierten Annahmen ergibt sich nun an Stelle der in § 2.4.1. aufgeführten Regel (8)(vii) folgende Basisregel:

$$
N \longrightarrow \left[\begin{array}{l}
+N(G) \\
+r(G) \\
\left\{ \begin{array}{l} +R(G) \\ -R(G) \end{array} \right\} \\
\left\{ \begin{array}{l} +g(G) \\ -g(G) \end{array} \right\} \\
\left\{ \begin{array}{l} +k(G) \\ -k(G) \end{array} \right\} \\
\left\{ \begin{array}{l} +n(G) \\ -n(G) \end{array} \right\} \\
\left\{ \begin{array}{l} +c(G) \\ -c(G) \end{array} \right\} \\
\left\{ \begin{array}{l} +m(G) \\ -m(G) \end{array} \right\} \\
\left\{ \begin{array}{l} +PRO(G) \\ -PRO(G) \end{array} \right\} \\
\left\{ \begin{array}{l} +PROPIO(G) \\ -PROPIO(G) \end{array} \right\} \\
\left\{ \begin{array}{l} +CONT(G) \\ -CONT(G) \end{array} \right\} \\
\left\{ \begin{array}{l} +ABSTR(G) \\ -ABSTR(G) \end{array} \right\} \\
\left\{ \begin{array}{l} +ANIMADO(G) \\ -ANIMADO(G) \end{array} \right\} \\
\left\{ \begin{array}{l} +PLUR(G) \\ -PLUR(G) \end{array} \right\} ,
\end{array} \right]
$$

75)
   Vgl. § 4.2.

76)
   Nicht-identische Nomina (d.h. Nomina mit nicht-identischer Referenz), die nicht diese Kombination enthalten, können offenbar nur dann kontrastiv sein, wenn sie im Plural stehen oder Kollektiva sind. Wir können die hiermit verbundenen Probleme an dieser Stelle nicht weiter verfolgen.

77)

Die hierzu erforderliche Regel gilt nicht nur für Strukturen,
deren erstes Nomen die Pertinenz-zu-Relation enthält:

(i)   *Pedro recibió tres litros.
(ii)   Pedro recibió tres litros de leche.
(iii)   Juan recibió dos litros de leche, pero Pedro
        recibió tres litros.
(iv)   Un día Juan recibió dos litros de leche. Una semana
        después Pedro recibió tres litros.

Es ist ein offenes Problem, ob und in welchem Sinne man für das
in (iii) und (iv) eliminierte "leche" Referenz auf einen nicht-
neuen Gegenstand annehmen kann.

78)

Dieses Selektionsmerkmal kommt durch die Basisregel (8)(xiv)
zustande (vgl. § 2.4.1.).

79)

Die Vorstellung, daß zur Erklärung des präpositionalen direkten
Objekts im Spanischen zwei "Prozesse" oder "Schritte" anzunehmen
sind, liegt möglicherweise auch einigen Formulierungen der traditionellen Grammatik zugrunde. So nimmt z.B. Bello (1847), p.254 f.
an, daß die Präposition a vor persönlichen Objekten steht und
daß es eine "Entpersönlichung" gibt, die die Nicht-Setzung der
Präposition zur Folge hat.

80)

Es gibt nur sehr wenige Ausnahmen zu der in (172) ausgedrückten
Regularität. Vgl. § 9.1.

81)

Vgl. z.B. folgende Sätze:

(i) La primavera precede al verano.
(ii) Pedro sustituye a una máquina.

Sustituir bedeutet in (ii) in etwa "Ersatz sein für", in (iii)
dagegen "die Ersetzung verursachen oder veranlassen":

(iii) Pedro sustituye una máquina.

82)

Die Annahme, daß es Fälle gibt, in denen die Setzung der Präposition a vor unbelebten Objekten durch die Unbelebtheit des Nomens im Subjekt determiniert wird, wurde zuerst von Hills (1920),
später von Keniston (1937) u.a. formuliert. Als einzige Abgrenzung
bzw. Einschränkung hierzu wurde dabei jedoch im wesentlichen lediglich auf die "Notwendigkeit" verwiesen, die bei "Verwechselbarkeit von Subjekt und Objekt auftretende Mehrdeutigkeit zu vermeiden". Vgl. Hills (1920) p.217f., Keniston (1937) p.15f.

83)

Daß selenita grammatisch wie eine Personenbezeichnung behandelt
wird, zeigt sich beispielsweise darin, daß es als nicht-generelles Objekt von ver die Präposition a vor sich hat, auch wenn der
Satz ein menschliches Subjekt hat:

(i) Después de haber alunizado su nave cósmica, Pedro vio
    a tres selenitas.

84)

Es gibt vielleicht eine - wenn auch nicht sehr naheliegende -
Möglichkeit, mujeres im jeweils letzten Satz von (229)(a) und
(230)(a) als nicht-generell und mit derselben Referenz wie
mujeres im voraufgehenden Teil des jeweiligen Textes zu interpretieren. Die Tatsache aber, daß die Texte, in denen die Präposition fehlt, als abweichend bewertet werden, zeigt, daß in
keinem Fall die Präposition fehlen darf.

85)

Es handelt sich um die in § 3. zitierten Beispiele (61)(b),
(63)(b) und (66)(a), die alle an der fraglichen Stelle das Verb
conocer enthalten. In dem Beispiel (64)(a), das das Verb ver
enthält, hat jedoch ver nicht die Bedeutung, die wir annähernd
mit "einen optischen Sinneseindruck von etwas haben" umschreiben
könnten, sondern bezeichnet eine Art intellektueller Erkenntnis.
In dieser Bedeutung steht es einerseits semantisch dem Verb
conocer viel näher als der Bedeutung "einen optischen Sinneseindruck haben" und andererseits hat es hier zwei Objekte und muß
infolgedessen für diese Fälle ohnehin syntaktisch gesondert behandelt werden.

86)

Vgl. zu den Fällen mit conocer Anmerkung 106).

87)

Diese Fälle sind somit dadurch charakterisiert, daß sie Bedingungen für die Präpositionslosigkeit definieren, die nicht an das
Vorkommen bestimmter Merkmale im Subjektsnomen gebunden sind, so
daß hier Spezifizierungen für das Subjekt überflüssig werden.
Daß in nicht-emphatischen Sätzen mit unbelebten Eigennamen im Objekt, die auf einen neuen Gegenstand referieren, tatsächlich auch
dann die Präposition fehlt, wenn das Subjekt unbelebt ist, zeigt
folgendes Beispiel:

(i) El terremoto destruyó Lisboa.

88)

Diese Entscheidungen stützen sich auf eine Bewertungsprozedur,
nach der von zwei Regeln diejenige als besser bewertet wird, in
der eine geringere Anzahl von Merkmalen erwähnt wird. Dies ist
jedoch keineswegs die einzig denkbare Lösung für die Bewertung
von Regeln.

89)

Die Symbole D, C, D', C', X und Y haben hier denselben Sinn wie
in (228).

90)

Selbstverständlich sind mit der hier vorgeschlagenen Analyse
keineswegs sämtliche mit Personifizierungen zusammenhängenden
Probleme gelöst. Es sollte lediglich ein Weg gezeigt werden, der
eine natürliche Erklärung für die Präpositionalität von Verben
mit personifizierten Objekten ermöglicht.

91)

Es ist zu beachten, daß die universelle Konvention zur Interpretation von m und u bei lexikalischen syntaktischen Merkmalen vor
Anwendung der Transformationsregeln der Grammatik das 'u' in '-'
und das 'm' in '+' verwandelt (falls dieser Konvention nicht die
Anwendung spezieller Interpretationsregeln voraufgeht).

92)

Die genannten Bewertungen gelten nur unter der Bedingung, daß
gavilanes in seiner normalen Bedeutung als Tierbezeichnung verstanden wird. Bedeutungen wie z.B. "hierros que forman la cruz
de la guarnición de la espada" wollen wir hier also vernachlässigen.

93)

Unter "Disjunktion" verstehen wir hier streng formal nur Aus-
drücke der Form (A ∨ B); d.h. vor allem, daß wir Implikationen
ausschließen wollen, obwohl sie sich nach logischen Gesetzen in
Disjunktionen verwandeln lassen. Dies ist deshalb von Bedeutung,
weil wir - aus Gründen, die wir noch darlegen werden - annehmen
wollen, daß applikable Formen von lexikalischen Einheiten Kon-
junktionen von Merkmalen und Implikationen der Form
([m DS(i)(L)] ⊃ [m DS(j)(L)]) sind, wobei (i) und (j) Regelnamen sind. Wir wollen annehmen, daß solche Implikationen in der
Tiefenstruktur nicht in Disjunktionen umgewandelt werden.

94)

Die Regel (D-PREP-II) besagt schließlich, daß in Sätzen mit zwei
Objekten das erste Objekt ein direktes Objekt ist, d.h. sie macht
eine linguistisch signifikante Aussage über die Struktur der spanischen Sprache. Sie stellt also keineswegs eine nur für unsere
Zwecke postulierte technische Operation dar.

95)

Verben mit zwei Objekten und Adjektive sind normalerweise präpositional, d.h. vor dem zweiten Objekt steht normalerweise eine
Präposition und Adjektive haben normalerweise eine Präposition
vor dem Objekt. Wir wollen deshalb annehmen, daß in diesen Fällen im Lexikon unmarkierte Präpositionalitätsmerkmale stehen.
Verben mit einem Objekt haben normalerweise keine Präposition
vor dem Objekt. Auch für diese wollen wir unmarkierte Präpositionalitätsmerkmale annehmen. Mit 'm' markierte Präpositionalitätsmerkmale erhalten dann die nicht-präpositionalen Verben mit
zwei Objekten und Adjektive sowie die präpositionalen Verben mit
nur einem Objekt. Nach Einsetzung applikabler Formen in die komplexen Symbole der Tiefenstruktur werden dann folgende Interpretationsregeln angewendet:

$$[\underline{u} \; PREP(L)] \longrightarrow \begin{cases} [+PREP(L)] \; / \; \begin{bmatrix} \left\{\begin{matrix} +\underline{\quad} NP \; NP(G) \\ +ADJ(G) \end{matrix}\right\} \end{bmatrix} \\ [-PREP(L)] \; / \; \begin{bmatrix} +\underline{\quad} NP(G) \\ -ADJ(G) \end{bmatrix} \end{cases}$$

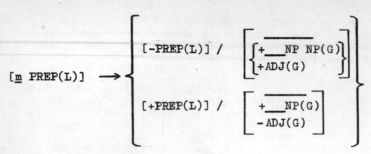

Zu den seltenen Verben, die zwei Objekte und vor dem zweiten
Objekt keine Präposition haben, gehören beispielsweise nombrar
und llamar:

(i)   El presidente nombró a políticos ministros.
(ii) *El presidente nombró políticos ministros.
(iii)*Pedro llamó este proceso encajamiento.
(iv) Pedro llamó a este proceso encajamiento.

Wie die abweichenden Sätze (ii) und (iii) zeigen, sind nombrar
und llamar einfache Ausnahmen zur Entpräpositionalisierung.

96)

Es ist hier wieder zu beachten, daß die von uns angegebene Bewertung nur unter der Bedingung gilt, daß die nicht-ersten
Sätze dieser Texte mit nur einem hervortretenden Satzakzent
gelesen bzw. gesprochen werden, wobei alle übrigen Akzente stark
herabgesetzt sind. Werden diese Bedingungen nicht eingehalten,
dann handelt es sich nicht mehr um Emphasetexte.

97)

Vgl. Lakoff (1965), p.VII-11 ff. Die Implikation ist nur sinnvoll, wenn die betreffende lexikalische Einheit sowohl in bezug
auf Regel (i) als auch hinsichtlich Regel (j) nur mit 'u' markierte DS- und R-Merkmale enthält. Bei Anwendung unserer in
§ 1. zitierten fünf Metaregeln ist dann dabei lediglich zu beachten, daß die DS-Merkmale in Prämisse und Conclusio bei der
Interpretation genauso behandelt werden wie die "regulären"
DS-Merkmale mit 'm'.

98)

Wir kommen später noch auf Regel (277) zurück, wobei es sich
erweisen wird, daß sie nicht als isoliert dastehende Regel, sondern als Teil eines umfassenderen Mechanismus zu betrachten ist.

99)

Vgl. hierzu § 2.5.3., insbesondere die in der Eintragung (35)
formulierten Bedingungen sowie die Diskussion der hiermit verbundenen Probleme in § 2.5.5.

100)

Die meisten dieser Verben sind mehrdeutig. Es ist dann zu beachten, daß unsere Beobachtung natürlich nur gilt, wenn diese
Verben auch tatsächlich eine komparativische Bedeutung im angegebenen Sinne haben. In Wendungen wie seguir un consejo,
sustituir una máquina, acompañar un entierro, usw. sind die
Verben nicht komparativisch.

101)

Diese Einschränkung ist erforderlich, damit nicht in Fällen wie
Prefiero Pedro a Luis die Implikation eingeführt wird. Verben
mit der Präposition a vor dem zweiten Objekt haben in mehrfacher Hinsicht besondere Eigenschaften in bezug auf die Präpositionalität des ersten Objekts, so daß sie im Lexikon gesondert
zu behandeln sind. Sie bilden auch keine in bezug auf ihr syntaktisches Verhalten einheitliche Klasse, denn während Prefiero
Pedro a Luis wohlgeformt ist, ist *El negrero vendió Pedro a
Luis abweichend. Auch bei Appellativa im Objekt zeigen sie ein
sehr unterschiedliches Verhalten, so daß man im Lexikon hier
mit den verschiedensten Ausnahmemarkierungen zu rechnen haben
wird.

102)

Möglicherweise kann die Regel, die die Präposition por vor das
erste Objekt einführt, auch nach der Passivierung zur Einführung
des por vor das hinter das Verb permutierte ursprüngliche Subjekt bei Passivsätzen ausgenutzt werden.

103)

Diese Annahme ist erforderlich, damit ein markiertes DS-Merkmal
in der Umgebungsangabe einer Markierungsregel nicht als Prämisse
oder Conclusio einer Implikation aufgefaßt werden kann.

104)

Regel (290)(a) besagt, daß in den in ihrer Umgebungsangabe charakterisierten Fällen die nächst folgende Regel, d.h. Regel
(290)(b), nicht angewendet werden darf.

105)

Damit die Interpretationsregel (a) korrekt operieren kann, muß
angenommen werden, daß es eine Konvention gibt, die auch mit
dem Vorzeichen "-" versehene grammatische kontextuelle Merkmale
einführt. Ohne eine solche Konvention müßte (a) anders formuliert werden. Regel (b) braucht nicht gesondert formuliert zu
werden, da sie aus der generellen Konvention ableitbar ist,
nach der alle "noch nicht" interpretierten Merkmale mit 'm'
– außer DS- und R-Merkmalen – das Vorzeichen '+' bekommen.
Diese Konvention ist also nach den Interpretationsregeln anzuwenden.

106)

Auch wenn das Objekt eine nicht-generelle Personenbezeichnung
ist, fehlt in trivialen Sätzen die Präposition:

(i) Pedro siempre pega a una mujer que vive cerca de su casa.
    El otro día volvió a pegarle, pues Pedro siempre pega esta
    mujer.

Andererseits darf in denjenigen Fällen, in denen das Verb die
Implikation enthält – wie z.B. bei Verben mit belebten Eigennamen im Objekt und bei komparativischen Verben –, selbst dann
nicht die Präposition fehlen, wenn der Satz trivial ist:

(ii) Pedro siempre pega a María que vive cerca de su casa. El
      otro día volvió a pegarle, pues Pedro siempre pega María.

(iii) La primavera siempre sigue al invierno. El año pasado fue
      así y este año también, pues la primavera siempre sigue
      el invierno.

Wird vor das Objekt des letzten Satzes in (i) die Präposition gesetzt, dann wird der Satz nicht mehr als trivial verstanden. Er bekommt dann eine besondere zusätzliche Interpretation wie z.B. "Pedro schlägt nur diese Frau, aber er schlägt keine andere" oder "Pedro schlägt wohl diese Frau, aber sonst keinen anderen Menschen auf der Welt" usw.

Die Fakten, die mit Sätzen mit conocer in Texten wie (107) und ähnlichen Fällen (vgl. § 3.) zusammenhängen, erscheinen nun unter neuen Gesichtspunkten wieder zugänglicher. Will der Sprecher zum Ausdruck bringen, daß die mit einem Satz gelieferte Information trivial ist, und nimmt er infolgedessen auch an, daß sie angesichts der Struktur des voraufgehenden Textteils auch für den Hörer keine neue und eigenständige Information darstellt, dann wählt er das Symbol [+TRIVIAL(G)] und setzt nicht die Präposition vor das Objekt. Will er dagegen etwas Nicht-Triviales zum Ausdruck bringen, dann wird er in nicht-emphatischen Sätzen, in denen (D-PREP) nicht anwendbar ist oder nicht angewendet werden darf, die Präposition vor das Objekt setzen, falls nicht einer der vermerkten "Ausnahmefälle" (Emphase oder einfache Ausnahme zu (PREP)) vorliegt.

Die Basisregel (8)(iii) ist nun durch eine Regel zu ersetzen, die außer den durch (8)(iii) eingeführten Merkmalen auch alternativ entweder ein mit positivem oder ein mit negativem Vorzeichen versehenes Trivialitätsmerkmal einführt.

107)

Vgl. Lakoff-Peters (1966), p.VI-24.

108)

Gemeint sind hier nur diejenigen Bedeutungen, die diese Verben mit menschlichem Objekt haben.
Eine besondere Interpretation liegt unter anderem vor, wenn das von dem Verb Ausgesagte eine besondere außersprachliche Begründung erhält oder eine besondere außersprachliche Situation voraussetzt. Bei dem Verb saludar z.B. besagt nicht die Verbbedeutung, ob mit einem Satz wie Pedro saludó a mujeres gemeint ist, daß Pedro den Hut zog, die Hand gab, winkte, mit dem Kopf eine bestimmte Bewegung ausführte, bestimmte Grußformeln aussprach oder dergleichen. Der Gruß kann von Land zu Land, von Ort zu Ort und von Situation zu Situation verschieden sein. Der Satz bekommt diese zusätzliche Interpretation auf Grund außersprachlicher Kenntnisse und Informationen (gegebenenfalls auch durch einen voraufgehenden Text).

109)

Ausnahmen als idiosynkratische Eigenschaften einzelner Verben können nach wie vor durch entsprechende Kombinationen von markierten DS- und R-Merkmalen im Lexikon eingetragen werden.

110)

Ein besonders illustratives Beispiel für die Verwendung von speziellen bzw. nicht-speziellen Interpretationen findet sich in den Lexika Larousse (1960) und Toro y Gómez (1906), in denen unter dem Stichwort "Hércules" ein und derselbe Text unterschiedlich präpositionalisiert wird:

(i)   "Ejecutó las doce hazañas siguientes: 1° ahogó el león de
      Nemea; 2° mató la hidra de Lerna; 3° cogió vivo al jaba-
      lí de Erimanto; 4° alcanzó en la carrera la cierva de
      pies de bronce; 5° mató a flechazos los pájaros del lago
      Estinfalo; ..." (Larousse (1960))

(ii) "Trabajos de Hércules: 1° ahogó al león de Nemea; 2° mató
      a la hidra de Lerna; 3° cogió vivo al jabalí dé Erimanto;
      4° mató a la cierva de los pies de bronce; 5° mató a
      flechazos a los pájaros del lago de Estinfalia; ..."
      (Toro y Gómez (1906))

In (i) wird die Tatsache, daß Herkules den Löwen von Nemea er-
drosselte, als solche, ohne jegliche zusätzliche Interpretation,
zum Ausdruck gebracht (Herkules hat eben diese Tat vollbracht,
Geschichts- und Schulbücher berichten es so schon seit Jahrhun-
derten und es besteht keinerlei Veranlassung, darin etwas Besonderes zu sehen). In Text (ii) dagegen drückt der Autor mehr aus
als die bloße Tatsache (der Löwe von Nemea war ein besonders
kräftiges und gefährliches Tier und es galt als außerordentlich
schwer, ihn zu besiegen). Ein ähnlicher Unterschied besteht zwischen (i) und (ii) in den Sätzen 2,4 und 5: Toro y Gómez gibt
ihnen eine besondere Interpretation, während Toro y Gisbert, der
Verfasser von Larousse (1960), sie ohne besondere Interpretation
formuliert. Die DS von (D-PREP) wird von diesen Sätzen erfüllt
(nicht-emphatische Sätze mit menschlichem Subjekt und einem
nicht-generellen, nicht-kontrastiven Appellativum, das eine Tierbezeichnung ist und auf einen neuen Gegenstand referiert, im Objekt). Im Unterschied zu (i) haben die betreffenden Sätze in (ii)
das Merkmal [+SPECIAL(G)] im komplexen Symbol des Verbs, so daß
(D-PREP) nicht angewendet werden darf und (TA) infolgedessen angewendet werden muß, da deren DS erfüllt ist.

111)

Ein Sprecher-Hörer der spanischen Sprache, der mit isolierten
Sätzen wie (349) oder (350) konfrontiert wird, entnimmt einem
solchen Satz, wenn er ihn als Information auffaßt, folgende Aussage:

(a) Es gibt einen Menschen namens Pedro, der sehen kann, und
     es gibt Hunde, für die gilt, daß Pedro sie sah.

Da nun die Versuchsperson einerseits das Individuum, das mit
"Pedro" gemeint sein könnte, und dessen Situation nicht kennt,
und da sie andererseits auf Grund ihrer Kenntnis von der Struktur des Universums weiß, daß Hunde von Menschen gesehen werden
können und daß es für einen Menschen normal ist, irgendwann einmal in seinem Leben Hunde gesehen zu haben, wird sie normalerweise nicht in der Lage sein, dem Satz (349) die Aussage (b) (mit
irgendeiner sinnvollen Ausfüllung der drei Punkte) zu entnehmen:

(b) Aussage (a) ist außerhalb der Erwartung, weil ...

Aussage (b) stünde im Widerspruch zu der Kenntnis, die die Versuchsperson von der Struktur des Universums besitzt. Ohne die
Aussage (b) ergibt aber die Analyse (351) 2. keinen Sinn. Gibt
die Versuchsperson jedoch dem Satz (349) nicht diese Analyse,
so gibt sie ihm eine inkorrekte Analyse, d.h. sie empfindet ihn
als "abweichend". Die Tatsache, daß (349) als isolierter Satz
normalerweise nicht akzeptiert wird, ist also nicht nur auf sei-
nen relativ niedrigen Grammatikalitätsgrad, sondern insbesondere
auch auf außerlinguistische Faktoren zurückzuführen. (Für eine

etwas ausführlichere Diskussion dieser Probleme vgl. Isenberg
(in Vorbereitung).)

112)

Es gibt Unterschiede in der "Grammatikalität", die nicht auf
eine unterschiedliche Höhe des Grammatikalitätsgrades im Sinne
von (345) 5. zurückführbar sind:

(i)   *Pedro vio a un accidente.
(ii) *Accidente plato vio la.

Beide Sätze haben den Grammatikalitätsgrad Null, d.h. sie sind
total ungrammatisch. Dennoch ist (i) in einer Weise besser als
(ii), die grammatischer Natur ist. Offenbar sind bei total ungrammatischen Sätzen noch Art und Anzahl der verletzten Regeln
zu unterscheiden. Es ist ein offenes Problem, wie solche Unterschiede zu erklären sind. (Möglicherweise könnte hier auch der
von Langendoen (1967) vorgeschlagene Begriff der "Zugänglichkeit"
von Sätzen mit herangezogen werden: (i) ist noch zugänglich,
(ii) ist unzugänglich. Weitere Unterscheidungen bieten sich an:
(i) ist "grammatisch analysierbar" - was auch immer das heißen
mag - , (ii) ist "grammatisch nicht analysierbar" usw. Vgl. die
Beispiele von wenig zugänglichen Sätzen in Langendoen (1967), die
jedoch grammatisch analysierbar sind.)

113)

Ein weiterer wichtiger Bestandteil unserer Erklärung des präpositionalen direkten Objekts besteht darin, daß alle Verben, deren
syntaktisches Verhalten hinsichtlich der Setzung der Präposition
a vor dem direkten Objekt von den genannten Transformations- und
Markierungsregeln nicht korrekt prädiziert wird, im Lexikon mit
Hilfe von Ausnahmemarkierungen und Booleschen Funktionen als Ausnahmen charakterisiert werden müssen.

114)

Es wäre eine interessante Aufgabe, einmal zu untersuchen, ob in
denjenigen Sprachen, in denen morphologische Charakterisierungen
des direkten Objekts existieren, über deren Verwendung Unklarheit
und Unsicherheit besteht, diesen Objektscharakterisierungen ähnliche Textregularitäten zugrundeliegen wie im Falle des präpositionalen direkten Objekts im Spanischen. Hierher gehören beispielsweise die Präposition pe vor dem Objekt im Rumänischen
(vgl. Niculescu (1959)), die enklitische Partikel -rā im Neuper-
sischen: "Der Gebrauch oder Nichtgebrauch des -rā im Akk. ist
ziemlich willkürlich." (Thomson (1912), p.71), die Kasusendung
-ke im Bengali: "its use tends to be limited to nouns and pronouns
referring to persons and tends to imply a certain definiteness."
(Ferguson (1964), p.886) und ähnliche Objektscharakterisierungen
in vielen anderen Sprachen. (Vgl. Thomson (1912), Velten (1932)
u.a.). Zu spanischen Dialekten vgl. Kany (1951) p. 1f., Flórez
(1962), u.a.

115)

Natürlich ließe sich rein formal der Begriff "Text" wegdiskutie-
ren, beispielsweise durch den Vorschlag, den Knoten TEXT durch S
zu ersetzen. Dies würde jedoch an dem Charakter der Aussagen über
die empirisch feststellbaren Fakten nichts Wesentliches ändern.

116)

So konnten z.B. Einzelheiten der Charakterisierung des direkten
Objekts bei Verben mit zwei Objekten nicht näher untersucht werden. Den Fragen der Pronominalisierung und der Wortstellung konn-

te ebenfalls nicht nachgegangen werden. Die Klärung eines eventuellen Zusammenhangs mit der Präpositionalität wird hier die
Lösung dieser Probleme voraussetzen. Vernachlässigt wurden
schließlich auch Probleme der abgeleiteten Konstituentenstruktur. Die Tatsache, daß bei einer Veränderung der Wortstellung
die Präposition mit permutiert wird (Pedro vio a la mujer zu
A la mujer vio Pedro), legt u.a. nahe, als Resultat der Anwendung von (TA) auf eine Struktur (a) eine abgeleitete Konstituentenstruktur der Form (b) anzunehmen:

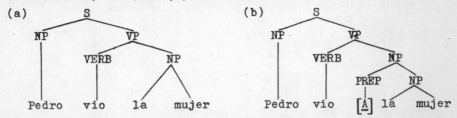

[A] steht für eine Matrix von phonologischen distinktiven Merkmalen. Es würde dann das direkt von VP dominierte NP samt der
von ihm dominierten Struktur permutiert werden.

117)

Ist die Textregel (EMPHASE) universal und wird das Resultat der
Anwendung von (EMPHASE) durch einzelsprachliche G-Regeln weiter
verändert, so wäre dies eine Motivierung für die Annahme, daß
Textregeln vor den G-Regeln angewendet werden müssen. Unsere in
§ 2.5.2. getroffenen ad hoc-Festlegungen (K 1) und (K 2) müßten
dann entsprechend verändert werden.

118)

Da in unserer Eintragung zu (EMPHASE) auf die Anwendung von (TA)
Bezug genommen wird, muß angenommen werden, daß die generelle
Prozedur, die die erzeugten Strukturen mit den Eintragungen der
Liste vergleicht, nach den G-Regeln anzuwenden ist.

VERZEICHNIS DER REGELN

In der folgenden Zusammenstellung der Regeln wird jeweils die letzte
Version aufgeführt. Bei den unter A. bis D. genannten Regeln wird
die linke Seite der Regel, bei Transformationsregeln der Regelname
angegeben.

A. Basisregeln:

B. Redundanzregel:

C. Markierungsregeln:

1.　　[u̲ DS(PREP)(L)]　　S. 216
2.(a) [-ADJ(G)]　　　　S. 220
　(b) [u̲ R(PREP)(L)]　　S. 220
3.(a) [-ADJ(G)]　　　　S. 218
　(b) [u̲ DS(D-PREP)(L)]　S. 218
4.　　[u̲ R(D-PREP)(L)]　S. 232

D. Interpretationsregeln:

1. [u̲ PREP(L)]　　　　S. 265
2. [m̲ PREP(L)]　　　　S. 266
3. [u̲ c(L)]　　　　　　S. 158
4. [u̲ ___[+n](L)]　　S. 219
5. [m̲ ___[+n](L)]　　S. 219

E. Transformationsregeln:

(a) Textregeln:

1. (EL-S/+r)　　S. 126
2. (EL-S/+id)　　S. 125
3. (EL-S/+c)　　S. 158 f.

(b) G-Regeln:

1. (D-PREP-II)　　S. 207
2. (PREP)　　　　S. 180
3. (D-PREP)　　　S. 198 f.
4. (TA)　　　　　S. 45

F. Listen:

(a) Liste der fakultativen G-Regeln:

"(PREP)"　　　S. 211

(b) Liste der Kombinationsbeschränkungen
　für Textregeln:

"(EMPHASE)"　　S. 213

G. Metaregeln:

1. bis 5.　　　S. 16

LITERATURVERZEICHNIS

Alonso, Amado und Pedro Henríquez Ureña (1951): Gramática castellana;
        2 Bd., 10. Aufl., Buenos Aires

Bello, Andrés (1847): Gramática de la lengua castellana destinada
        al uso de los americanos; in: Obras completas de Andrés
        Bello IV, Caracas 1951, S. 5 - 382

Bierwisch, Manfred (1965): Eine Hierarchie syntaktisch-semantischer
        Merkmale; in: Studia Grammatica V, Berlin, S. 29 - 86

———   (1966): Regeln für die Intonation deutscher
        Sätze; in: Studia Grammatica VII, Berlin, S. 99 - 201

Brauns, Julius (1909): Über den präpositionalen Accusativ im Spani-
        schen (mit gelegentlicher Berücksichtigung anderer Sprachen);
        Hamburg

Brøndal, Viggo (1950): Théorie des prépositions. Introduction à une
        sémantique rationnelle; Copenhague

Chomsky, Noam (1957): Syntactic Structures; The Hague

———   (1965): Aspects of the Theory of Syntax; Cambridge,
        Mass.

———   (1966): Cartesian Linguistics; New York

Cramer, Matthias (1711): Grammatica et syntaxis linguae hispanicae;
        T. II, Nürnberg

Criado de Val, M. (1957): Fisonomía del idioma español. Sus carac-
        terísticas comparadas con las del francés, italiano, portu-
        gués, inglés y alemán; Segunda edición, Madrid

Cuervo, Rufino José (1886): Diccionario de construcción y régimen de
        la lengua castellana; T.I (A - B), Paris

Ferguson, Charles A. (1964): The Basic Grammatical Categories of
        Bengali; in: Proceedings of the Ninth International Congress
        of Linguists, The Hague, S. 881 - 890

Fillmore, Charles J. (1967): A Case for Case; mimeographiert

Flórez, Luis (1962): Algunos usos bogotanos de la preposición a; in:
        Boletín de la Academia Colombiana XII (45), S. 319 - 326

Gili y Gaya, Samuel (1961): Curso superior de sintaxis española;
        8a ed., Barcelona

Hatcher, Anna S. (1942): The Use of A as a Designation of the Personal Accusative in Spanish; in: Modern Language Notes 57, S. 421 -429

Heidolph, Karl Erich (1964): Grundprobleme einer Texttheorie; Referat; II. Symposion "Zeichen und System der Sprache", Magdeburg 10.9. - 15.9.1964, (unveröffentlicht)

———   (1966): Kontextbeziehungen zwischen Sätzen in einer generativen Grammatik; in: Kybernetika 2, S. 274 - 281

———   (1967): Zur Subkategorisierung; mimeographiert

———   (in Vorbereitung): Nominalgruppenstruktur und Wortstellung im Deutschen; Studia Grammatica, Berlin

Heinermann, Theodor und Francisca Palau (1952): Spanisches Lehrbuch auf wissenschaftlicher Grundlage; 19. verbesserte Auflage, München

Hills, Elijah Clarence (1920): The Accusative "A"; in: Hispania III, S. 216 - 222

Isenberg, Horst (in Vorbereitung): Communicativity and Grammaticality; (erscheint in Foundations of Language)

Kalepky, Theodor (1913): "Präpositionale Passivobjekte" im Spanischen, Portugiesischen und Rumänischen; in: Zeitschrift für romanische Philologie 37, S. 358 - 364

———   (1930): Zum "Warum?" der "präpositionalen Passivobjekte" im Spanischen, Portugiesischen, Rumänischen und anderen Sprachen; in: Zeitschrift für romanische Philologie 50, S. 219 - 221

Kany, Charles E. (1951): American-Spanish Syntax; Second Edition, Chicago

Katz, Jerrold J. und Paul M. Postal (1964): An Integrated Theory of Linguistic Descriptions; Cambridge, Mass.

Keniston, Hayward (1937): The Syntax of Castilian Prose. The Sixteenth Century; Chicago

Lakoff, George (1965): On the Nature of Syntactic Irregularity; Harvard University Computation Laboratory Report No. NSF-16, Cambridge, Mass.

———   (1966): Stative Adjectives and Verbs in English; in: Harvard University Computation Laboratory Report No. NSF-17, Cambridge, Mass.

Lakoff, George and Stanley Peters (1966): Phrasal Conjunction and
    Symmetric Predicates; in: Harvard University Computation
    Laboratory Report No. NSF-17, Cambridge, Mass.

Langendoen, D. Terence (1967): The Accessibility of Deep (Semantic)
    Structures; mimeographiert

Larousse (1960): Nuevo Pequeño Larousse Ilustrado. Adaptación espa-
    ñola de Miguel de Toro y Gisbert; 10a edición, París

Larousse (1964): Pequeño Larousse Ilustrado. Refundido y aumentado
    por Ramón García-Pelayo y Gross; París

Lenz, Rodolfe (1920): La oración y sus partes; Madrid

LeRoy Baker, C. (1966): Definiteness and Indefiniteness in English;
    mimeographiert

Lewy, Erst (1920): Zum Bau des Erdsja-Mordwinischen. Mit einem Exkurs
    über die Kasus; in: Festschrift Heinrich Winkler zum 70. Ge-
    burtstage, Melrichstadt, S. 8 -20

——   (1934): Sprachgeographische Probleme des mediterranen
    Gebietes; in: Studi Etruschi 8, S. 171 - 178 (abgedruckt in
    Ernst Lewy, Kleine Schriften, Berlin 1961, S. 83 - 89)

Meier, Harri (1948): Sobre as origens do acusativo preposicional nas
    linguas românicas; in: Ensaios de filologia românica, Lisboa,
    S. 115 - 164

Meyer-Lübke, Wilhelm (1899): Grammatik der romanischen Sprachen,
    Dritter Band: Syntax; Leipzig

Molho, Maurice (1958): La question de l'objet en espagnol; in:
    Vox Romanica 17, S. 209 - 219

Nebrija, Antonio de (1492): Gramática castellana. (Texto establecido
    sobre la ed. "princeps" de 1492 por Pascual Galindo Romeo
    y Luis Ortiz Muñoz), Vol. I; Madrid 1946

Niculescu, Al. (1959): Sur l'objet direct prépositionnel dans les
    langues romanes; in: Recueil d'études romanes, Bukarest,
    S. 167 - 185

Postal, Paul M. (1966): On So-Called Pronouns in English; mimeogra-
    phiert

Pottier, Bernard (1960): L' "objet direct prépositionnel": faits et
    théories; in: Studii şi cercetări lingvistice 11, S. 673 - 676

Real Academia Española (1771): Gramática de la Lengua Castellana; Madrid

——— (1931): Gramática de la lengua española; Madrid

Reichenkron, Günter (1951): Das präpositionale Akkusativ-Objekt im ältesten Spanisch; in: Romanische Forschungen 63, S. 342 – 397

Sáenz, Hilario (1936): The Preposition "a" Before Place-Names in Spanish; in: The Modern Language Journal 20, S. 217 – 220

Seco, Manuel (1965): Diccionario de dudas y dificultades de la lengua española; 3a edición, Madrid

Seidel, Eugen (1948): Gibt es ein genus personale?; in: Bulletin Linguistique XVI, Bukarest, S. 5 – 93

Spitzer, Leo (1928): Rum. p(r)e, span. á vor persönlichem Akkusativobjekt; in: Zeitschrift für romanische Philologie 48, S. 423 – 432

Tarr, F. Courtney (1922): Prepositional Complementary Clauses in Spanish with Special Reference to the Works of Pérez Galdós; in: Revue Hispanique 56, S. 1 – 264

Thomson, Alexander (1912): Beiträge zur Kasuslehre. IV. Über die Neubildungen des Akkusativs; in: Indogermanische Forschungen 30, S. 65 – 79

Toro y Gómez, Miguel de (1906): Nuevo diccionario enciclopédico ilustrado de la lengua castellana; 3a edición, París

Valdés, Juan de (1535): Diálogo de la lengua; (Clásicos castellanos), ed. p. Montesinos, Madrid 1928

Vallejo, J. (1925): Complementos y frases complementarias en español; in: Revista de filología española 12, S. 117 – 132

Velten, H.V. (1932): The Accusative Case and Its Substitutes in Various Types of Languages; in: Language 8, S. 255 – 270